SAÚDE, SERVIÇO SOCIAL, MOVIMENTOS SOCIAIS E CONSELHOS

desafios atuais

EDITORA AFILIADA

Conselho Editorial da
área de Serviço Social
Ademir Alves da Silva
Dilséa Adeodata Bonetti
Elaine Rossetti Behring
Ivete Simionatto
Maria Lúcia Carvalho da Silva
Maria Lúcia Silva Barroco

Dados Internacionais de Catalogação na Publicação (CIP)
(Câmara Brasileira do Livro, SP, Brasil)

Saúde, serviço social, movimentos sociais e conselhos : desafios atuais / Maria Inês Souza Bravo, Juliana Souza Bravo de Menezes (orgs.). — 2. ed. — São Paulo : Cortez, 2013.

Vários autores.
Bibliografia.
ISBN 978-85-249-2077-6

1. Assistência social - Brasil 2. Brasil - Política social 3. Movimentos sociais 4. Política médica - Brasil 5. Saúde pública - Brasil 6. Seguridade social - Brasil 7. Serviço social - Brasil 8. Serviço social como profissão I. Bravo, Maria Inês Souza. II. Menezes, Juliana Souza Bravo de.

13-08530   CDD-362.0981

Índices para catálogo sistemático:

1. Brasil : Saúde e serviço social : Bem-estar social   362.0981
2. Brasil : Serviço social e saúde : Bem-estar social   362.0981

Maria Inês Souza Bravo
Juliana Souza Bravo de Menezes
(Orgs.)

SAÚDE, SERVIÇO SOCIAL, MOVIMENTOS SOCIAIS E CONSELHOS
desafios atuais

2ª edição
2ª reimpressão

SAÚDE, SERVIÇO SOCIAL, MOVIMENTOS SOCIAIS E CONSELHOS: desafios atuais
Maria Inês Souza Bravo • Juliana Souza Bravo de Menezes

Capa: aeroestúdio
Revisão: Maria de Lourdes de Almeida
Preparação de originais: Jaci Dantas
Composição: Linea Editora Ltda.
Assessoria editorial: Elisabete Borgianni
Secretaria editorial: Priscila F. Augusto
Coordenação editorial: Danilo A. Q. Morales

Nenhuma parte desta obra pode ser reproduzida ou duplicada sem autorização expressa das autoras e do editor.

© 2012 by Autoras

Direitos para esta edição
CORTEZ EDITORA
Rua Monte Alegre, 1074 – Perdizes
05014-001 – São Paulo – SP
Tel.: (11) 3864-0111   Fax: (11) 3864-4290
e-mail: cortez@cortezeditora.com.br
www.cortezeditora.com.br

Impresso no Brasil – maio de 2016

Sumário

Prefácio 9

Apresentação à 2ª edição 17

Apresentação 23

PARTE I
Saúde e Serviço Social

1. O público e o privado na atenção à saúde: notas para uma caracterização de trajetórias e desafios no Brasil
Maria de Fátima Siliansky de Andreazzi 35

2. A fundação estatal de direito privado na saúde: um modelo de gestão democrático?
Mary Jane de Oliveira Teixeira 61

3. A racionalidade da contrarreforma na política de saúde e o Serviço Social
Raquel Cavalcante Soares 91

PARTE II
Movimentos sociais e saúde

4. Mudanças no perfil das lutas de classes e modismos conceituais: o tormento de Sísifo das ciências sociais
Marcelo Braz 117

5. Sobre os partidos políticos no Brasil de hoje: um enfoque a partir da classe trabalhadora e seus movimentos
Marcelo Badaró Mattos 152

6. Partidos políticos e a luta por saúde
Maria Inês Souza Bravo, Tainá Souza Conceição, Paula Soares Canellas e Anna Luiza Teixeira Ramos 172

7. Saúde e luta sindical: entre a reforma sanitária e o projeto de saúde privatista
Maria Inês Souza Bravo e Morena Gomes Marques 197

8. Organização político-sindical dos Assistentes Sociais: uma breve análise
Maria Inês Souza Bravo, Altineia Maria Neves, Maria Cristina Braga e Mariana Maciel do Nascimento Oliveira 228

9. Rádios comunitárias no Rio de Janeiro: movimentos contra-hegemônicos de democratização das comunicações
Gustavo França Gomes e Maria Inês Souza Bravo 257

SAÚDE, SERVIÇO SOCIAL, MOVIMENTOS SOCIAIS E CONSELHOS

PARTE III
Conselhos de política e de direitos e Serviço Social

10. O Conselho Nacional de Saúde na atualidade:
reflexões sobre os limites e desafios

Juliana Souza Bravo de Menezes 277

11. Participação social e controle social na saúde: a criação dos
conselhos de gestão participativa no Rio de Janeiro

Maria Inês Souza Bravo e *Juliana Souza Bravo de Menezes* 297

12. Sociedade civil e controle social: desafios para o Serviço Social

Maria Valéria Costa Correia 317

13. Conselhos de direitos e intervenção profissional do
Serviço Social

Maria Lúcia Duriguetto 331

Sobre os Autores... 361

Prefácio

Lutas sociais e produção de conhecimento: pela vida!

*Virgínia Fontes**

Este livro chega em hora especialmente oportuna. Dá sequência a um trabalho que já vem sendo realizado, com muito empenho e esforço, em diversos grupos de estudo de instituições públicas, em sindicatos, em movimentos sociais populares: a pesquisa consistente e coerente sobre as condições históricas e sociais no âmbito da saúde e do serviço social. A atuação, a persistência e a coragem de Maria Inês Bravo, ao lado de Juliana Menezes e dos demais integrantes do grupo de pesquisa, são admiráveis.

Uma das mais importantes tarefas intelectuais da atualidade é exatamente a que este livro empreende, ao sistematizar as informações de maneira rigorosa, analisando os dados de maneira crítica, divulgando e socializando as pesquisas provenientes de grupos de investi-

---

* Docente do Programa de Pós-Graduação (PPG) da Escola Politécnica de Saúde Joaquim Venâncio-Fiocruz, do PPG em História da Universidade Federal Fluminense e da Escola Nacional Florestan Fernandes-MST. Pesquisadora do CNPq.

gação de diferentes universidades do país. Em primeiro lugar, portanto, este é um livro de pesquisa, daquela que consideramos fundamental a ser desenvolvida nas instituições públicas, pesquisa pautada pela relevância social do estudo. Aqui não cabem os trabalhos que visam apenas a busca de louros imediatos e de carreiras acadêmicas confortavelmente instaladas em temas irrelevantes — e esse é o caso menos grave — ou em trabalhos que, ostentando todos os cacoetes acadêmicos, procuram apenas acompanhar os ventos dominantes, girando sempre para o lado mais conveniente para seus autores.

Este livro integra uma série de publicações, muitas delas organizadas diretamente por Maria Inês Bravo, que acompanham os processos em curso e as modificações ocorridas no Serviço Social e na Saúde, perscrutando as diferentes conjunturas, as relações entre as forças sociais, as grandes modificações que ocorreram no Brasil contemporâneo. Procuram sempre iluminar os preceitos constitucionais e legais que orientaram a instauração de tais políticas, o espírito instaurador das leis e acompanham as errâncias, avanços e descaminhos posteriores. Trata-se, assim, de pesquisa com profundo teor democrático, no sentido mais amplo do termo. Pesquisa democrática, pois procura assegurar que as conquistas legais alcançadas pelas lutas levadas a efeito por grandes maiorias sejam efetivamente implementadas; por realizar o acompanhamento e controle de um enorme volume de alterações legislativas que tendem a confundir e a obscurecer o que era uma proposta original bastante clara. Democrática, ainda, pois reitera que a democracia é o espaço do conflito e da luta entre projetos diversos de vida social, mas que iniciando sua trajetória sob um peso esmagador da grande empresa e do grande capital, tende a ser permanentemente diminuída e restringida. Democrática, enfim, pois envolve coletivos diversificados estabelecendo uma agenda de investigação integradora e múltipla, assegurando a formação de jovens pesquisadores e a construção/consolidação de linhas de pesquisa com solidez e profundidade regional e local (subnacional) ao lado de interpretações sólidas no âmbito nacional.

Enfatizei dois aspectos, o da pesquisa e da democracia, não por acaso. Nos ambientes da Saúde e do Serviço Social, o tema da Reforma

Sanitária e das lutas que a acompanharam permanece vivo, não obstante tentativas de apagar os termos então utilizados, de desqualificar as linhas teóricas combativas e, sobretudo, de maquiar maneiras de suprimir ou restringir o alcance e escopo das conquistas realizadas. Abandonando as grandes questões da luta pela desprivatização do Estado que deram origem ao SUS, a tendência hoje predominante é acenar com a eficácia mercantil, introduzindo a lógica da empresa privada e forçando a privatização desigualitária aberta ou disfarçada. Dada a resistência que segue existindo na saúde e no serviço social, esse processo vem sendo realizado de maneira turva: usam argumentos da Reforma, mas se adulteram os termos originais; supostamente em nome da democracia, procuram esquecer a existência da luta social, que é sua própria condição. A substituição da reflexão pautada nas relações entre as classes sociais pelo imediatismo da urgência do atendimento aos pobres é uma delas e talvez a mais perversa.

A legítima e real premência da prioridade dos setores mais vulneráveis vem sendo um dos caminhos pelo qual se infiltram a venda dos serviços públicos, o deslocamento dos recursos da seguridade social para outros fins, a apropriação privada crescente de recursos públicos e o aprofundamento da desigualdade social. Enorme e histórica, essa desigualdade social se recria e consolida na atualidade através da transferência de recursos públicos para o atendimento privado de — supostamente — maior qualidade aos detentores de planos privados, enquanto se destina ao conjunto da classe trabalhadora e aos mais pobres uma saúde pública pobre, de urgência, com funcionários precarizados e temerosos, com escassos recursos. Se a pobreza e a urgência são reais, artifícios discursivos com viés semifilantrópico apenas reiteram e ameaçam recriar as piores práticas da experiência histórica da acumulação de capital, ao obstaculizar qualquer reflexão que leve em consideração a própria estrutura que produz as desigualdades. As novas gerações têm o direito de conhecer as lutas reais — e suas limitações — que desembocaram no formato representativo e eleitoral contemporâneo. As lutas por democracia envolveram — e seguem envolvendo — a compreensão de que a produção da igualdade social não é ato burocrático, mas se enraíza no solo das organizações populares, de sua autonomia frente ao capital, da construção de conhecimento sobre a vida social, de sua participação efetiva, não a convite ou como ato de benemerência (ou de oportunismo de gestores incompetentes), mas nutrindo e incorporando suas reivindicações mais amplas. A democracia não é um caminho linear, resultante de um momento pontual que, uma vez iniciado, apenas se amplia. A democracia, quando brota sob o predomínio do grande capital e das grandes burguesias, é também o solo no qual as grandes entidades empresariais, as organizações financiadas pelo patronato atuam ativamente fora e dentro do Estado para assegurar seus interesses, justificando-os de maneiras variadas e, em muitos casos, apenas adulterando os termos da luta social para tornar mais palatáveis suas próprias propostas. Com recursos fartos, é bem mais fácil organizar-se para convencer os demais de que necessitam de mais recursos públicos para suas próprias atividades empresariais. Mesmo se isso signifique tornar a vida humana o pasto de atividades cujo objetivo é apenas o lucro.

Apesar de todos os modismos dos últimos anos, que procuravam apagar retoricamente a existência das classes sociais; apesar da violência social e simbólica exercida nas mais diferentes instituições privadas e públicas, como demissões imotivadas ou o direcionamento preferencial dos recursos para os que mais rapidamente se adequavam às pautas propostas e induzidas de cima para baixo; apesar da intensa precarização e fragilização das relações de trabalho, reduzindo o ímpeto combativo dos trabalhadores, que dependem desses frágeis empregos para subsistir; apesar de tantas outras arbitrariedades, não foi possível apagar do campo da saúde a inquietação sobre as grandes questões que envolveram e seguem envolvendo o SUS e a Seguridade Social.

Por essas razões, é tarefa fundamental e inadiável na atualidade a difusão e o aprofundamento de pesquisas desse tipo. Estamos num momento histórico peculiar, que nos exige retomar com maior clareza e capacidade crítica o fio das grandes lutas da Reforma Sanitária, que podemos considerar heroicas, contanto que não seja apenas para realizar seu elogio fúnebre. Precisamos esquadrinhar seu alcance e seus sujeitos, seus objetivos e temas principais, mas também identificar seus limites, os momentos internos de fraqueza e de derrota. Estamos há quase quatro décadas imersos nesse processo, iniciado na década de 1970, que aprofundou determinadas características, enquanto atrofiava algumas promessas. Trata-se de retomar o processo histórico como parte integrante de nossas conquistas, mas também de desacertos e de derrotas. Somos herdeiros de lutas formidáveis. Porém tais lutas não foram homogêneas, assim como o resultado constitucional a que se chegou. Isso hoje é tão mais evidente quanto alguns descaminhos ulteriores aprofundaram brechas já presentes na implantação do SUS, como a manutenção de um setor privado complementar ou suplementar. Porém não apenas o ponto de partida precisa ser detalhadamente revisto: também o conjunto das lutas e os constrangimentos experimentados no período pós-ditatorial integram as condições atuais.

Os *slogans*, sobretudo em torno do SUS — pois o tema crucial da Seguridade Social vem sendo deixado à sombra por muitos, o que, felizmente, não é o caso deste livro — se sucedem. O que queremos? O "verdadeiro" SUS? Retomar o SUS constitucional? Garantir a sobrevida do SUS? Ampliar o SUS? Para quem e para quê?

A Seguridade Social e o Sistema Único de Saúde, enorme vitória das formidáveis lutas sociais das décadas de 1970 e 1980, seguem incompletos até hoje, um quarto de século depois. Mais dramático ainda — e os leitores encontrarão neste livro muitas evidências desse processo — o projeto original (mesmo se já tinha muitos limites) foi constantemente amputado, limitado, restringido, desviado do rumo inicialmente proposto. A tal ponto que alguns se interrogam se ainda resta algo daquele projeto na estranha criatura contemporânea. O SUS condensa parcela importante das expectativas populares, pois nasceu de suas reivindicações. Assim, não podemos nos contentar com avaliações aligeiradas, mas com denso programa de lutas e de produção de conhecimento.

Há uma teia onde se emaranham interesses privados diretamente no interior do Estado (e dos entes federativos), na qual as insistentes reivindicações democratizantes tendem a ser paralisadas em seus primórdios e limitadas apenas à atuação pontual, reduzidas à ação no imediatismo, enfrentando obstáculos hercúleos erguidos para que esmoreçam. Silenciam-se pois as grandes pautas, enquanto se multiplicam os focos imediatos, cuja urgência real — resultante do conjunto da vida social, produtora e reprodutora das desigualdades que desembocam nos serviços públicos de saúde — se torna, por artifícios discursivos, o argumento ideopolítico dominante de defesa desse tipo de atuação. Não é apenas um círculo vicioso: é uma espiral na qual se expandem os interesses privatizantes.

Não há respostas prontas às indagações sobre o SUS: há uma oportunidade histórica e uma necessidade social de enfrentá-las. As exigências imediatas da luta não podem deixar de lado os interesses históricos da classe trabalhadora como um todo, pois arriscam-se a ser apenas paliativos ou, pior ainda, a legitimar a deformação das grandes conquistas históricas.

A pauta original de pesquisa que este livro traz demonstra que democracia deriva e depende de luta de classes, de organização popular e de enfrentamento das condições impostas pela mera reprodução institucional — mesmo se representativa e eleitoral — da forma social dominante. Essa não é uma forma social neutra: estamos diante de um dos mais impactantes momentos de concentração de capitais no país, com instituições públicas financiando até mesmo a transnacionalização de empresas gigantescas com sede no país, como a JBS-Friboi e outras, como vem fazendo o Banco Nacional de Desenvolvimento Econômico e Social o (BNDES). Neste momento histórico, a atuação governamental — crivada e atravessada por entidades privadas íntimas do grande empresariado — pesa com todo o seu peso para capturar parcela dos trabalhadores públicos (sobretudo os "gestores", termo que se dissemina de maneira impressionante na saúde) para que eles próprios realizem a privatização da qual outros serão os beneficiários — e dentre eles não está a massa dos trabalhadores do país.

A luta pelo socialismo e pelo revolucionamento da vida social é agora, como historicamente, condição de manutenção viva de uma democracia substantiva. Com a condição permanente de analisar criticamente acertos e desacertos. Se na década de 1980 essas reivindicações socializantes permitiram chegar à formulação do SUS — mesmo se truncada, em razão da correlação de forças então presentes — hoje elas são ainda mais imperativas e imperiosas.

Constatamos, decerto, um refluxo nas lutas populares e uma grande dificuldade de atuação das forças que enfrentam os processos privatizantes, contra a lógica predominante do capital. Por razões diversas, exploradas também em artigos figurando neste livro, experimentamos um período no qual o apassivamento se soma a uma espécie de integração subalterna ativa, ao mesmo tempo em que as organizações mais combativas parecem ainda despreparadas para as dimensões da tarefa que precisam cumprir.

É tanto mais difícil e complexo levar adiante a organização de setores populares, quanto mais recursos têm os grupos dominantes para convencer, organizar, formar, divulgar, sem jamais deixar de lado, não esqueçamos, a prática de coagir os trabalhadores, a começar pelo desemprego. Basta ver as manchetes e a página de opinião de um jornal como *O Globo*, que, a cada manifestação popular, lança o mesmo repetitivo anátema, designando como "vândalos" os que lutam por transporte, saúde, salário, habitação. O tratamento desqualificador intimida e ameaça. Se a imprensa tem papel importantíssimo, este é sobretudo o de escudar e amparar a atuação cotidiana de seus pares, os grandes proprietários de capital. Esse é o contexto das lutas de classes sob regimes democráticos que, sendo sua conquista, parecem converter-se em forma predileta da dominação capitalista.

Vale lembrar que esse refluxo pode significar também o período de gestação de novas reivindicações, de novas modalidades organizativas, que já incorporam a experiência histórica recente e se preparam para enfrentar o formato atual do predomínio da pequena política das emergências focalizadas, fartamente sustentada com recursos patronais, trazendo novamente à cena a grande política. Expandem-se, sobretudo nos setores ligados à saúde e ao serviço social — retomadas importantes de reflexão e de luta. A estreita relação entre atividade e reflexão, entre prática social e conhecimento, se evidencia mais uma vez. Este livro está muito próximo dessa inquietude ainda discreta para o grande público, mas que fermenta no âmbito da saúde. Esses novos impulsos, que precisam ser nutridos e acolhidos, encontram neste livro — e em outras iniciativas similares, originadas em diferentes movimentos sociais populares — uma resposta e a possibilidade de se alçarem para novo patamar de compreensão e de reivindicação. Não apenas de maneira idealizada, como muitos intelectuais agiram com relação aos "novos" movimentos sociais e à "sociedade civil", mas tendo a clareza de que integram o terreno contraditório da luta de classes, frontalmente contra a redução da vida humana a mera engrenagem para a produção de lucros. Mas também não da forma fria e distante daqueles intelectuais reclamões que se limitam a denunciar a contaminação das arenas de lutas de classes, sem delas participar.

Nos fins de 2007, surgiu o Fórum de Defesa dos Serviços Públicos e Contra as Fundações de Direito Privado no Rio de Janeiro, agregando diferentes sujeitos sociais, como sindicatos, partidos políticos, parlamentares, pesquisadores e movimentos sociais. Da própria luta árdua e concreta, derivou-se, em 2008, o Movimento Unificado dos Servidores Públicos Estaduais (MUSPE) e o Fórum de Saúde, enfrentando a estratégia e as táticas de privatização que vêm sendo impostas através da generalização de Organizações Sociais, Oscips, Fundações de Direito Privado e de transformações moleculares na contratação e na gestão dos serviços públicos. Essa luta desembocou na Frente Nacional contra a Privatização da Saúde, que teve impactante atuação na 14ª Conferência Nacional de Saúde, no final de 2011, e já abrange uma quantidade significativa de estados e municípios no país.

Este livro resulta dessas lutas e abre caminho para a consolidação de um processo nacional de retomada consistente das pesquisas de base crítica; da formulação de um amplo programa de formação teórica, social e política dessas gerações de estudantes e de trabalhadores na saúde que, mesmo com precárias condições, não abandonaram nem esqueceram as tradições desigualitárias do chão social no qual nasceram e contra elas se insurgem. Se inscreve plenamente, pois, na dinâmica da luta social e da produção de conhecimento.

Apresentação à 2ª edição

Esta coletânea teve sua primeira edição publicada em 2012, fruto dos estudos do grupo de pesquisa registrado no Conselho Nacional de Desenvolvimento Científico e Tecnológico (CNPq) *"Gestão Democrática da Saúde e Serviço Social"*, da Faculdade de Serviço Social da Universidade do Estado do Rio de Janeiro (UERJ), coordenado pela professora Maria Inês Souza Bravo. Contou também com a participação de professores convidados que estiveram presentes em — pela repetição de "participação" e "participaram" seminários, debates, estágios de doutoramento e pós-doutorado realizados no âmbito do grupo.

Na atual edição foi inserido um artigo inédito, escrito por Gustavo França Gomes e Maria Inês Souza Bravo, que analisa como as Rádios Comunitárias se inserem no movimento cultural contra-hegemônico de enfrentamento às expressões da questão social, em especial naquelas relacionadas à saúde. Este texto apresenta alguns dos resultados da investigação em andamento, realizada pelo grupo de pesquisa, que tem como objetivo sinalizar as estratégias encontradas nos movimentos culturais de potencialização da consciência crítica e organização política, e seus envolvimentos na luta pela saúde pública de qualidade, sinalizando os limites que são colocados para as rádios comunitárias de democratizar a comunicação.

O momento conjuntural de lançamento da segunda edição desta coletânea é de manifestações de massa e mobilizações do povo por mudanças estruturais, evidenciando um profundo descontentamento da população brasileira. "As manifestações se iniciaram por protestos contra o aumento das passagens e se desdobraram para uma multifacetada pauta que tem por centro a demanda por educação, saúde, contra os gastos com a Copa e seus efeitos perversos, como as remoções, e contra uma forma política que mostra seus limites com representantes que não representam, eleitos por muitos e defendendo os interesses de poucos" (Iasi, 2013).

A resposta da presidente Dilma aos protestos populares se materializa em cinco "pactos": um pelo equilíbrio e responsabilidade fiscal; um pela reforma política; um contra a corrupção; um pela saúde e educação e um pela chamada mobilidade urbana.

Considera-se que as propostas apresentadas pela presidente diante dos reclamos das ruas são insuficientes e não apresentam nenhuma mudança de fundo ou reforma estrutural para o atendimento das necessidades sociais que estão fazendo o país explodir.

As propostas com relação à Saúde não enfrentam a determinação social do processo saúde-doença, rebaixa a pauta da saúde à lógica incrementalista e assistencial, e reitera o modelo médico-centrado e a privatização. Os problemas do SUS não serão estruturalmente resolvidos, e em algumas dimensões até poderão ser aprofundados, com a implantação das proposições do chamado "pacto para a saúde pública": 1) A contratação de médicos estrangeiros não resolverá o problema de pessoal no interior e na periferia. 2) A abertura de vagas para a graduação em Medicina e para a Residência também não são soluções para a crise da saúde se não forem acompanhadas de discussão sobre o modelo de formação para o SUS tendo ainda um agravante que contempla abertura de vagas para o setor privado. As vagas só podem ser para o setor público. 3) A construção de novas unidades de saúde pública sem especificar se serão 100% estatal, sob as normas do direito público, com contratação de pessoal pelo RJU e financiamento efetivo também não trará melhorias para a saúde. 4) O fortalecimento da rede filantrópica é uma medida que aprofunda a privatização do sistema público de saúde.

Posteriormente, é apresentado pelo governo o Programa Mais Médicos (MP n. 621/2013) que procura consolidar algumas proposições já apresentadas com a inclusão de outras. Neste, são apresentados três eixos principais. O primeiro é aumentar a duração do curso de Medicina para oito anos. Não tem sentido este aumento mas o que deve ser realizado é uma ampla reforma do ensino médico com ênfase na formação geral e na realização de estágios no SUS, inclusive na atenção básica. O segundo é promover abertura de escolas médicas e ampliar o número de vagas, incluindo o setor privado. Como já foi afirmado anteriormente, não deve-se abrir vagas no setor privado mas somente na rede de faculdades públicas, face a qualidade do ensino e a privatização da educação. O terceiro é promover o incentivo à interiorização do médico brasileiro e a vinda de médicos formados fora do país. Ampliar o acesso de profissionais de saúde e não apenas de médicos para o interior é uma necessidade, que tem que ser enfrentada não com a precarização do trabalho no SUS e sim com a realização de concurso público RJU e com o estabelecimento da carreira única do SUS. Outro aspecto preocupante desta medida provisória é delegar à Empresa Brasileira de Serviços Hospitalares (EBSERH) a concessão de bolsas para as ações de saúde, o ressarcimento de despesas e adotar outros mecanismos. A EBSERH está sendo contestada pelo Conselho Nacional de Saúde, pelas universidades públicas federais, pelos Hospitais e Institutos Federais bem como pela Procuradoria Geral da República, com uma Ação Direta de Inconstitucionalidade.

Caso o objetivo do governo seja dar respostas de fato aos problemas apresentados, deve-se por um lado, exigir o caráter público dos serviços que visam a atender direitos essenciais como saúde, educação e transporte que nunca podem ser resolvidos pela forma mercadoria. E, para avançar, deve-se tocar na questão de fundo que é a produção social da riqueza e de sua acumulação privada. Nos tempos de hoje, uma questão é fundamental para reflexão: A vida e a reprodução podem ser garantidas pelo mercado e os monopólios capitalistas? (Iasi, 2013).

A Frente Nacional contra a Privatização da Saúde tem apresentado como bandeiras fundamentais para a viabilização da saúde pública:

- Defesa incondicional do SUS público, estatal, universal, de qualidade e sob a gestão direta do Estado e contra todas as formas de privatização e Parcerias Público-Privadas.

- Alcançar um mínimo de 10% do Produto Interno Bruto (PIB) para a Saúde, garantindo o investimento público e o financiamento exclusivo da rede pública estatal de serviços de saúde, cumprindo o aprovado pela 14ª Conferência Nacional de Saúde, espaço de efetiva manifestação e vocalização popular sobre suas reivindicações para a saúde.

- Pelo fim da Desvinculação das Receitas da União (DRU).

- Pela Auditoria da Dívida Pública.

- Contra os subsídios públicos aos Planos Privados de Saúde.

- Contra a entrada de capital estrangeiro nos serviços de assistência à saúde e pelo arquivamento do Projeto de Lei do Senado (PLS) n. 259/2009 que altera a artigo 23 da Lei n. 8.080/90 para viabilizar o rentismo.

- Pela revogação da Lei n. 12.550/2011 que cria a Empresa Brasileira de Serviços Hospitalares (EBSERH) e pela procedência da Ação Direta de Inconstitucionalidade n. 4.895/2013 que tramita no STF. Não podemos entregar os Hospitais Universitários a uma Empresa de direito privado, quebrando a autonomia universitária no que diz respeito ao ensino e à pesquisa. Também não podemos permitir a criação de subsidiárias que entreguem os Hospitais Federais e Institutos à EBSERH, como a denominada Saúde Brasil.

- Pela revogação da Lei n. 9.637/1998 que cria as Organizações Sociais (OSs) e pela procedência da Ação Direta de Inconstitucionalidade n. 1.923/1998 que tramita no STF. As OSs desrespeitam o controle social, promovem a cessão de servidores públicos para entidades privadas, contratam trabalhadores sem concurso público, garantem a aquisição de bens e serviços sem processo licitatório, facilitando o desvio de recursos públicos.

- Pela anulação imediata da Proposta de Lei Complementar n. 92/2007, em tramitação no Congresso Nacional, que propõe as Fundações Estatais de Direito Privado (FEDPs) para gerir todas as áreas sociais: saúde, assistência social, cultura, desporto, ciência e tecnologia, meio ambiente, previdência complementar do servidor público, comunicação social, e promoção do turismo nacional.

- **Defesa de concursos públicos pelo RJU e da carreira pública de Estado para pessoal do SUS** e contra todas as formas de precarização do trabalho. Por reajustes salariais dignos e política de valorização do servidor, isonomia salarial, estabilidade no trabalho, e implantação de Planos de Cargos, Carreiras e Salários (PCCS).
- **Pela eliminação do limite da Lei de Responsabilidade Fiscal para despesa com pessoal na saúde.**
- **Defesa da implementação da Reforma Psiquiátrica** com ampliação e fortalecimento da rede de atenção psicossocial, contra as internações e recolhimentos forçados e a privatização dos recursos destinados à saúde mental via ampliação das comunidades terapêuticas.
- **Pelo cancelamento do Projeto de Lei do Deputado Federal Osmar Terra que propõe alterações na Lei n. 11.343/2006** e inverte a prioridade de intervenção na área da saúde mental que tem na internação compulsória o último recurso clínico para pessoas que apresentam problemas no uso das drogas, conforme a Lei n. 10.216/2001, colocando-a como primeira e principal estratégia de cuidado.
- **Contra o modelo "médico assistencial privatista"** centrado no atendimento individual e curativo subordinado aos interesses lucrativos da indústria de medicamentos e equipamentos biomédicos, e pelo fortalecimento da atenção básica com retaguarda na média e alta complexidade.
- **Pela efetivação do Controle Social Democrático** e das deliberações da 14ª Conferência Nacional de Saúde.
- **Pela revogação da Reforma da Previdência Social.**

Enfim, **a determinação social do processo saúde e doença** vincula-da às relações sociais capitalistas, reprodutoras de desigualdades sociais e da barbárie, nos mobiliza a articular as lutas pela saúde com as demais lutas sociais pela superação desta sociedade. Ou seja, por **uma socie-dade justa, plena de vida, sem discriminação de gênero, etnia, raça, orientação sexual, sem divisão de classes sociais**!

Os artigos que compõem esta coletânea têm como preocupação central analisar a realidade atual para transformá-la, como já afirmou Marx. Nesses tempos de crise estrutural do capitalismo, de barbariza-ção da vida social, com mudanças regressivas em todas as dimensões da vida social, é fundamental o pessimismo da razão aliado ao otimis-mo da vontade, como afirmava o marxista italiano Antônio Gramsci.

Não poderíamos encerrar essa apresentação sem registrar nossos agradecimentos a todos os nossos interlocutores — alunos, companhei-ros de trabalho e de militância, assistentes sociais, trabalhadores da saúde, militantes de movimentos sociais bem como ao Fórum de Saúde do Rio de Janeiro e a Frente Nacional contra a Privatização da Saúde.

Maria Inês Souza Bravo
Juliana Souza Bravo de Menezes
(Organizadoras)

Rio de Janeiro, julho de 2013.

Apresentação

Esta coletânea é fruto dos estudos do grupo de pesquisa registrado no Conselho Nacional de Desenvolvimento Científico e Tecnológico (CNPq) "Gestão Democrática da Saúde e Serviço Social" da Faculdade de Serviço Social da Universidade do Estado do Rio de Janeiro (UERJ), coordenado pela professora Maria Inês Souza Bravo. Conta também com a participação de professores convidados que participaram de seminários, debates, estágios de doutoramento e pós-doutorado realizados no âmbito do grupo.

Pretende-se, com este livro, fornecer fundamentos teórico-críticos que orientem os diversos sujeitos sociais e coletivos para análise e transformação junto às políticas sociais e, em especial, à política de saúde voltada para a emancipação política, tendo como horizonte a emancipação humana.

Uma das preocupações é retomar os princípios que deram origem ao projeto de Reforma Sanitária brasileiro, surgido em meados dos anos 1970, com o processo de redemocratização do país, contrário à privatização e em defesa da saúde pública, estatal e universal. Procura articular as lutas na saúde a um novo projeto societário em oposição a nova política social viabilizada pelo Estado aliado à burguesia, desde o final do século XX até os dias atuais. Este novo Estado reduz sua ação direta à prestação de serviços compensatórios e assume o papel de gerenciador de iniciativas privadas e de repolitização da política por meio de ações que visam o apassivamento dos movimentos sociais (Fontes, 2006).[1]

As pesquisas têm se concentrado em três linhas de investigação:

— A Política de Saúde Nacional e no Estado do Rio de Janeiro — seus fundamentos de análise.

— O Serviço Social: interface com a Saúde e a gestão democrática.

— A contribuição dos conselhos, movimentos sociais e partidos políticos nas lutas por saúde, na socialização da política e na democratização da gestão.

Os estudos realizados têm também como preocupação articular ensino, pesquisa e extensão, envolvendo estágio curricular e assessoria aos movimentos sociais e conselhos.

A coletânea está dividida em três partes. A primeira enfoca a *Saúde e o Serviço Social*, caracterizando os impactos da contrarreforma na Política de Saúde, traduzidos nas políticas de ajuste recomendadas pelos organismos multilaterais e pelas propostas de mercantilização da saúde. Nesta conjuntura, o trabalho do Serviço Social tem grandes impasses e desafios decorrentes da mudança das condições materiais de trabalho.

A segunda parte vai enfatizar os movimentos sociais procurando demonstrar que não há capitalismo sem lutas de classes. Procura analisar as lutas sociais e suas expressões na saúde através dos diversos sujeitos coletivos que, historicamente, entram em cena, enfatizando os partidos políticos e a luta sindical.

Na terceira parte são analisados os Conselhos de Política e de Direitos, mecanismos propostos no processo de redemocratização da sociedade brasileira nos anos 1980, mas implementados na década de 1990, período em que o projeto coletivo é substituído pelo projeto corporativo que procura naturalizar a ordem burguesa. Apesar das

---

1. FONTES, V. Sociedade civil no Brasil contemporâneo. In: LIMA, J.; NEVES, L. M. W. (Orgs.). *Fundamentos da educação escolar do Brasil contemporâneo*. Rio de Janeiro: Editora Fiocruz, 2006.

reflexões apontadas nos textos que explicitam os limites desses espaços, os autores também ressaltam a sua importância estratégica para o avanço da democracia política e social no Brasil, aspectos centrais para se atingir a democracia econômica. Para conseguir este objetivo destaca-se também a importância da criação de espaços alternativos ao controle social, a exemplo do que vem ocorrendo na área da saúde, com a criação de fóruns contra a privatização em diversos estados e municípios brasileiros. Além da criação da Frente Nacional contra a Privatização da Saúde que congrega os fóruns estaduais, regionais, municipais e vários movimentos sociais, sindicais, partidos políticos e projetos universitários e têm empreendido lutas em defesa da saúde e da vida. Esses novos mecanismos podem ser considerados como controle democrático na perspectiva das classes trabalhadoras e têm exigido dos conselhos, posicionamento em torno de questões centrais cruciais como a reação à privatização da saúde e a defesa da saúde pública, estatal, com qualidade e sob administração direta do Estado. Dois capítulos vão explicitar a importância da assessoria aos conselhos que pode ser realizada por assistentes sociais e demais profissionais e entidades. Esta tem por intencionalidade o fortalecimento e defesa da democracia e dos direitos, através da socialização das informações bem como a mobilização para organização e articulação dos diversos sujeitos coletivos para a luta e defesa de uma sociedade sem exploração.

Estes são os conteúdos centrais abordados nesta coletânea, que enfatiza a mercantilização da saúde e os seus impactos sobre o exercício profissional do assistente social que serão a seguir melhor explicitados.

A primeira parte compõe-se de três capítulos.

O primeiro, de autoria de Maria de Fátima Siliansky de Andreazzi, vai apresentar o padrão de articulação entre o público e o privado no financiamento, prestação e gestão da atenção à saúde no país. No final, vai identificar os impactos dessa articulação sobre o trabalho e o acesso à saúde bem como colocar os desafios atuais na perspectiva da unidade entre os movimentos sociais, partidos políticos e demais componentes das classes subalternas para a resistência e transformação das bases mercantilistas-burocráticas e profundamente antidemocráticas da política de saúde na atual conjuntura.

No segundo texto, Mary Jane de Oliveira Teixeira propõe refletir sobre os impactos dos "novos modelos de gestão" na saúde, ressaltando a Fundação Estatal de Direito Privado. A autora finaliza destacando algumas lutas efetivadas por diversas entidades, bem como pelos Fóruns de Saúde criados em diversos estados brasileiros e a Frente Nacional contra a Privatização da Saúde. Enfatiza que a mobilização até o momento, ainda que apresente limites, obteve alguns frutos, ou seja, o Projeto de Lei Complementar (PLC) n. 92, de 2007, não foi votado face às resistências. Ressalta ainda a importância da conjugação das entidades em defesa do serviço público estatal com a finalidade de exigir do Estado que cumpra seu papel na garantia dos direitos.

Raquel Cavalcante Soares, no terceiro capítulo, vai analisar a contrarreforma na política de saúde brasileira a partir dos anos 1990, desvelando os projetos em confronto e os eixos de sua racionalidade. A autora vai explicitar os contornos que estas modificações vão acarretar à saúde face suas particularidades e as formas de resistência a esse processo. Afirma que há uma estratégia transformista da reforma sanitária e um empobrecimento de sua radicalidade. O texto vai enfatizar também os impactos desta política no Serviço Social com requisições que incidem sobre suas práticas sociais tanto na participação, nas novas modalidades de gestão, no planejamento, quanto nas ações emergenciais.

A segunda parte do livro é composta de cinco capítulos, sendo dois de natureza mais geral, analisando os movimentos sociais nas últimas décadas, os desafios postos pela contemporaneidade das lutas de classes e os partidos políticos no Brasil. Os três artigos a seguir consistem em investigações em andamento realizadas pelo grupo de pesquisa com a intencionalidade de abordar os partidos políticos, a luta sindical e a organização político-sindical dos assistentes sociais.

O capítulo de abertura, de autoria de Marcelo Braz, vai analisar o debate teórico acerca dos movimentos sociais nas últimas décadas do século passado, nos países desenvolvidos e no Brasil. O autor vai

SAÚDE, SERVIÇO SOCIAL, MOVIMENTOS SOCIAIS E CONSELHOS

expor sua crítica aos modismos conceituais e, valendo-se de expoentes da tradição marxista, vai tecer considerações acerca do sujeito revolucionário e do partido na contemporaneidade. Considera-se que o balanço realizado pelo autor pode servir de referência para problematizar a relação do Serviço Social com o universo complexo de lutas de classes que envolvem a área da saúde, foco deste livro. Por fim, Braz coloca como desafio a necessidade de uma renovação teórica que procure realizar uma articulação entre as fontes clássicas da tradição marxista e as contribuições da tradição teórica-política que delas derivam e a elas se associaram no curso da trajetória do movimento socialista e comunista. Destaca que essa articulação deve se dar face aos enormes desafios postos pela atualidade.

Marcelo Badaró Mattos vai apresentar reflexões sobre os partidos políticos no Brasil na atualidade que têm relação com o processo de reorganização da classe trabalhadora. Para fazer sua análise, vai referir-se a Marx, Engels, Lênin, Rosa Luxemburgo e Gramsci. Este percurso é justificado pelo autor como necessário para entender como um partido que surge com um horizonte de classe, defendendo o socialismo, pode dar origem, em sua trajetória posterior, a posições políticas que contrariam tal origem. É com estes fundamentos que Mattos vai tomar como marco a origem do Partido dos Trabalhadores e suas modificações no decorrer das décadas de 1980, 1990 e 2000. O autor afirma que, sem querer apresentar respostas, continua apostando na possibilidade de construção de uma organização ou uma frente de organização de um partido da classe trabalhadora no Brasil de hoje para construir o projeto de reforma intelectual e moral, usando a categoria de Gramsci.

O artigo "Partidos políticos e a luta por saúde" apresenta alguns dos resultados da pesquisa em andamento realizada com catorze partidos políticos, buscando identificar as propostas relacionadas à saúde. Ressalta que os partidos que tiveram destaque no processo constituinte e defenderam o projeto de Reforma Sanitária se afastaram de suas proposições. Há o desafio dos novos partidos ou frente de partidos de abraçarem esta bandeira, como tem sido o esforço da Frente Nacional contra a Privatização da Saúde, que procura articular diversas entidades,[2] movimentos sociais, fóruns de saúde, centrais sindicais, sindicatos, partidos políticos e projetos universitários com o objetivo de defender o Sistema Único de Saúde (SUS) público, estatal, gratuito e para todos, e lutar contra a privatização da saúde e pela Reforma Sanitária formulada nos anos 1980.

O texto escrito por Maria Inês Souza Bravo e Morena Gomes Marques analisa o potencial das centrais sindicais na atual conjuntura brasileira e suas principais lutas com relação à saúde. É também fruto de investigação realizada pelo grupo de pesquisa com as dez centrais sindicais criadas a partir dos anos 1980. A atual organização das centrais e a sua pluralidade demonstra uma disputa entre os distintos projetos societários no plano sindical e suas refrações na saúde entre a defesa da Reforma Sanitária e do projeto privatista. As centrais que têm defendido o SUS público, estatal e de qualidade são a CSP — Conlutas (Central Sindical e Popular) e as Intersindicais (Instrumento de Luta e Organização da Classe Trabalhadora e Instrumento de Luta, Unidade

---

2. ABEPSS (Associação Brasileira de Ensino e Pesquisa em Serviço Social), Andes-SN (Sindicato Nacional dos Docentes das Instituições de Ensino Superior), Asfoc-SN (Sindicato dos Trabalhadores da Fiocruz), CMP (Central de Movimentos Populares), CFESS (Conselho Federal de Serviço Social), CSP-Conlutas (Central Sindical e Popular), CTB (Central dos Trabalhadores e Trabalhadoras do Brasil), Executiva Nacional dos Estudantes de Enfermagem, Fasubra (Federação dos Sindicatos dos Trabalhadores das Universidades Públicas Brasileiras), Fenasps (Federação Nacional dos Sindicatos de Trabalhadores em Saúde, Trabalho, Previdência e Assistência Social), Fentas (Fórum das Entidades Nacionais de Trabalhadores da Área da Saúde), Fórum Nacional de Residentes, Intersindical (Instrumento de Luta e Organização da Classe Trabalhadora e Instrumento de Luta, Unidade da Classe e de Construção de uma Central), MST (Movimento dos Trabalhadores Rurais Sem Terra), Seminário Livre pela Saúde, os Fóruns de Saúde já existentes (Rio de Janeiro, Alagoas, São Paulo, Paraná, Londrina, Rio Grande do Norte, Distrito Federal, Pernambuco, Minas Gerais, Ceará, Rio Grande do Sul, Paraíba, Goiás, Maranhão, Pará, Mato Grosso e Santa Catarina), os setoriais e/ou núcleos dos partidos políticos (PSOL, PCB, PSTU, PT e PCdoB), consulta popular e projetos universitários (UERJ — Universidade do Estado do Rio de Janeiro; UFRJ — Universidade Federal do Rio de Janeiro; UFF — Universidade Federal Fluminense; UFAL — Universidade Federal de Alagoas; UEL — Universidade Estadual de Londrina; EPSJV/FIOCRUZ — Escola Politécnica de Saúde Joaquim Venâncio da FIOCRUZ; CESTEH/ENSP/FIOCRUZ — Centro de Estudos da Saúde do Trabalhador e Ecologia Humana da Escola Nacional de Saúde da FIOCRUZ; UFPB — Universidade Federal da Paraíba; USP — Universidade de São Paulo).

da Classe e de Construção de uma Central). Na CTB (Central dos Trabalhadores e Trabalhadoras do Brasil) e na CUT (Central Única dos Trabalhadores), há um projeto de disputa interna. No bloco que defende o setor privado há uma coligação entre Força Sindical, NCST (Nova Central Sindical de Trabalhadores), UGT (União Geral dos Trabalhadores) e CGTB (Central Geral dos Trabalhadores do Brasil) e cuja agenda unitária protagonizada pelas mesmas não faz menção ao SUS. Um dos desafios nesta conjuntura é a mobilização e organização dos movimentos sociais, partidos, intelectuais da esquerda e demais entidades na luta contra-hegemônica.

O último texto desta parte, "Organização Político-Sindical dos Assistentes Sociais: uma breve análise" vai apresentar alguns resultados da pesquisa em andamento que é tema da agenda de debate da categoria no atual contexto. Tem-se por objetivo identificar o nível de participação dos assistentes sociais no movimento sindical e remete a algumas preocupações: a discussão acerca da organização sindical por ramo e/ou categoria e se os assistentes sociais estão inseridos na luta sindical. Os resultados preliminares da investigação evidenciam a baixa participação dos profissionais em algum tipo de atividade sindical, tal como foi identificado na pesquisa nacional realizada pelo Conselho Federal de Serviço Social (CFESS), em 2005, e como vem ocorrendo com a classe trabalhadora em geral. A retomada da discussão sobre os rumos da organização da classe trabalhadora no Brasil rebate na questão sobre como o Serviço Social que defende um determinado projeto profissional se insere nestas lutas através de seus agentes profissionais. O artigo pretende estimular o debate, pois muito tem que ser aprofundado.

A terceira parte é composta de quatro artigos. Dois são frutos de investigações do grupo de pesquisa e vão analisar os Conselhos de Saúde (o Conselho Nacional de Saúde e os Conselhos de Gestão Participativa no Rio de Janeiro) e os outros dois artigos vão relacionar os Conselhos de Política e de Direitos com o Serviço Social.

O primeiro artigo de autoria de Juliana Souza Bravo de Menezes aborda o papel do Conselho Nacional de Saúde (CNS) no governo

Lula, identificando os limites dessa instância na atualidade e os desafios para o aprofundamento e expansão da participação social em saúde, tendo como referencial os pressupostos preconizados no projeto de Reforma Sanitária. Para a autora, os conselhos de saúde são inovações na formulação de políticas públicas e mecanismos de participação da sociedade nas decisões do Estado. Por meio da pesquisa documental, foi possível identificar a direção da agenda de proposições dessa instância deliberativa e a atuação deste Conselho frente à política nacional de saúde. Tal investigação pretende contribuir para a reflexão crítica sobre o papel dos conselhos de saúde, em especial do CNS, na democratização da relação Estado-sociedade.

Maria Inês Souza Bravo e Juliana Souza Bravo de Menezes analisam os Conselhos de Gestão Participativa criados e regulamentados pelo Ministério da Saúde, a partir de 2005, nos seis hospitais sob sua gestão (Andaraí, Bonsucesso, Ipanema, Jacarepaguá, Lagoa e Servidores), bem como nos institutos (Nacional do Câncer, Traumato-ortopedia e Cardiologia de Laranjeiras). Como principais características dos Conselhos de Gestão Participativa destaca-se que são órgãos colegiados permanentes que têm como finalidade assegurar a participação da população no acompanhamento da execução das políticas e ações de saúde. São espaços consultivos, ou seja, não deliberativos, não decidindo sobre as políticas e ações de saúde no âmbito de atuação da unidade. A composição é tripartite e não paritária (1/3 representantes da direção da unidade; 1/3 representantes de trabalhadores da instituição; 1/3 representantes de usuários indicados pelo Conselho Distrital de Saúde). O diretor geral da unidade é membro nato do conselho, sendo quinze (15) o número máximo de conselheiros. Como reflexão, as autoras apresentam que, na atual conjuntura, esses espaços estão sendo despolitizados, com a perspectiva de apassivamento dos movimentos sociais. Ressalta-se a necessidade de construção de uma cultura política contra-hegemônica através da pressão exercida pelos Fóruns de Saúde, a Frente Nacional contra a Privatização da Saúde e demais sujeitos coletivos.

Maria Valéria Costa Correia vai abordar o tema controle social na relação Estado e sociedade civil, a partir do referencial teórico de Gramsci. Considera que no contexto de contrarreformas no campo das políticas sociais, os mecanismos de controle social deveriam se converter em espaços de resistência ao processo de privatização e de defesa da efetivação dos direitos sociais. Ressalta a importância de elucidar de que conceito de sociedade civil está se falando e que relação tem com o Estado. Faz referência ao fato que o profissional de Serviço Social tem sido demandado a trabalhar com os mecanismos de controle social, principalmente junto aos Conselhos de Política e de Direitos. Esta atuação tem se dado na assessoria, na criação, organização e acompanhamento desses conselhos bem como na capacitação de conselheiros e como pesquisador. Esta atividade é uma nova demanda ao profissional. Cabe também ao assistente social atuar nos conselhos através de representação política de sua categoria. Apresenta alguns desafios para os conselhos e afirma que estas instâncias são contraditórias e que podem se constituir em espaços de participação na perspectiva da ampliação da democracia ou de legitimação do poder dominante e cooptação dos movimentos sociais. A autora destaca a importância da criação de espaços autônomos, independentes, a exemplo do que vem ocorrendo na saúde, com a criação dos fóruns populares de saúde em diversos estados brasileiros, além da Frente Nacional contra a Privatização da Saúde, que congrega os fóruns e vários movimentos sociais, sindicatos e partidos políticos.

No último capítulo da coletânea, Maria Lúcia Duriguetto apresenta os resultados de pesquisa realizada sobre a intervenção profissional do Serviço Social nos Conselhos de Direitos no município de Juiz de Fora/MG. Tal investigação pretende contribuir para o debate acerca das experiências profissionais nos espaços conselhistas tendo como referência o projeto ético-político profissional. A autora aponta como desafio uma ação profissional que contribua para que os espaços conselhistas constituam um instrumento de defesa de uma ação pública estatal de qualidade no campo da criação, consolidação e ampliação dos direitos. Como proposições fruto do estudo realizado destaca a necessidade de criação de canais que possibilitem a articulação dos assistentes sociais para discutir suas intervenções nos conselhos; as características de seus serviços; as demandas comuns e as estratégias utilizadas. Tais iniciativas podem contribuir para o "compromisso com a qualidade dos serviços prestados à população e com o aprimoramento intelectual na perspectiva da competência profissional", de acordo com um dos princípios do Código de Ética; ações profissionais que visem contribuir para a criação de fóruns de discussão e debate das políticas públicas, objetivando a formação de eixos reivindicativos e articulação das lutas das classes subalternas, iniciativas importantes para se enfrentar a setorialização das políticas e a defesa corporativa de interesses específicos. Por fim, ressalta o espaço dos conselhos como uma das instâncias sociopolíticas possibilitadoras do desenvolvimento de processos de lutas de defesa de direitos e políticas, de fiscalização das ações estatais, de articulação entre forças sociais convergentes, de denúncia e publicização da redução de direitos e do financiamento público para as políticas sociais, do desenvolvimento de ações que extrapolem o espaço restrito da institucionalidade estatal.

Para finalizar esta apresentação, considera-se que os artigos que compõem esta coletânea têm como preocupação analisar a realidade atual para transformá-la, como já afirmou Marx. Nesses tempos de crise estrutural do capitalismo, de expressões cotidianas da barbárie, com mudanças regressivas em todas as dimensões da vida social, é fundamental o pessimismo da razão aliado ao otimismo da vontade, como afirmava o marxista italiano Antônio Gramsci.

Rio de Janeiro, agosto de 2011

Maria Inês Souza Bravo
Juliana Souza Bravo de Menezes
(Organizadoras)

PARTE I

Saúde e Serviço Social

1
O público e o privado na atenção à saúde:
notas para uma caracterização de trajetórias e desafios no Brasil*

Maria de Fátima Siliansky de Andreazzi

Apresentação

O texto é um ensaio que foi fomentado pela discussão acerca do papel do movimento sindical na facilitação da conformação de um padrão de articulação entre o público e o privado no financiamento, prestação e, mesmo, gestão, da atenção à saúde no país. Na primeira seção apresenta e discute as interpretações usuais sobre essa articulação, na literatura internacional de Saúde Pública. A partir da leitura crítica das mesmas, propõe um modelo que, ao mesmo tempo em que integra a dimensão da totalidade, ou seja, a inserção do sistema de saúde na formação econômico-social, também analisa o seu papel específico enquanto lócus de produção e reprodução de riqueza. Na comparação internacional acerca das tendências de mercantilização

---

* Agradeço os comentários de José Augusto Pina e Carlos Octávio Ocké Reis sobre a primeira versão do texto que o melhoraram significativamente. As imprecisões e diferenças existentes são de minha inteira responsabilidade.

(ou comercialização) da atenção à saúde, propõe a existência de um padrão em mosaico, desde que visto sob um aspecto dinâmico.

A segunda e terceira seção descrevem as características da demanda e da oferta privada e as articulações entre público e privado, nos anos 2000, que reforçariam a hipótese do mosaico.

A quarta seção procura explicar o mosaico pelas características da formação econômico-social brasileira, pelos sujeitos sociais que impulsionam a articulação público-privada e pelas forças atuais que remodelam as tradicionais relações público-privadas existentes na direção da maior corporatização,[1] associada à expansão do gasto privado para as camadas mais pobres. Destaca uma análise, ainda de caráter preliminar, do caráter dos novos entes privados impulsionados pela reforma do Estado dos anos 1990 a atualidade (Rezende, 2007).

Ao final, identifica algumas repercussões dessa articulação sobre o trabalho e o acesso à saúde.

1. Abordagens estáticas e dinâmicas do público e do privado em sistemas de saúde

Pode-se aventar que o termo *mix*, ou combinação público-privado, bastante utilizado atualmente na literatura internacional e nacional sobre sistemas de saúde, parte de uma necessidade de existência de instrumentos, mais que tudo descritivos, acerca da existência de espaços privados de produção, consumo e troca e de espaços não submetidos a essa lógica, que possam estar organizados pelo Estado. Isso acontece, pois essa combinação pode existir em diferentes graus, considerando os distintos cortes analíticos dos sistemas de saúde como os

---

1. Tradução livre do termo *corporatization*, adotado em trabalhos estadunidenses sobre o sistema de saúde, assinalando a tendência à dominação dos mercados de saúde — de insumos, seguros e serviços — por corporações, ou seja, pelo grande capital oligopolista em suas diversas configurações, de acordo com as conjunturas do modo de produção capitalista (ver, por exemplo, Salmon, 1985).

direitos e obrigações, financiamento, prestação de serviços, regulação. Os termos utilizados se referem à peculiaridade do mix, reestruturação do mix (Almeida, 1999), tipologias de mix (Santos, Ugá e Porto, 2008). O termo mix ou combinação quiçá denote uma ideia de uma síntese de fenômenos diferentes, porém combinados, sem contradições entre eles, ou sem entender o caráter da contradição, que será avaliada nesse trabalho como processo de unidade e luta dinâmico e não estático.

Em outra ocasião (Reis, Andreazzi e Silveira, 2006), estudamos o segmento do mercado privado de saúde no Brasil, os planos de saúde. Estes, embora identificados como autônomos de relações contratuais com o Sistema Único de Saúde, a partir do final dos anos 1980 (Andreazzi, 2002), contaram, historicamente, com o apoio do financiamento público para seu desenvolvimento inicial. E mantém esse apoio através de subsídios para sua manutenção através de abatimentos fiscais do Imposto de Renda. Não cremos tratar-se de caso isolado e sim de um fenômeno mais amplo em que os espaços reservados ao mercado e ao Estado, em um dado sistema, resultam de um processo comum. Trata-se de um frágil, fugaz e mutante ponto arbitrário de corte temporal e geográfico de unidade e luta de contrários, pois mercado e Estado se complementam e disputam ao mesmo tempo. Processo que decorre da dinâmica de cooperação ou extração de excedente a partir dos diversos bens e serviços necessários à produção do cuidado à saúde e da competição entre seus respectivos agentes. E, da dinâmica de reprodução da ordem através desse instrumento privilegiado que é o Estado, a partir da luta de classes existente em uma determinada formação social. Mercados que são definidos pelo Estado nos seus limites e regras de funcionamento; Estado que surge do conflito entre classes e que é permeável aos interesses específicos dos capitais privados.

Frenk e Donabedian (1987), numa aproximação de análise dessa combinação, chamam a atenção para a identificação das forças que conformariam os sistemas específicos de saúde em cada caso nacional. Por um lado, haveriam variáveis por ele consideradas divergentes, pois responsabilizar-se-iam pelas diferenças encontradas, e seriam os sistemas de direitos e os papéis representados pelo Estado e pelo mercado. E, por outro lado, haveria variáveis convergentes, que apontariam para semelhanças, onde se enquadrariam os aspectos internacionais da saúde, que ele denominou de saúde global e ciência e técnica.

Para esses autores, o peso relativo do público e do privado nos diferentes cortes analíticos dos sistemas de saúde dariam lugar a *continuuns* de mais ou menos financiamento privado, prestação privada etc., o que caracterizaria certa visão estática da questão.

Mackintosh e Koisuvalo (2005) propõem outra abordagem, substituindo o conceito de mix, entendido como estático, por um modelo de trajetórias de mudança institucional na atenção à saúde. Nesse caso, deve ser considerada a existência de mudanças cumulativas e retroalimentadoras, num processo dito de comercialização, ou seja, de introdução de relações mercantis, inclusive no interior de organizações estatais. Ainda, segundo as autoras, essas trajetórias seriam orientadas mas não determinadas por políticas, pois teriam uma vida econômica por elas próprias, dirigidas pela dinâmica dos mercados, ou seja, pela competição voltada à sobrevivência das firmas e pela seleção das mais capazes.

Assim, foram identificadas três grandes trajetórias. A primeira foi denominada *Comercialização informal de cuidados primários em países de baixa renda*. Nesse primeiro exemplo, a prestação privada em pequena escala, na maioria dos casos não regulada, no campo da atenção primária à saúde para população de baixa e média baixa renda, paga diretamente pelos usuários, representa um papel importante nas áreas urbanas. Na Índia, segundo as autoras, no início dos 2000, 80% das consultas ambulatoriais, no campo e nas cidades, são no setor privado, não havendo licenciamento efetivo dos prestadores. A venda de medicamentos sem prescrição médica é largamente praticada. A insuficiência financeira da demanda gera incentivos para desvios da ética profissional.

A segunda trajetória foi denominada *Corporatização e segmentação nos cuidados hospitalares para população de renda média*. O que trata aqui as autoras é do crescimento e corporações lucrativas no segmento de atenção médica, especialmente de média complexidade (crescimento esse induzido em grande medida pelas políticas do Banco Mundial) financiadas por seguros privados de saúde para segmentos da população em países de renda média. Apontam que certa fragilidade financeira desse segmento nesses países gera constantes movimentos das firmas por subsídios públicos e contratos com o Estado.

Finalmente, as autoras apontam a trajetória *Globalização de mercados de insumos e trabalho no setor saúde*. Trata-se da internacionalização das empresas multinacionais farmacêuticas e de equipamentos médicos, impulsionadas ultimamente pelos acordos de livre comércio e proteção intelectual, no contexto da mundialização do capital. O poder de monopólio das grandes empresas dos países dominantes traz severas consequências no acesso a medicamentos por parte da maioria da população mundial. Por outro lado, a polarização da riqueza mundial vem atraindo força de trabalho dos países mais pobres, debilitando esses países em termos de seu pessoal de saúde especializado, a despeito dos investimentos, muitas vezes públicos, que fazem na sua formação.

Encontramos, entretanto, especialmente em países capitalistas ditos de renda média, as três trajetórias ao mesmo tempo e espaço formando verdadeiro mosaico. No Brasil, por exemplo, a região amazônica, as áreas rurais, e também as periferias das grandes metrópoles, convivem com a primeira trajetória. No primeiro caso, contando inclusive com a prática não licenciada de médicos de outros países fronteiriços ou a migração entre fronteiras. Isso faz com que se encontrem elevados níveis de despesas diretas com atenção em saúde por parte da população de baixa renda. Para o segmento de população com inserção formal em mercados de trabalho mais dinâmicos e integrados à economia global, se verificou, nos últimos trinta anos, o crescimento de seguros privados de saúde. Este fenômeno induziu certa clivagem na rede de saúde privada com formação de um segmento de alta densidade tecnológica e custos crescentes ao lado de outro que mantém tradicionais relações contratuais com o Estado, debilitado financeiramente pelas políticas de ajuste fiscal e contenção de gastos públicos. Finalmente, a liberalização comercial, a partir da década de 1990, aprofundou a já tradicional dominância do mercado interno de insumos médicos, especialmente medicamentos, por empresas multinacionais, e a dependência de importações de equipamentos biomédicos de maior complexidade.

Para entender o mosaico, propõe-se uma abordagem teórico-metodológica que considere, simultânea e dialeticamente:

a) A heterogeneidade/homogeneidade da formação social — os diferentes modos de produção e suas combinações (Althusser, 1998) que configuram distintas relações de produção que estabelecem condições estruturais para a existência de diferentes estratégias de reparação da saúde da população, como, por exemplo, a clássica associação entre capitalismo e seguro social. E, fundamentalmente, a luta de classes, o que configuraria o quadro dos direitos sociais, universais ou particularistas, e o financiamento da saúde das distintas classes e frações de classe.

b) As forças produtivas e relações de produção no setor saúde — onde também se pode verificar o mosaico de combinações que vão do trabalho informal a grande empresa multinacional.

Ressalta-se que a utilização da analogia ao mosaico não implica sua cristalização em determinadas configurações. Ao contrário, dada a abordagem dialética aqui adotada, se espera uma constante transformação de seu padrão.

2. O mosaico da demanda — os anos 2000 e a expansão do gasto privado

Entre 2003 e 2008, de acordo com pesquisas de base amostral, acrescentaram-se ao número de pessoas cobertas por ao menos um seguro privado de saúde 6,1 milhões de brasileiros. A cobertura populacional passou de 24,5% para 26,3% dos habitantes (IBGE, 2010). É um dado distinto dos dados administrativos enviados pelas empresas a Agência Nacional de Saúde Suplementar, entre esses anos, no que se refere apenas aos planos de assistência médica, onde teria havido um acréscimo de 9.116.206 vínculos, evidenciando talvez a existência de mais de um vínculo por pessoa (ANS, 2010).

A importância atual do setor privado é mais bem visualizada através do gasto em saúde do país. De acordo com estimativas da OPS em 2004 (OPS, 2008) o gasto total em saúde do Brasil correspondia a 7,9% do PIB; o gasto privado correspondia a 51,9% do total e o gasto direto das famílias representava 64% do gasto privado. Embora este esteja concentrado nas famílias mais ricas, as mais pobres não deixam de gastar diretamente com saúde, especialmente com medicamentos. Em 1996, 9,6% do gasto em consumo das famílias com renda de até dois salários mínimos foi gasto com saúde (era de 6,3% em 1987). A variação entre 1987 e 1996 foi de 52,2%, enquanto a variação do item alimentação foi negativa (Ocké-Reis, Silveira e Andreazzi, 2007). Nos sistemas universais de saúde europeus, a semelhança dos quais a reforma constitucional do setor brasileiro de 1988 de baseou, a participação do gasto privado no gasto total não passa de 30%, assim como a cobertura de planos privados de saúde fica em torno de 10% da população (World Bank, 2006).

Constata-se aqui, em primeiro lugar, o crescimento de uma demanda privada com características socioeconômicas que permitiram o desenvolvimento da trajetória *"Corporatização e segmentação nos cuidados hospitalares para população de renda média"*. Como será assinalado adiante, isso não se deu sem contradições.

3. O mosaico da oferta — os anos 2000 e a consolidação do grande capital na saúde especialmente nas áreas financeira e de tecnologias de ponta. A privatização da gestão dos serviços do Estado. O crescimento do desembolso direto com saúde para a população mais pobre

Não é fenômeno recente e tem origens nas opções políticas e institucionais passadas, que o padrão de oferta de serviços de saúde no país é de uma extremamente diversificada combinação entre o público estatal, organizações tradicionais de caridade religiosas e filantropia de grupos de autoajuda, empresas lucrativas e práticas liberais. Até os anos 1980, o financiamento público, especialmente através do seguro social, e a opção política pelo apoio ao investimento privado em serviços de saúde, que posteriormente se relacionava com o estado através de processos de contratualização, respondia pela dinâmica do setor privado (Braga e Paula, 1981). Nos anos 1990, se viu uma transição na qual os seguros privados de saúde se consolidam como outra força motriz responsável pela dinâmica do setor (Andreazzi, 2002). Três fenômenos podem ser entendidos como significativos dos anos 2000.

O primeiro se refere à consolidação do grande capital na área de serviços de saúde e sua maior vinculação a empresas de seguros de saúde, na conformação tradicional de capital financeiro, conforme o entendimento clássico de Hilferding (1909), associado à população com renda e empresas produtivas que financiam planos de saúde. De acordo com o IBGE (2006), houve um crescimento, entre 2002 e 2006, de 17,8% no número de estabelecimentos de saúde no país, principalmente relacionado aos sem internações, 74,6% do quais são públicos. Isso reflete a política do Governo Federal de estímulo à expansão do Programa Saúde da Família e outros voltados à atenção básica. 40% e 23% desses estabelecimentos, nas regiões Norte e Centro-Oeste, respectivamente, não têm médico. Quanto aos hospitais, segue uma tendência anterior de redução de leitos privados e discreto aumento de públicos. No total, a oferta cai de 2,7 leitos por 1.000 habitantes em 2003 para 2,4 em 2005, o que pode estar explicando as dificuldades da população, inclusive possuidora de planos privados de saúde, de se internar. O Estado detinha, em 2005, 38,1% da oferta total de estabelecimentos com internação e 32% da oferta de leitos. 68% dos hospitais privados atendem também ao SUS, percentual maior nas regiões mais pobres. O setor que mais cresceu foi o dos Serviços Auxiliares de Diagnóstico e Terapêutica, tanto no setor público quanto no privado. Este setor se constitui em uma das pernas mais importantes do complexo médico-industrial-financeiro, na atualidade. É aí que se concentram os interesses privados, que detêm 92,4% do total de estabelecimentos desse tipo.

Outro resultado da pesquisa do IBGE (2006) foi o aumento de 34,6% em relação a 2002 do número de terceirizações em estabelecimentos de saúde, embora estas ainda sejam pouco reportadas.

Quanto às empresas de planos de saúde, prossegue sua tendência à concentração já visualizada desde os anos 1980. Assim, em 2008, 38 empresas de planos privados de saúde detinham quase 50% do mercado em número de beneficiários. Em 2005 eram 55 (Baptista, 2009).

Dados qualitativos, ainda pouco consolidados, inclusive pela ausência de coleta sistemática, levam a crer que o processo de formação do capital financeiro, através da integração dos seguros com os serviços privados de saúde, tanto através de verticalização, ou seja, compra ou construção de serviços próprios, como de montagem de planos por empresas de serviços, se acelerou na década de 2000. Cadeias lucrativas continuam se formando e continua se destacando a área de Serviço de Apoio à Diagnose e Terapia (SADT) na formação das cadeias, na concentração do capital e inclusive na incorporação de empresas nacionais por multinacionais. E, também, na substituição de serviços próprios em hospitais por contratos com empresas, inclusive em hospitais públicos e hospitais filantrópicos. Destaca-se, nesse sentido, o crescente envolvimento de fundos mútuos e fundos de pensão nos investimentos neste setor.

O segundo fenômeno se refere à privatização através de terceirização e concessão de serviços estatais a empresas privadas lucrativas e não lucrativas; entre esses, as inovações gerenciais do tipo Fundações Privadas de Direito Privado e Organizações Sociais. Estas têm como indutora a própria conjuntura da mundialização financeira e a mudança do papel do Estado dos anos 1990. Estado este que deve ser flexível para viabilizar o equilíbrio fiscal, pedra angular do neoliberalismo na gestão da economia. Nesse sentido, custos fixos em função de compromissos com serviços e funcionalismo próprio devem ser substituídos por formas de gestão privadas e transferência de custos para a sociedade. No Brasil, isso não é uma novidade, constando no Decreto-lei

n. 200/1966 o privilegiamento do Estado pela adoção de serviços privados e mecanismos indiretos de gestão (fundações, por exemplo) (Teixeira, 2010). Há algumas diferenças, entretanto, no que tange aos serviços de saúde, entre o padrão vigente nos anos de 1960 a 1980 e o atual. Naqueles, em sua forma hegemônica, o seguro social detinha o financiamento e a gestão das redes de serviços e se estabelecia uma relação de compra de serviços privados, através de contratos. Houve modelos alternativos, através dos chamados convênios-empresa em que a relação era com empresas médicas de pré-pagamento, antecipando os formatos mais recentes de privatização da gestão. Após 1990, os fundos públicos são constantemente ameaçados de serem passados para a gestão total do setor privado. Vários países latino-americanos assim o fizeram, como o Chile e a Colômbia (Almeida, 1999). Assim como, unidades e sistemas de saúde inteiros também são passados à gestão privada (Cohn e Elias, 1999).

Insere-se esse fenômeno numa política neoliberal de flexibilização do Estado, de controle do gasto público pelos mecanismos da Lei de Responsabilidade Fiscal e de mudança de relações de trabalho que reduza conquistas trabalhistas do funcionalismo público. Cria, ainda, as bases institucionais para que essas unidades se insiram no mercado de planos privados de saúde, de forma segmentada, permitindo a existência de várias portas de entrada para a atenção à saúde, de acordo com as formas de financiamento da demanda.

Com isso, se consolida a estratégia de *corporatização*, que vem contando com incentivos do Estado, seja através do desfinanciamento público do setor saúde, ou de subsídios fiscais e convênios, como o convênio-empresa. Esta se firmou sobre uma base de capacidade instalada de serviços privados que se fez com pouco ou nenhum risco, nos anos 1960 e 1970 através financiamentos a juros subsidiados da Caixa Econômica Federal (Programa de Integração Social) e contratos com o seguro social. Na conjuntura atual, estão habilitados para assumirem a gestão do próprio sistema público, na ausência de resistências a implementação completa de uma agenda neoliberal na atenção à saúde.

SAÚDE, SERVIÇO SOCIAL, MOVIMENTOS SOCIAIS E CONSELHOS 45

O terceiro fenômeno que se torna mais visível nos anos 2000 é a participação do gasto privado no orçamento das famílias de mais baixa renda a despeito da cobertura formal tanto do SUS quanto de seguros privados de saúde. Nas Pesquisas Nacionais por Amostra de Domicílios/PNADs, foi a forma de financiamento de atenção à saúde que mais cresceu entre 2003 e 2008. Na pesquisa de 2008, dos atendimentos realizados nas duas últimas semanas anteriores à data de realização da entrevista, 56,5% deles foram financiados pelo SUS, 26,2% foram viabilizados através de seguros de saúde e em 18,7% dos casos houve pagamento para atendimento. Em 2003 foram observados, respectivamente, os seguintes resultados: 57,3%, 25,9% e 14,8% (IBGE, 2010). Embora o copagamento seja frequente nos contratos de planos privados de saúde, surgem relatos de copagamento no interior do SUS, nas localidades mais afastadas de centros metropolitanos e especialmente para SADTs (Andreazzi et al., 2010), que vimos estar, quase completamente, nas mãos do setor privado.

Assim, a trajetória *Comercialização informal de cuidados primários em países de baixa renda* não se faz só informalmente, sendo alimentada pelas restrições dos seguros privados de saúde, sua estrutural incapacidade de abranger populações mais pobres, a ineficiência do Estado em fiscalizar empresas irregulares e ilegalidades no âmbito do próprio SUS.

Pensando na terceira trajetória, a *globalização de mercados de insumos e trabalho no setor saúde*, se observa que o Estado, desde os anos 1930, é um importante indutor de um modelo de atenção à saúde, engendrado pelo complexo médico-industrial. Como exemplo, de acordo com estudo do IBGE (Andreazzi e Andreazzi, 2009) a dinâmica da distribuição da oferta de equipamentos de diagnóstico por imagem, que são um setor de ponta de inovação, no Brasil, no período de 1999 a 2005, foi fortemente influenciada pela política pública de investimento. A expansão do mercado de medicamentos, dominado por multinacionais, resulta numa situação de venda indiscriminada de medicamentos (eles chegam aos mercados antes dos médicos), de altos gastos da população, inclusive a mais pobre, com este item, e, nos dias atuais, pelo subsídio ao consumo a custos cobrados pelo varejo (pelas farmácias). Há uma completa falta de regulação da importação de equipamentos biomédicos de alto custo, destinados, prioritariamente, porém não exclusivamente, à população coberta por planos de saúde.

Quanto aos médicos, embora a sua migração para os países dominantes, no país, não seja um fenômeno tão expressivo, se verifica sua migração interna, das periferias regionais e metropolitanas para as regiões mais ricas. Como resultado, em 2005, segundo o IBGE, havia 1 posto de trabalho para 1.200 a 1.500 habitantes em estados da Região Norte, ao passo que essa relação era de 1 para 330 no Distrito Federal. Em São Paulo, 32% dos médicos egressos de Programas de Residência Médica financiados pela Secretaria Estadual de Saúde entre 1990 e 2002 graduaram-se fora do Estado de São Paulo. Entre 1996 e 2005, os Estados de Mato Grosso, Alagoas, Paraíba, Roraima e Tocantins apresentaram, em média, 44% de fixação dos médicos ali graduados (Seixas, Correa, Moraes, 2006).

4. O mosaico e a heterogênea formação econômico-social

Não é peculiar ao setor saúde a existência de desigualdades marcantes no interior da formação econômico-social brasileira, seja no perfil de saúde, seja na oferta de serviços. Analisando especificamente a saúde, existem trabalhos procurando associar o problema com a totalidade, nem sempre de mesma forma, porém abrindo um campo de reflexão atualmente pouco utilizado para entender a realidade do país, para a pobreza do debate.

Pioneiro nesse sentido foi o trabalho de Possas (1989), bastante assentado em pensadores influenciados pela teoria da dependência. Ela se refere à heterogeneidade estrutural como característica da sociedade brasileira que se industrializa através da substituição de importações. E a incapacidade do progresso técnico se estender ao conjunto da população, onde é enfatizada a tecnologia empregada na fase que se instala a industrialização intensiva (década de 1950), em que já teria havido a incorporação de tecnologia poupadora de trabalho.

Sabroza (2001), nos anos 2000, identifica o aprofundamento dessa característica na conjuntura da globalização, criando o que denomina um circuito superior, integrado à economia global, e um circuito inferior, com base produtiva defasada e economia largamente informal. Isso não é fenômeno tupiniquim; ocorre largamente em países de formação econômico-social similar, ou seja, naqueles onde o capitalismo foi implantado por indução e em associação com o capital multinacional, na época do imperialismo. Neste caso, se faz imperiosa a exportação de capitais, dada a capacidade de acumulação alcançada pelas empresas dos países dominantes *versus* a demanda limitada nacionalmente. O desenvolvimento do capitalismo nessas formações, associado às velhas classes latifundiárias, não abole as relações de produção não capitalistas (embora as possa modificar). Não desenvolve, ainda, mercado interno de massa para a produção industrial, contando com os mecanismos das revoluções burguesas clássicas de redistribuição da terra e criação de um campesinato com capacidade de se inserir no mercado de consumo industrial. Ao contrário, acentua-se a concentração da terra e posteriormente a capitalização de parte da terra pela monocultura exportadora, todas incapazes de democratizar a riqueza e criar mercados de trabalho formais expressivos no campo (Sodré, 1962). Como consequência, parte expressiva da população permanece em relações de produção não capitalistas, inclusive semifeudais, como a servidão por dívida, ou então formas de trabalho temporários (os boias-frias) todas sofrendo uma super-exploração e com baixa capacidade de consumo.

No campo da indústria, se observa que muitas empresas já surgem internamente como oligopólios, seja porque são multinacionais pouco permeáveis à contestabilidade das frágeis empresas locais ou empresas induzidas pelo Estado. Agravam as tendências de concentração de renda e riqueza já tradicionais no país, embora logrem criar um mercado de trabalho e consumo também concentrado. Porém, em termos comparativos internacionais, até expressivo dado a população do país.

Como exemplo, o Brasil é o segundo mercado mundial de seguros privados de saúde, perdendo apenas para os Estados Unidos da América; também como este último, baseado em financiamento coletivo pelas empresas, que se beneficiam da sua situação oligopolista para transferir para toda a sociedade os custos dos planos, contando ainda com subsídios diretos (renúncia fiscal através do Imposto de Renda).

Assim, o modelo de capitalismo que se implanta no país permite a existência de setores econômicos com ganhos diferenciados em relações aos demais por sua situação de domínio oligopolista de ramos da produção. Criam-se, portanto, as bases econômicas de sustentação do modelo fragmentado e desigual de acesso a serviços de saúde existente.

5. O mosaico e a luta de classes: o movimento sindical hegemônico

Há razoável entendimento de que o modelo de proteção social brasileiro, inclusive de saúde, também se caracteriza por notável fragmentação, cujas origens últimas no tipo de capitalismo aqui implantado já foram mencionadas e que constituem e reforçam o mosaico público-privado.

Aureliano e Draibe (1989), por exemplo, o caracterizam como de tipo meritocrático-particularista, associado às políticas corporativistas de Vargas, nos anos de 1930 a 1960. Direções políticas com uma visão mais ampla dos interesses de classe, entretanto, tentaram e, em parte, modificaram esse traço de origem. Em alguns momentos posteriores, como em 1960, o movimento sindical logrou vitórias quanto a políticas unificadas, voltadas, ainda, para os trabalhadores inseridos no mercado formal de trabalho, que eram minoria, na época, quando da votação da unificação da previdência social urbana.

Nos anos 1970, auge da privatização da saúde previdenciária através de convênios-empresa, parcela do movimento sindical denunciava esses convênios identificando neles a intensificação do controle da mão-de-obra e a manutenção da produtividade, numa estratégia de enfrentamento do absenteísmo e de seleção de trabalhadores mais hígidos. Vários sindicatos se incorporaram, no final dos anos 1980, na luta pela constituição de um sistema público ampliado e de qualidade (Andreazzi, 2002).

Boito Jr. (2003) nos alerta, entretanto, sobre a existência de uma fração especial da classe operária que, do ponto de vista político, que se organizaria em novo corporativismo operário, núcleo duro de um novo sindicalismo. Ela seria uma significativa base de apoio a políticas neoliberais, constituída de uma parte dos trabalhadores assalariados que usufrui condições de trabalho e de remuneração superiores aos da grande massa operária e popular. Constituiria essa fração operários de montadoras de veículos e de outras grandes empresas multinacionais, petroleiros, bancários de grandes bancos privados e estatais e alguns outros setores.

De fato, existe uma diferenciação importante entre as empresas de base oligopolista, em geral associadas ao capital externo ou estatal, e as pequenas e médias empresas nacionais, no que se relaciona a capacidade financeira e interesse de financiar coberturas de saúde adicionais ao Estado (Pina, Castro e Andreazzi, 2006). Esses autores referem que, a partir dos anos 1990, o processo de reestruturação produtiva consequente à inserção nacional na economia mundializada, além de recrudescer a superexploração da força de trabalho, pode ter acentuado a enorme diferenciação quanto ao acesso e aos padrões de qualidade dos serviços médico-hospitalares fornecidos pelas empresas aos trabalhadores. Pode-se ver parte deste processo na PNAD, 2008 (IBGE, 2010), em que o financiamento de planos de saúde pela empresa era muito maior para trabalhadores empregados no segmento indústria do que comércio e reparação.

Entretanto, até os anos 1980, o discurso daquela fração operária privilegiada e, inclusive, algumas lutas, apontavam na direção de políticas de saúde públicas e universais.

A conjuntura da luta de classes que viabilizou o fim da ditadura militar permitiu que se criassem condições políticas para uma ampla revisão do quadro institucional do país, incluindo-se aí a implementação de políticas sociais abrangentes, inclusive universais, como foi o caso da legislação de saúde na Constituição de 1988. Isso durou pouco. Os anos 1990 e 2000 presenciaram outras condições políticas que permitiram a adoção pelo país do receituário neoliberal. Por um lado, parte das classes dirigentes, que antes aceitaram modelos de políticas sociais assemelhadas àquelas desenvolvidas por alguns países capitalistas europeus no pós-guerra, até para prevenir transformações mais radicais no país, dada a situação anterior de mobilização popular, se submetem às novas exigências do imperialismo, que não coadunavam com a expansão do Estado. Por outro, e ainda de forma mais grave, lideranças políticas de origem em classes dominadas passam cada vez mais a adotar as políticas do imperialismo, mesmo com nova roupagem.

Dois fatos exemplificam essa passagem. No campo de uma parcela expressiva do movimento sindical, especialmente no associado à Central Única dos Trabalhadores, a crescente luta pela inclusão de seguros privados de saúde nos contratos coletivos e a perda da perspectiva de luta por políticas sociais abrangentes, ainda que esta tenha persistido na formalidade do discurso. No campo político, a expressão dessa perspectiva político-ideológica, é identificada pela declaração do candidato a presidente da República, Luiz Inácio Lula da Silva, em programa final de campanha (2002), que o Sistema Único de Saúde é "para aqueles que não tinham planos de saúde". Esta perspectiva é confirmada também pela visão do atual Ministro da Saúde, em reunião do Conselho Nacional de Saúde de junho de 2011, de que o SUS era para os pobres (depois corrigido para preferencialmente).

Quanto ao primeiro aspecto, Lacaz (1996) assinala que nos anos 1990 em relação ao final dos anos 1970 teria havido uma mudança de orientação de parcela significativa do movimento sindical, ao passar de uma posição de confronto com o capital para outra que implique certa conciliação. Também Pina, Castro e Andreazzi (2006) assinalam que a trajetória da CUT nesse período tem sido marcada por ambiguidades. Promoveu manifestações contrárias à privatização das empresas estatais e à flexibilização dos direitos trabalhistas, mas assimilou, em parte, propostas restritivas aos direitos dos trabalhadores, como no caso da reforma da previdência social e dos acordos para a implantação de banco de horas. Mais recentemente, promoveu uma redefinição da posição sindical acerca do papel do Estado aos serviços sociais, inclusive com a emergência, nos últimos anos, de um setor sindical que estabelece vínculos ideológicos com os planos de saúde e a previdência complementar.

No caso da orientação política do atual governo, Bravo (2007) corretamente assinala que a política macroeconômica (liberal) do antigo governo foi mantida e as políticas sociais estariam fragmentadas e subordinadas à lógica econômica. E, ainda, que a concepção de seguridade social não foi valorizada. Para autora, não obstante algumas ações que reforçariam a construção do projeto universalista, ressaltaria aspectos de continuidade da política de saúde dos anos 1990, como a ênfase na focalização, na precarização e na terceirização dos recursos humanos. Também Marques e Mendes (2007) consideram que o não comprometimento com ampliação adequada do financiamento do SUS seria o principal instrumento de manutenção da focalização; em outras palavras, da concepção liberal da saúde estatal complementar ao mercado.

Encontram-se, já no final dos anos 2000, análises que utilizam a categoria transformismo para explicar essa passagem de posições reformistas — entendidas como apoiadoras de reformas democráticas da política de saúde para posições conservadoras, que coadunam com o liberalismo econômico dominante. Nesses termos, Teixeira (2010) e também Paim (2008) comentam o *transformismo* de segmentos da esquerda, inclusive de lideranças sindicais e partidárias, que desorganizaram as classes populares. Tal categoria, largamente utilizada por Gramsci, refletiria um fenômeno de incorporação, selecionada pelas elites, de grupos e de indivíduos em posição subordinada (Vianna, 1996).

A categoria revisionismo também pode ser utilizada para explicar esse processo, pois, mais do que identificar a absorção de lideranças e grupos políticos inteiros do interior das classes dominadas, incorporando-se às elites dominantes, apresenta um processo mais nefasto. Pois, aparentemente oriundo das próprias classes dominadas, propõe rever e retirar os aspectos essenciais e transformadores das concepções teóricas que orientam a luta.

Lênin (1908) o utiliza para caracterizar correntes políticas hostis ao marxismo em seu próprio seio. Ainda, de acordo com o autor, no campo da política, o revisionismo tentou rever o que constitui realmente a base do marxismo, ou seja, a teoria da luta de classes, conforme se vê em fragmento do texto mencionado (Lênin, 1908):

> Determinar o comportamento de um caso para outro, adaptar-se aos acontecimentos do dia, às mudanças dos detalhes políticos, esquecer os interesses fundamentais do proletariado e os traços fundamentais de todo regime capitalista, de toda a evolução do capitalismo, sacrificar estes interesses fundamentais no altar das vantagens reais ou supostas do momento: essa é a política revisionista.

A essência do revisionismo consiste em introduzir a ideologia burguesa no movimento operário, em adaptar o marxismo aos interesses da burguesia, em extirpar dele o espírito revolucionário. A base social do revisionismo é formada pela pequena burguesia que se vai incorporando à classe operária, assim como pela camada alta do proletariado — a denominada aristocracia operária — sustentada pelo imperialismo. Assim, para Boito Jr. (2003), um dos núcleos importantes do Governo Lula, o sindicalismo do ABC, desde a década de 1970 *apresentava uma concepção economicista e corporativa da ação sindical*. "Economicista, na medida em que recusava a ação política dos trabalhadores e corporativista, caracterizado pelo insulamento de um pequeno setor das classes trabalhadoras no terreno da organização e da luta política ou sindical — o egoísmo de fração, do qual falava Gramsci" (p. 7).

Mais do que uma opção individual ou uma cultura de diferenciação da grande massa empobrecida da população, por parte das frações mais privilegiadas da classe operária, o que se pode perceber é uma conjugação de interesses empresariais de controle da força de trabalho, estratégias de sobrevivência de classe, revisionismo por parte de lideranças, associado à priorização de estratégias assistencialistas; não sem possibilidades de conjugação de interesses imediatos de renda entre quem compra e quem vende planos privados de saúde, que explicariam a trajetória da *corporatização e segmentação nos cuidados hospitalares para população de renda média no país.*

A conjuntura neoliberal potencializa a corporatização do mercado privado de seguros e serviços de saúde, sob uma base anterior criada pelo próprio Estado, de utilizar prioritariamente o setor privado como executor das políticas de atenção à saúde.

A focalização das políticas de Estado não alcança, de fato, os chamados pobres, populações subproletárias e campesinato, de forma integral. Cresce a trajetória *Comercialização informal de cuidados primários em países de baixa renda,* agravada pela transformação acentuada do Estado em butim das classes dominantes e no seu uso eleitoreiro.

E mantém-se o país como campo privilegiado de expansão do mercado de medicamentos e equipamentos, seja pelos planos de saúde, seja pelo Estado. A oferta heterogênea de serviços é agravada pela concentração dos médicos nos centros mais ricos do país.

6. Relações de produção no setor saúde: a nova burguesia criada pelo Estado

Vimos, em seção anterior, que as relações de produção no setor saúde brasileiro atual são caracterizadas pelo avanço do grande capital, seja através das filiais das multinacionais de medicamentos que dominam o mercado, seja através das grandes empresas de seguros de saúde. Mesmo o mercado de serviços de saúde, tradicionalmente formado pelo pequeno capital e filantrópico, tem se transformado agudamente. Há uma nova fração, entretanto, ainda pouco estudada, e entendida pelos seus impulsionadores como terceiro setor (Martins, 1998). A seguir, de forma preliminar, se discutirá algumas hipóteses acerca da sua trajetória.

Há pouco conhecimento científico sobre a origem e desenvolvimento da burguesia e demais dirigentes das empresas e organizações privadas de saúde, especialmente aquelas de cunho não lucrativo, formadas a partir das terceirizações da prestação de serviços estatais. No modelo caritativo-religioso anterior, o estímulo do Estado ao financiamento privado da saúde era mais por omissão, contando com a mediação de organismos da sociedade civil, sendo estes importantes aparelhos ideológicos do Estado feudal (a Igreja). As de cunho não lucrativo atual, ao contrário, têm sido formadas diretamente por indução do Estado. Não surgiram pelas livres forças do mercado embora possam se alavancar com recursos públicos para também disputar nesse terreno. Seus dirigentes não respondem à necessidade de imposição da ordem no campo ideológico, como no caso anterior. Respondem aos objetivos colocados de uma pretensa gestão profissional do Estado à semelhança da empresa privada lucrativa. Podem ser assemelhados, portanto, a uma burguesia, pois detêm o controle de meios de produção e de extração de mais-valia para sua aplicação de acordo com objetivos de acumulação, mesmo não tendo propriedade jurídica sobre os mesmos.

Agregando-se a esse fato, a amplamente conhecida questão da formação do empresariado lucrativo da saúde brasileiro, atrelada a financiamento do Estado, confirma a centralidade deste último na conformação do padrão de integração público-privada no país a partir da segunda metade do século XX.

Alguns autores como Martín (2007) e, de forma, menos elaborada, Guevara (2000), utilizam o termo capitalismo burocrático para designar uma forma de capitalismo unido ao Estado, ao imperialismo, aos proprietários fundiários e à grande burguesia; portanto não é o capitalismo clássico do desenvolvimento europeu — é norte-americano, sendo, ainda, precocemente monopolista. Mesmo através da criação de empresas estatais ou fortemente induzidas pelo Estado, na verdade não seria o interesse nacional (e público) o motivo de ser dessas instituições. E, sim, a operação da dominação — a viabilização dos interesses imperialistas, suas empresas associadas com representantes nascidos no país, e a criação de rendas para a burocracia indutora. Pereira (1998) também usa esse termo, mas num contexto diferente designando formas de capitalismo com forte controle e indução por parte do Estado. Posições díspares, que, porém assinalam uma questão empírica fundamental, qual seja, a participação efetiva do Estado como criador do mercado e a necessidade de entender, nos países dominados, o papel do Estado como articulador do desenvolvimento capitalista, associado ao imperialismo, para os primeiros autores. Para a análise desse processo, não seria adequado pensar em uma pretensa dualidade Estado — mercado, pois seria necessário considerar a função social desses capitais no conjunto do processo econômico. O que necessariamente implica levar em conta o caráter do Estado, ou seja, a que classes e frações de classes servem. Isso é bastante válido para o caso da saúde em questão.

Justifica-se essa preocupação, pois, ao contrário do que propagandeiam os idealizadores dessas reformas, pretensamente gerenciais, poderia estar se fomentando capital burocrático e não instituições não lucrativas de interesse social. Sua permeabilidade ao controle democrático é semelhante a das empresas privadas no geral, ou seja, nenhuma. Integra o complexo médico-industrial-financeiro da saúde, através de inúmeras teias que associam a dinâmica das corporações industriais aos ganhos dos serviços de saúde com impactos sobre custos, acesso, qualidade e ética profissional (Andreazzi e Kornis, 2008). Se essas teias também possam existir em unidades diretamente geridas pelo Estado, nestas as brechas para seu questionamento, tanto através dos trabalhadores, não submetidos à lógica, mais controladora, da gestão privada, quanto da população usuária, são maiores.

7. Impactos e desafios atuais

A expansão da privatização com a consolidação do grande capital na área de serviços de saúde não significaram a extensão de plenas relações capitalistas ao conjunto do setor. A ausência de contrato formalizado de trabalho é a tônica em muitos setores onde formas de extração de renda através, por exemplo, da exploração de profissionais de saúde sob o monopólio de credenciamento junto a seguros de saúde, vem ocorrendo em múltiplos exemplos. Isso, além da flexibilização do trabalho público sob a forma de inúmeros contratos precários: bolsas, contratos temporários, pró-labore, entre outros (March, s/d). Tampouco significou a abolição de diversas formas de oferta informal de cuidados à saúde. Dadas a heterogeneidade e superposição da distribuição social e localização geográfica desses arranjos, se cria a configuração em mosaico permanente transformados pela dinâmica do capital e pela luta de classes.

Essa diversificação das interfaces público-privadas traz novos impactos sobre o acesso da população à atenção de saúde e novos desafios para as políticas públicas. O excesso de oferta privada, principalmente de tecnologias de alto custo, aumenta o custo da atenção e não facilita o acesso para o usuário do SUS. Em Macaé/RJ, ano de 2006, com oferta de ressonância magnética nuclear mais de dez vezes superior ao parâmetro recomendado pelo Ministério da Saúde (Portaria n. 1.101, de 2000) os usuários do SUS eram encaminhados a um prestador em Campos dos Goytacases, município à 100 Km do local de estudo (Rodrigues, 2008). A terceirização dos serviços de saúde do Estado cria um mercado que pode ser de interesse das empresas médicas já estabelecidas. Isso se vê hoje no segmento de laboratórios de análises clínicas onde, no Rio de Janeiro, as unidades públicas têm desmantelado seus serviços próprios e os grandes laboratórios que trabalhavam para os seguros privados de saúde passam a ser terceirizados do Estado.

A terceirização da prestação e da gestão das unidades pode avançar para a terceirização da gestão financeira, a semelhança do que ocorre na Colômbia, onde os usuários podem optar pela inclusão no sistema de seguro público ou privado levando com ele subsídios do Estado. Potencialidades econômicas e dispositivos político-ideológicos não faltam para estes novos e renovados interesses privados no sistema de saúde brasileiro representarem o mesmo pernicioso papel que representam nos Estados Unidos, país de maior gasto *per capita* do mundo, sem correspondência em melhores indicadores de saúde. E, onde essa indústria se localiza entre os maiores doadores de campanhas eleitorais, conspurcando a vontade da maioria que, há muito tempo, clama por uma reforma democrática na saúde muito mais avançada do que o arremedo de compromisso (Navarro, 2009), finalmente efetuado por Barack Obama em 2010.

Dadas as contradições da privatização — custos altos, iniquidade, acesso, má qualidade, deterioração das relações entre os profissionais de saúde e os usuários — nada faz crer que as bases sociais acaso paralisadas pelo revisionismo das direções dos movimentos sociais e partidos políticos, que representam um segmento econômica e politicamente importante das classes subalternas no país, possam se unir aos setores mais prejudicados — que se constituem a maioria da população, no sentido da transformação das bases mercantilisto-burocráticas e portanto, profundamente antidemocráticas da política de saúde brasileira.

Referências bibliográficas

AGÊNCIA NACIONAL DE SAÚDE SUPLEMENTAR. *Caderno de Informação da Saúde Suplementar*: beneficiários, operadoras e planos. Rio de Janeiro, ANS, mar. 2010.

ALMEIDA, C. M. Reforma do Estado e reforma de sistemas de saúde: experiências internacionais e tendências de mudança. *Ciência & Saúde Coletiva* [on-line], v. 4, n. 2, p. 263-286, 1999. <doi:10.1590/S1413-81231999000200004>.

ALTHUSSER, L. *Sobre a reprodução*. Petrópolis: Vozes, 1998.

ANDREAZZI, M. A. R.; ANDREAZZI, M. F. S. Escassez e fartura: distribuição da oferta de equipamentos de diagnóstico por imagem no Brasil. In: Indicadores sócio-demográficos e de saúde no Brasil. *Estudos e pesquisas*.1. ed. Rio de Janeiro: IBGE, 2009. v. 25, p. 108-133.

ANDREAZZI, M. F. S. *Teias e tramas*: relações público-privadas no sistema de saúde brasileiro nos anos 90. Tese (Doutorado em Saúde Coletiva) — Instituto de Medicina Social, UERJ, Rio de Janeiro, 2002.

_____; KORNIS, G. E. M. Padrões de acumulação setorial: finanças e serviços nas transformações contemporâneas da saúde. *Ciência & Saúde Coletiva* [on-line], v. 13, n. 5, p. 1409-1420, 2008 [cited 2010-04-24]. Disponível em:

<http://www.scielosp.org/scielo.php?script=sci_arttext&pid=S1413-81232008000500007&lng=en&nrm=iso>.

_____. ANDREAZZI, M. A. R.; BAPTISTA, L.; PIMENTA, E. S. Copagamentos no sistema público brasileiro: anomalia ou tendência? *Serviço Social & Sociedade*, v. 105, p. 100-120, 2011.

AURELIANO, L.; DRAIBE, S. M. A especificidade do "Welfare State" brasileiro. In: MPAS/CEPAL. *A política social em tempos de crise*. Brasília, 1989. v. 1, p. 86-178.

BAPTISTA, D. A. *O mercado de planos de saúde do Brasil nos anos 2000 e os dilemas do cooperativismo médico*. Dissertação (Mestrado em Saúde Coletiva) — Instituto de Estudos de Saúde Coletiva, UFRJ, Rio de Janeiro, 2009.

BOITO JR., A. A hegemonia neoliberal no governo Lula. *Crítica Marxista*, São Paulo, p. 1-25, 2003.

BRAGA, J. C.; PAULA, S. G. *Saúde e previdência*: estudos de política social. São Paulo: Cebes/Hucitec, 1981.

BRAVO, M. I. S. Política de Saúde no Brasil. In: _____ et al. *Serviço social e saúde*: formação e trabalho profissional. São Paulo: Opas, OMS, 2007. p. 1-24.

COHN, A.; ELIAS, P. E. M. *O público e o privado na saúde*: o PAS em São Paulo. São Paulo: Cortez, 1999.

FRENK, J.; DONABEDIAN, A. State intervention in medical care: types, trends and Variables. *Health Policy and Planning*, v. 2, n. 1, p. 17-31, 1987.

GUEVARA, E. *Passagens da guerra revolucionária*: Congo. Rio de Janeiro/São Paulo: Record, 2000.

HILFERDING, R. [1973]. *El capital financiero*. Madrid: Editorial Tecnos, 1909.

IBGE. Pesquisa Nacional por Amostra de Domicílios. Um Panorama da Saúde no Brasil. Acesso e utilização dos serviços, condições de saúde e fatores de risco e proteção à saúde 2008. Rio de Janeiro, 2010.

_____. Estatísticas da Saúde Assistência Médico-Sanitária 2005. Rio de Janeiro, 2006.

LACAZ, F. A. C. *Saúde do trabalhador*: um estudo sobre as formações discursivas da academia, dos serviços e do movimento sindical. Tese (Doutorado) — Unicamp, Campinas, 1996.

SAÚDE, SERVIÇO SOCIAL, MOVIMENTOS SOCIAIS E CONSELHOS 59

LÊNIN, V. I. *Marxismo e revisionismo*, 1908. Disponível em: <http://ciml.250x. com/archive/lenin/portuguese/lenin_16_april_1908_portuguese.html>. Acesso em: 18 abr. 2010.

MACKINTOSH, M.; KOISUVALO, M. Health systems and commercialization: in search of a good sense. In: _____ (Orgs.). *Commercialization of health care*: global and local dynamics and policy responses. London: The New Palgrave, 2005.

MARCH, C. *A contra-reforma do Estado e o trabalho em saúde nos serviços públicos*: uma análise da realidade brasileira. Disponível em: <http://www.alames. org/documentos/EJE02-72.pdf>. Acesso em: 22 abr. 2010.

MARQUES, R. M.; MENDES, A. Servindo a dois senhores: as políticas sociais no governo Lula. *Katálysis*, Florianópolis, v. 10 n. 1, p. 15-26, jan./jun. 2007.

MARTÍN M., V. O. *El papel del campesinato en la transformacíon del mundo actual*. Valencia: Baladre, 2007.

MARTINS, H. F. Em busca de uma teoria da burocracia pública não estatal: política e administração no terceiro setor. *RAC*, v. 2, n. 3, p. 109-128, set./dez. 1998.

NAVARRO, V. *Why Obama needed single payer on the table. Obama's mistakes in health care reform*, maio 2009. Disponível em: http://www.counterpunch.org/ navarro09072009.html>. Acesso em: 22 abr. 2010.

OCKÉ-REIS, C. O.; ANDREAZZI, M. F. S.; SILVEIRA, F. G. O mercado de planos de saúde no Brasil: uma criação do estado? *Revista de Economia Contemporânea*, Rio de Janeiro, v. 10, n. 1, p. 157-185, 2006.

_____; ANDREAZZI, M. F. S.; SILVEIRA, F. G. Avaliação dos gastos das famílias com assistência médica no Brasil: o caso dos planos de saúde. In: SILVEIRA, F. G. et al. *Gasto e consumo das famílias brasileiras contemporâneas*. Brasília: Instituto de Pesquisa Econômica Aplicada, 2007. v. 1, p. 161-196.

ORGANIZAÇÃO PANAMERICANA DA SAÚDE (OPS). *Saúde nas Américas* 2007. Brasília: OPS, 2008.

PAIM, J. S. A reforma sanitária brasileira e o Sistema Único de Saúde: dialogando com hipóteses concorrentes. *Physis* [on-line], v. 18, n. 4, 2008, p. 625-644 [cited 2010-04-18]. Disponível em: <http://www.scielo.br/scielo. php?script=sci_arttext&pid=S0103-73312008000400003&lng=en&nrm=iso>.

PEREIRA, L. C. B. *Reforma do estado para a cidadania*: a reforma gerencial brasileira na perspectiva internacional. São Paulo: Enap/Editora 34, 1998.

PINA, CASTRO, H.; ANDREAZZI, M. F. S. Sindicalismo, SUS e planos de saúde. *Ciência & Saúde Coletiva*, v. 1, p. 837-846, 2006.

POSSAS, C. A. *Epidemiologia e sociedade*. São Paulo: Hucitec, 1989.

REZENDE, C. A. P. O modelo de gestão e as ameaças do projeto neoliberal. In: BRAVO, M. I. S. et al. *Política de saúde na atual conjuntura*: modelos de gestão e agenda para a saúde. Rio de Janeiro: UERJ, 2007. p. 26-42.

RODRIGUES, R. M. *Análise do mercado privado de diagnóstico por imagem do município de Macaé e suas inter-relações com o processo regulatório local*. Dissertação (Mestrado em Saúde Coletiva) — Instituto de Estudos de Saúde Suplementar, UFRJ, Rio de Janeiro, 2008.

SABROZA, P. Concepções sobre saúde e doença. In: Curso de especialização em autogestão em saúde. Rio de Janeiro: Escola Nacional de Saúde Pública Sérgio Arouca/Fiocruz, 2001.

SALMON, J. W. Profit and health care: trends in corporatization and proprietization. *International Journal of Health Services Issue*, v. 15, n. 3, p. 395-418, 1985.

SANTOS, I. S.; UGÁ, M. A. D.; PORTO, S. M. O mix público-privado no sistema de saúde brasileiro: financiamento, oferta e utilização de serviços de saúde. *Ciência & Saúde Coletiva* [on-line], v. 13, n. 5, p. 1431-1440, 2008.

SEIXAS, P. H. D.; CORRÊA, A. N.; MORAES, J. C. *Migração médica no Brasil*: tendências e motivações. São Paulo: ObservarHSP, 2006.

SODRÉ, N. W. *Formação histórica do Brasil*. São Paulo: Brasiliense, 1962.

TEIXEIRA, M. J. O. *A política nacional de saúde na contemporaniedade*: as fundações estatais de direito privado como estratégia de direcionamento do fundo público. Tese (Doutorado em Serviço Social) — Faculdade de Serviço Social, UERJ, Rio de Janeiro, 2010.

VIANNA, L. W. Caminhos e descaminhos da revolução passiva à brasileira. *Dados*, Rio de Janeiro, v. 39, n. 3, 1996. Disponível em: <http://www.scielo.br/scielo.php?script=sci_arttext&pid=S0011-52581996000300004&lng=en&nrm=iso>. Acesso em: 18 abr. 2010.

WORLD BANK. *World Health Indicators*. Washington, DC: The World Bank, 2006.

2
A fundação estatal de direito privado na saúde:
um modelo de gestão democrático?

Mary Jane de Oliveira Teixeira

Apresentação

Este artigo propõe-se a refletir sobre os impactos no campo democrático no setor Saúde, que têm como justificativa apresentar "novos modelos de gestão" à administração pública, culminando com a legislação que cria a Fundação Estatal de Direito Privado (FEDP) na saúde, impressa no Projeto de Lei Complementar (PLC) n. 92/2007. É parte integrante da tese de doutorado cujo título é "A Política Nacional de Saúde na contemporaneidade: as Fundações Estatais de Direito Privado como estratégia de direcionamento do fundo público".[1] Para entendermos as mudanças na Política Nacional de Saúde vigente estudamos documentos oficiais como o Plano de Gestão/2003, a Agenda de Gestão/fevereiro de 2007 do governo de Luiz Inácio Lula da Silva;

---

1. Tese apresentada ao Programa de Pós-Graduação em Serviço Social da Universidade do Estado do Rio de Janeiro, em 2010, orientada pela professora-doutora Maria Inês Souza Bravo.

o documento Fundação Estatal: proposta para o debate, do Ministério do Planejamento, Orçamento e Gestão/2007 e para o setor saúde: o Pacto de Gestão/2006; o Relatório da 13ª Conferência Nacional de Saúde/2007 e o Programa Mais Saúde/2008, do Ministério da Saúde, combinado com o documento do Banco Mundial em acordo com o governo brasileiro — Estratégia de Parceria com o País, 2008 destacando trechos referentes à concepção de democracia aplicada como modelo de gestão que perpassa a área da saúde na conjuntura da criação das Fundações Estatais para o setor.

O Projeto de Lei Complementar (PLC) n. 92/2007 que cria as Fundações Estatais de Direito Privado apresentado pelo governo Lula ao Legislativo não trata apenas dessa política setorial, abrange todas que integram a área social, consideradas atividades "não exclusivas do Estado", dando continuidade à concepção neoliberal representada pelos organismos financeiros internacionais, dentre eles, o Banco Mundial. Mas, também, mantém o caminho seguido pelo governo de Fernando Henrique Cardoso, do Partido Social-Democrata Brasileiro (PSDB) durante seus dois mandatos.

A proposta está ancorada na concepção de "governança administrativa" e de governabilidade, importada para o Brasil pelo governo Fernando Henrique Cardoso, expressa claramente no Plano Diretor de Reforma do Estado (PDRE), elaborada pelo Ministério da Administração e Reforma do Estado (MARE) em 1995.

Defendemos que o PLC n. 92/2007 funda-se no ideário neoliberal, ao separar financiamento de provisão e considerar a saúde como atividade "não exclusiva do Estado", confirma que a perspectiva é de continuidade da privatização do Estado brasileiro, sendo "a crise dos hospitais federais do Rio de Janeiro" apenas uma justificativa para encaminhar a concretização desse projeto.

Como consequência, esse encaminhamento trará impacto para as políticas sociais e, entre elas, a saúde, dando continuidade ao desmonte do Sistema Único de Saúde/90 (SUS). Medida que atingirá, em particular, a Lei n. 8.142/90, cuja participação social está garantida no campo jurídico-institucional pela instalação de Conselhos e Conferências de Saúde, com reconhecido poder deliberativo, a ser composto de forma paritária. Essa estrutura representa a concepção democrática da política setorial que deve refletir-se na sociedade brasileira como um todo, onde o Estado deve cumprir seu papel sociopolítico.

1. O ideário neoliberal e as transformações na política de saúde no Brasil

O ideário neoliberal é imposto pela burguesia em termos mundiais, de acordo com as condições sócio-históricas, incidindo em cada país de forma particular, a partir da crise do capital iniciada na transição da década de 1960 para 1970. Buscando saídas para essa crise — no sentido de recuperar a queda da taxa de lucro — o Estado adquire outra conformação, passando a implementar políticas de desregulação da economia, privatização e terceirização dos serviços públicos e focalização das políticas sociais, com destaque para a quebra do "pacto social", realizado após a Segunda Guerra Mundial, nos países capitalistas centrais.

Na reconfiguração do Estado, a ideologia neoliberal fortalece-se, transformando tudo em mercadoria, inclusive as políticas sociais: do fornecimento de água, de luz, à educação e à saúde. Vive-se, assim, tempos de predomínio do "capital fetiche" (Iamamoto, 2007), quando o processo de acumulação e valorização do capital se encontra financeirizado, com um objetivo precípuo de desvalorizar a força de trabalho e sua organização como instrumento de acumulação.

Essa dinâmica provoca o aumento da miséria, sendo profundo o impacto social provocado por tais medidas, em nível global. Mais do que nunca, a economia capitalista alimenta-se do desemprego, produzindo, também, uma metamorfose na classe subalterna, em sua composição e perfil, buscando sua passivização.

No Brasil, país periférico cujas classes dominantes, alojadas no Estado, manifestaram historicamente uma imensa dificuldade em conviver com os "de baixo", alijando-os dos processos decisórios, as classes subalternas precisaram lutar de forma intensa por direitos. Nesse processo, o Estado foi obrigado a incorporar reivindicações da classe trabalhadora, ou seja, em breves momentos de nossa história, o Estado desempenhou o papel "civilizatório de mediador" entre as classes fundamentais no modo de produção capitalista.

Foram poucos e efêmeros esses momentos, dado o perfil de uma sociedade sob forte influência escravocrata, de cunho autoritário internamente e submisso em âmbito externo. Um desses momentos ocorreu nos anos 1980, em que o país, na luta contra a ditadura, avança em importantes conquistas, em especial com a promulgação da Constituição Federal de 1988. A partir de então, a Saúde é entendida como um direito de todos e dever do Estado, ou seja, inserida no campo da Seguridade Social. Essa concepção serviu de base para a criação de um Sistema Único de Saúde (SUS), com a Lei Orgânica da Saúde (LOS) de 1990, em que se buscou quebrar a histórica dicotomia entre os níveis de atenção e a ausência de participação social. Assim, deve-se garantir que a atenção à saúde deve ser democrática, ou seja, descentralizada com controle social, com as ações integralizadas e universalizadas.

Entretanto, nos anos 1990, a contra-reforma do Estado transcorre de maneira efetiva, principalmente a partir do governo FHC, marco da ruptura com a possibilidade de avanços sócio-culturais e ideopolítico obtidos na Constituição, ou seja, quebra com o pacto entre as classes sociais, com muitos retrocessos para os trabalhadores, em especial quando, no processo histórico, nos debruçamos sobre a questão da saúde.

Esse fenômeno combinou-se ao gradativo abandono e sucateamento da rede pública de saúde, a uma política racionalizadora fundada na seletividade da atenção, contribuindo de forma direta e indireta para a instalação e expansão da rede privada. A contratação de serviços de terceiros para prestação da atenção à saúde nos níveis secundário e terciário, as isenções tributárias e os subsídios para os planos e seguros de saúde marcaram esse período expansionista de forma mais expressiva.

Com o avanço e aprofundamento da matriz neoliberal, destrói-se o que havia sido proposto de positivo. A contrarreforma que busca remodelar os Estados nacionais em nível mundial, os quais deixam de ser interventores e passam a ser reguladores, destruindo direitos sociais, muda, também no Brasil, substancialmente. Agora, com a hegemonia do capital financeirizado de um lado e, por outro lado, devido à fragilidade do movimento social, a classe trabalhadora assiste ao desmonte da incipiente proteção social brasileira, construída no campo jurídico-institucional.

O governo Fernando Henrique Cardoso lidera as mutações pelas quais passa o Estado brasileiro, com ênfase no âmbito da saúde; da lógica do seguro e não da Seguridade Social, da focalização em vez da universalidade, da privatização contra o investimento no serviço público, da desregulamentação e flexibilização dos direitos trabalhistas e da descentralização sem controle social.

Nessa direção, o modelo empresarial é o "tipo ideal" para a "boa administração", coerente com a lógica mercantil. Os serviços sociais tornam-se, também, o *locus* do capital. A lógica contrarreformista fragiliza ainda mais as possibilidades do Estado responder às necessidades de saúde da maioria da população.

Os *Cadernos do Mare* a partir de 1995, conjugado com os relatórios do Banco Mundial nessa década, definem a continuidade e o aprofundamento da fragmentação da assistência à Saúde. O PDRE/95 tem por intenção tornar o Estado mais flexível e voltado para o controle de resultados. A proposta foi de implantar a terceirização, sob diferentes modalidades, através dos Contratos de Gestão, com a inserção das Organizações Sociais (OSs)/1998 e Organizações da Sociedade Civil de Interesse Púbico (OSCIPs)/1999 — as Organizações não Governamentais (ONGs) —, permitiu a proliferação desses serviços como os prestadores de saúde privilegiados. Essas modalidades surgem como um "novo" modelo ou "alternativas" de gestão. A concessão da prestação dos serviços assistenciais é dirigida para os "entes privados", "públicos não estatais" regidos pelo direito privado. Traz em seu bojo a "parceira público-privado", na fase complementar da ideologia "desestatizadora" do capital monopolista, agora voltada para os serviços sociais.

Ainda no plano ideológico, essas privatizações são justificadas pela "ineficácia do público" e pela necessidade de se criar "alternativas" para a gestão. Nessa angulação, as entidades citadas são concebidas como instrumento de viabilização e implementação de políticas públicas. Elas têm possibilidade de comprar medicamentos sem licitação pública (fora da Lei das Licitações n. 8.666/93), superfaturar despesas e não estar sobre a fiscalização dos Conselhos de Saúde e dos órgãos públicos fiscalizadores. Aparecem no conjunto das medidas relacionadas à contrarreforma do Estado e apresentam, entre as diversas características, uma autonomia administrativa, financeira e orçamentária, a partir da instalação do Conselho de Administração. Esse conselho tem o poder de dar a direção política às unidades públicas e determinar a aplicação dos recursos para a área.

Esse tipo de descentralização, dado de forma enviesada, gera um novo dilema para grande parte dos municípios, os quais não tinham condições objetivas de assumir a prestação de serviços. Modelo assistencial que provoca uma relação de dependência frente ao nível federal mais acentuada e reforça assim o setor privado para a complementação. A partir de então, ampliaram os contratos pelo setor público com as Cooperativas Médicas e outras modalidades de prestadores privados de serviços de saúde (Machado, 1999).

Tais medidas levaram o Conselho Nacional de Saúde a posicionar-se contra (Correia, 2005), por percebê-los como o caminho da privatização do setor, com o acréscimo de que os conselhos e, por via de consequência, as conferências, perderiam o significado social de construção democrática, ao não terem mais poder deliberativo sobre a diretriz da política de saúde local e nacional.

A realidade vai mostrando os novos caminhos trilhados pelo SUS, com o processo se instalando de forma gradativa. Junqueira (2002, p. 27-28) observa que se desenvolve um "paralelismo da rede" gerenciada por tais entidades de caráter privado, posto que as mesmas "não se submetem à democracia do SUS, recusam (de forma implícita) a

SAÚDE, SERVIÇO SOCIAL, MOVIMENTOS SOCIAIS E CONSELHOS

prestação de contas ao Conselho Nacional de Saúde, aos Conselhos estaduais e municipais". Corroborando com o supracitado, a autora considera que "suas atividades nos hospitais são decididas nos Conselhos de Administração, nos quais a população usuária não participa" (idem). Essas alterações na vida social e na especificidade do campo da saúde — de administração gerenciada (pelos representantes do capital) estão fundadas em uma concepção de democracia restrita, na qual a participação é realizada por representatividade, de forma indireta e passiva. É uma conjuntura de despolitização da sociedade como um todo, que se reflete em especial em uma política social que tem uma história de organização e participação, tendendo a se diluir com a hegemonia do pensamento neoliberal.

Foi identificada com tal paradigma que a contrarreforma de Fernando Henrique Cardoso abriu caminho para que os governos subnacionais implantassem essas "alternativas", ou seja, terceirizassem a prestação de serviços de saúde, possibilitando o surgimento de distintas formas de gestão diferentes do "formato SUS" que prima pela gestão pública — com controle social e orientado pelos princípios e diretrizes públicos.[2]

2. O governo Lula da Silva e a democracia na saúde

A partir de 2003, apesar de todo um movimento e expectativa de mudanças dado ao significado da vitória eleitoral de Lula da Silva, isso não se deu. A estratégia nos dois mandatos mantém elementos de continuidade que permitem caracterizá-los como de continuísmo à contrarreforma do governo anterior. Embora haja diferenças em planos, programas e projetos específicos, não consideramos, em essência,

---

2. A participação da sociedade civil organizada está definida na Lei n. 8.142/90 com a instalação dos Conselhos de Saúde. Esses teriam o espaço das Conferências para debater, elaborar, formular e fiscalizar a política de saúde, com poder deliberativo. O ambiente democrático se estenderia com a instalação dos Conselhos Gestores em nível local (por unidade), com abertura do processo eleitoral, entre outros mecanismos.

mudanças expressivas que apontassem para uma ruptura da condução dada pelo governo FHC.

No campo da política macroeconômica, segue a adesão submissa e associada dos países periféricos impostos pelo mundo do capital sob o comando dos países centrais e agências financeiras internacionais (FMI, OMC). Permanece priorizando o pagamento do *superávit primário*, com planejamento voltado para o controle da inflação e fiscal (com a Lei de Responsabilidade Fiscal). Nas políticas sociais, apesar de ter aumentado os gastos sociais com a população empobrecida, por intermédio de programas especiais como o Bolsa Família, o Programa Saúde da Família, acordo assinado com o Banco Mundial de 2008/2011 demonstra que a focalização é a linha mestra a ser encaminhada, em detrimento da universalização.

Nessa linha, no âmbito de nosso debate, vale ressaltar que, já em 2003, o Ministério do Planejamento[3] conceitua e apresenta como será delineada a "estratégia de transformação da gestão pública", através do Plano de Governo. Nesse documento, já mostra uma tendência que inclui a construção de "um novo padrão de relacionamento entre o governo e as empresas estatais, no qual fiquem definidos os *marcos da gestão empresarial* e da gestão voltada ao interesse público" (MPOG, 2003, p. 8; grifo nosso). O texto do governo reproduz o diagnóstico contido nos *Cadernos do Maré* (1995), sobre as instituições públicas, e absorve as categorias pertinentes à concepção mercadológica transportada para a administração pública, considerando que para ser atingido, deve-se produzir um *"redimensionamento de recursos* em bases mais eficientes e *direcionadas para resultados* (MPOG, 2003, p. 8; grifo nosso). Nessa direção reforça o seu objetivo de criar "meios para que as *organizações* públicas tenham como *foco os resultados"* (MPOG, 2003, p. 9). Permanece assim a hegemonia da "administração gerenciada". Não há referência às formas democráticas estabelecidas na Constituição Federal de 1988, como a instalação e inserção na Gestão Pública dos Conselhos de Direito.

---

3. O documento aqui referido é "Gestão pública para um Brasil de todos: um plano de gestão para o governo Lula". Brasília: Secretaria de Gestão (Seges/MPOG), 2003.

SAÚDE, SERVIÇO SOCIAL, MOVIMENTOS SOCIAIS E CONSELHOS 69

Na Agenda da Gestão Pública,[4] o governo brasileiro define a operacionalização do Plano de Gestão. Nele, tem como objetivo geral "implementar medidas estruturantes de gestão para *aumento de desempenho e geração de resultados* [...]". Entre os objetivos específicos pretende aumentar tal *"desempenho e os resultados* [...] aperfeiçoando os modelos e práticas de gestão, com maior *flexibilidade, autonomia e responsabilização"* (MPOG, 2007, p. 2-3; grifo nosso).

Mantém a concepção ancorada no ideário neoliberal encontrada nos *Cadernos do Mare*, "de controle e racionalização das despesas públicas e a melhoria da racionalidade administrativa, com profissionalização da função pública" (MPOG, 2007, p. 5). Nesse documento, a relação Estado/sociedade está restrita à "desburocratização", mas permanece voltada para a "simplificação de procedimentos com *foco em resultados* e melhoria da prestação de serviços aos cidadãos e à *competitividade"* (idem; grifo nosso). Mais próxima, portanto, aos valores do mercado — do capital, do que propriamente de uma esfera pública. Ao mesmo tempo, contraditoriamente refere-se à "indicação de ampliar a transparência e a participação social" (idem), entretanto, não se refere aos instrumentos democráticos que conduziriam à sua implementação, como a instalação de Conselhos de Direito como mecanismo para avanço do processo democrático construído no país. Elemento imprescindível, a nosso ver o qual poderia contribuir para configurá-la como uma efetiva gestão pública.

Em sentido contrário, ainda no mesmo documento concretiza-se o caminho para a flexibilização da gestão (terceirização), quando propõe estabelecer os "Contratos de Autonomia e Fundações Estatais", onde a disputa pelo fundo público deve se dar através da participação no "Fundo para melhoria da gestão" definido no documento como um sistema de *"oferta concorrencial* de recursos orçamentários para projetos de melhoria gerencial, no âmbito de Executivo federal" (MPOG, 2007, p. 2-3; grifo nosso).

---

4. Agenda da Gestão Pública, 2007-2010. Seges/MPOG, fev. 2007.

Com o Plano 2003 e Agenda de Gestão de fevereiro de 2007, construiu-se o caminho para a apresentação das "inovações" na administração pública, em especial no campo das políticas sociais, como veremos a seguir.

3. A gestão SUS — no Pacto de Gestão/2006[5]

O conteúdo do Pacto de Gestão (MS) apresenta como premissa a "ênfase na descentralização compartilhada" entre as três esferas de governo, onde os pactos devem ser realizados "sempre por consenso" nos Conselhos Estaduais de Saúde[6] (MS, 2006, p. 24).

Quanto ao que seria a gestão SUS, o documento referido apresenta uma lista de ações técnico-operacionais relativas à competência das instâncias governamentais, sem referir-se ao ponto-chave da questão: o poder político, deliberativo. A definição ideopolítica está ancorada nas ações restritas ao "apoio", conforme o documento sinaliza:

> Apoiar os conselhos, as conferências e os movimentos sociais que atuam no campo de saúde, com vistas ao fortalecimento para que os mesmos possam exercer plenamente os seus papéis; o processo de mobilização social e institucional em defesa do SUS e na discussão do pacto. (MS, 2006, p. 60-62)

Não faz menção assim ao compromisso jurídico-legal de seguir as recomendações dos Conselhos subnacionais e do Conselho Nacional de Saúde, o qual tem se posicionado contra as terceirizações (compra e venda dos serviços de saúde — e da força de trabalho em saúde), por

---

5. Diretrizes Operacionais dos Pactos pela Vida, em Defesa do SUS e de Gestão. Ministério da Saúde, 2006.

6. O Ministério da Saúde está aqui considerando os fóruns institucionais onde devem ocorrer as decisões: nas Comissões Tripartite (presença das três esferas de governo: federal, estadual, municipal) e bipartite (nível estadual e municipal).

SAÚDE, SERVIÇO SOCIAL, MOVIMENTOS SOCIAIS E CONSELHOS 71

exemplo, e defendido seu poder decisório, apesar de não ser seguido em âmbito do Estado brasileiro, conforme estudos demonstram.

O Pacto de Gestão/2006 também se encontra fundado na estratégia de "racionalização dos gastos e otimização dos recursos" na "participação" passiva e na "eficiência". Revela-se alinhado à tendência de afirmação do projeto de contrarreforma do Estado, quando o mesmo torna-se menos executor e mais financiador de atividades executadas por entidades diversas; permanece demonstrando preocupação em conter os gastos em saúde (conforme recomendação do Banco Mundial, 2008) e, ao mesmo tempo, mantém a lógica fiscal da racionalização em busca da eficiência, de resultados quantitativos.

Essa modalidade de relação entre Estado e os setores da sociedade civil de uma forma genérica, no campo da saúde, "incentiva e fortalece as ONGs [...] e outras formas privadas de administrar o setor público" (Martins, 2004, p. 37). Essas organizações continuam voltadas para intervenções no campo social, com tendências a tornarem-se indutoras da política de saúde através do serviço prestado após o contrato firmado, ocupando as instituições públicas (agora tratadas como "organizações"). Essa medida esvazia a função dos órgãos públicos, secretarias estaduais e municipais e, em consequência, dos conselhos de saúde.

Nesse processo, dentre vários mecanismos, as fundações estatais de direito privado foram sendo construídas, como é possível verificar a seguir.

4. As fundações estatais de direito privado — o processo de sua criação avança

Quanto à "necessidade" de criação das fundações estatais no setor público, informa o MPOG[7] que haveria de passar pela elaboração de

---

7. FUNDAÇÃO ESTATAL: proposta para o Debate. MPOG, fevereiro de 2007b.

uma lei complementar. O documento apresenta a linha mestra e já revela a identificação doutrinária com o Mare como fio condutor. Como pano de fundo, pode-se ler a finalidade de evitar a inconstitucionalidade na qual as OSs e Fundações de Apoio se encontram, questionadas pelas Ações de Inconstitucionalidade (ADINs) impetradas pelo Ministério Público Federal (MPF) e algumas entidades sindicais e a pressão do Tribunal de Contas da União (TCU) quanto aos contratos terceirizados no setor público. Assim, "com base no amparo constitucional e na doutrina jurídica brasileira", em janeiro de 2006 a Secretaria de Gestão Seges do Ministério do Planejamento constituiu um Grupo de Trabalho, e expôs:

> [...] o objetivo era de "identificar um formato institucional adequado às áreas do Estado que exercem atividades não exclusivas e atuam em regime de concorrência com a livre iniciativa, necessitando de um modelo dotado de maior autonomia e *flexibilidade de gestão e que favoreça a aquisição, incorporação tecnológica, contratação, estruturação de carreira e remuneração da força de trabalho.* Um dos focos iniciais dos estudos recaiu sobre os institutos e hospitais federais do RJ, cujo modelo de gestão vinha dando mostras de insuficiência face às complexidades inerentes ao universo hospitalar. Essas entidades estavam sendo questionadas pelo TCU e MPF quanto à legalidade das relações entre elas e as fundações de apoio. [...] os Ministros do TCU determinaram ao MS que rescindisse os convênios com as mencionadas entidades e suas fundações de apoio, estabelecendo prazos para a suspensão dos serviços, abrindo uma crise de natureza administrativa sem precedentes naqueles hospitais e institutos [...]. (MOPG, 2007b, p. 11; grifo nosso)

Para as fundações estatais de direito privado, o MPOG (2007b) indica que a relação com o Estado dar-se-á sob "a forma de prestação de serviços, com base em Contrato de Gestão". Ao selar tal compromisso, "o poder público tem como objeto a contratação de serviços e a fixação de metas de desempenho para a entidade". Assim, a Fundação Estatal (FE) "recebe do seu ente supervisor pagamento pelos serviços prestados, previamente negociados [...] e contratados" (MPOG,

SAÚDE, SERVIÇO SOCIAL, MOVIMENTOS SOCIAIS E CONSELHOS

2007b, p. 16-17). Esse instituto, "ao tempo em que permite autonomia gerencial, orçamentária e financeira à entidade, institui o controle dos resultados" (idem). Sua autonomia revela-se de forma mais abrangente e autêntica quando está permitido que a FEDP possa dispor "também, de sistemas administrativos próprios de pessoal, de compras, de orçamento, de serviços gerais, dentre outros e, portanto, não integra os sistemas administrativos da Administração Pública", e o mais grave, "não integra o Orçamento Geral da União como unidade orçamentária" (MPOG, 2007b, p. 17).

5. A democracia neoliberal das FEDP desmonta o processo democrático do SUS

Observamos que há características similares e identidade teórico-conceitual com a contrarreforma do Estado de Fernando Henrique Cardoso, também, no denominado "sistema de governança" proposto no documento do Ministério do Planejamento, que estabelece uma composição no estilo "colegiado", em relação aos órgãos de direção superior e à administração: a) Conselho Curador; b) Diretoria Executiva; c) Conselho Fiscal; e d) Conselho Consultivo Social.

No Conselho Curador ou de Administração, concentra-se o poder real, decisório sobre o Contrato de Gestão e sua execução pela fundação estatal:

> [...] sua competência é de "aprovar, em nome da entidade, as metas institucionais a serem alcançadas pela FE, negociadas com o poder público por sua diretoria executiva [...]. É o órgão colegiado, com representação majoritária do governo, sendo presidido por representante do órgão ou entidade do Poder Público responsável pela supervisão da FE. Conta, entre seus membros, com a participação obrigatória de representantes da sociedade civil e dos empregados da Fundação. Seus membros podem ser remunerados, de acordo com o que dispuser a lei específica que autorizar a instituição da FE e/ou os respectivos estatutos, na forma do que dispuser a lei que autorizar a criação da FE. (MPOG, 2007b, p. 26)

A Diretoria Executiva tem como função primordial a "direção subordinada e de administração superior, responsável pela gestão técnica, patrimonial, financeira, administrativa e assistencial da fundação". É um cargo de confiança afirma o documento oficial. [...] no Poder Executivo federal essa nomeação cabe ao ministro de Estado. Os demais diretores são indicados pelo *Conselho Curador* em comum acordo com o diretor presidente e nomeados pelo ministro responsável pela área de atuação da fundação (MPOG, 2007b, p. 27). Mas é no denominado *Conselho Consultivo Social* que se desvela o caráter anti-SUS e, portanto, antidemocrático com inteira sintonia com a matriz "participativa" do neoliberalismo: a passividade.

A ótica é a de um consenso sem luta, sem disputa, mas de aceitação para manter a ordem vigente. O poder está diluído na "oferta de um assento" que não decide, só homologa e legitima, além de deixar aberto um espaço indefinido para "outras pessoas físicas e jurídicas com interesse nos serviços da entidade" (MPOG, 2007b, p. 28). É um conselho com função apenas consultiva, com direito a emitir algumas opiniões. Conselho, portanto, distante, reiteramos, da composição paritária e deliberativa estipulado no SUS pela Lei n. 8.142/90. O documento oficial apresenta a definição, seu *modus operandi* e a composição:

> [...] é órgão de *caráter consultivo*, subordinado diretamente ao Conselho Curador (ou de Administração), constituído por representantes da sociedade civil, aí incluídos usuários e outras *pessoas físicas ou jurídicas com interesse nos serviços da entidade*. Suas *principais funções são de informar e orientar* o Conselho Curador acerca das expectativas e interesses da sociedade com relação à atuação da fundação estatal, bem como acompanhar e avaliar o desempenho da entidade, de forma a garantir o alinhamento do processo decisório aos interesses públicos. (MPOG, 2007b, p. 28; grifo nosso)

Esse conteúdo posto no documento "Fundação Estatal — Proposta para o Debate", do Ministério de Planejamento, deixa claro que sua formatação distancia-se dos princípios do SUS. Trata-se de uma

SAÚDE, SERVIÇO SOCIAL, MOVIMENTOS SOCIAIS E CONSELHOS

"sociedade civil" abstrata, composta de indivíduos e não de representações coletivas. São instrumentos construídos em cartórios pelos detentores das fundações estatais de direito privado, sem espaço político para uma real participação dos Conselhos de Direito de acordo com a CF/88 e a LOS/90. Elementos importantes para a condução de uma autêntica *res publica*.

A partir da elaboração de documentos em torno da criação das fundações estatais de direito privado pelo MPOG, no primeiro semestre de 2007 combinados com o Plano de Gestão/2003 e a Agenda de Gestão/2007-2010 está aberta a passagem para a apresentação do Projeto de Lei Complementar pelo governo federal.

6. O Projeto de Lei Complementar n. 92/2007 e a democratização do Estado

O PLC n. 92/2007 estabelece no art. 1º que "a instituição será integrante da Administração Indireta, [...] para o desempenho de atividade estatal que *não seja exclusiva do Estado* [...]". As áreas definidas são: *Saúde*, assistência social; cultura; desporto; ciência e tecnologia; meio ambiente; *previdência complementar do servidor público*; comunicação social e promoção do turismo nacional. O fato de nesse PLC (n. 92/2007) estarem incluídos outros setores da *área social* (na esfera da Seguridade Social; grifos nossos), desconstrói o argumento da preocupação exclusiva com a problemática hospitalar e, em especial, a questão local, do Rio de Janeiro. Ela se revela como uma política de Estado para a gestão pública, como efetivação do Plano de Gestão/2003 e da Agenda 2007-2010 e o acordo Brasil. (Banco Mundial/2008-2011)

Abrimos um parêntese para levantar um dos debates que suscitam a argumentação utilizada pelos órgãos governamentais — entre eles o Ministério da Saúde — para a inserção de entidades privadas no setor público, com verba pública. Uma dessas reflexões diz respeito ao discurso oficial sobre a crise da saúde no país. Por que a análise governamental se restringe "à crise dos hospitais federais", particularmente os localizados no município do Rio de Janeiro? Por que a solução encontrada limita-se a privatizar, de forma mais direta, um dos níveis de atenção à saúde?

Na verdade, pode-se afirmar que na realidade é todo o setor saúde que está "em crise" e, indo mais além, são as políticas sociais que estão vivendo uma nova era: de desfinanciamento por parte do Estado e de terceirização da proteção social. A "crise", portanto, faz parte do contexto sócio-histórico nacional e internacional. Desse modo, a "crise dos hospitais federais no Rio de Janeiro" é parte desse todo. É parte de um abandono/retirada do Estado capitalista ao enfrentamento da questão social e do não reconhecimento dos direitos sociais que regem a Constituição Federal/88, ou seja, de um Estado que se propõe a ser mínimo para os trabalhadores, no entanto, garantir o máximo para o capital (Netto, 1992).

Em entrevista à imprensa, o ministro da Saúde J. Temporão, afirma que a FEDP fortalecerá o SUS — seus avanços têm limites "pela rigidez do modelo de administração direta e está se esgotando, não atendendo adequadamente às expectativas do cidadão, dos profissionais de saúde e dos gestores do sistema". Decreta então o ministro que o SUS está assim em "fase terminal". A partir desse diagnóstico informa

> Buscamos um novo modelo jurídico-institucional para os hospitais e instituições federais, que mude radicalmente o padrão de gestão existente, bastante burocratizado, para uma alternativa mais ágil, transparente e participativa: a *FE*. Novo desenho institucional que reger-se-ia pelo direito privado, contratando os novos funcionários pelas normas da CLT. (Temporão, *Folha de S.Paulo*, 12 set. 2007; grifo nosso)

7. A 13ª Conferência Nacional de Saúde 2007 — o novo marco de uma política democrática

Voltamos ao nosso debate da questão democrática na condução da política nacional de saúde brasileira e constatamos que a partir da publicização do Projeto de Lei n. 92/2007, o Conselho Nacional de Saúde (CNS) pautou o tema em reuniões e em seminários. Após discutir e rejeitar o projeto, o pleno desse Conselho Nacional organizou uma série de eventos que buscaram estabelecer um embate contra a aprovação do PLC n. 92/2007.

O primeiro evento significativo a nosso ver foi a 13ª Conferência Nacional de Saúde (CNS), realizada em novembro de 2007, que centralizou a questão nas diferentes modalidades de gestão no SUS.[8] Em nossa análise consideramos que a partir desse evento registra-se um novo marco referencial após a 8ª Conferência Nacional de Saúde em 1986, para o campo da saúde: onde identificamos a mais consistente reafirmação do projeto democrático ao defender a efetiva concretização dos princípios do SUS/90 focando suas posições em um modelo assistencial universalizado, integralizado e descentralizado com controle social.

Essa afirmativa é derivada da necessidade de considerarmos que mesmo em situação adversa no campo da ideologia, da cultura, da passivização dos movimentos sociais organizados, a singularidade que permeia a luta por uma política de saúde democrática consegue marcar presença e apresentar resistência à hegemonia neoliberal. Consegue ainda explorar as contradições de cujo governo e partido político (Partido dos Trabalhadores), que se autodenomina(va) no campo democrático-popular, encaminha propostas antidemocráticas e antipopulares.

A 13ª Conferência registrou um momento de embate decisivo na luta entre os dois projetos de concepções antagônicas: o do SUS, vinculado ao projeto sanitarista construído na década de 1980 e o projeto privatista pós-90, ou seja, o projeto do capital, o qual entende que os serviços sociais em uma economia financeirizada, também devem ser *locus* de realização do valor, ou seja, de acumulação de capital.

---

8. A maioria das conferências estaduais e municipais, após intenso debate e luta política, posicionaram-se contra as Fundações Estatais de Direito Privado (FEDP). A 13ª Conferência Nacional contou com aproximadamente 3.900 participantes.

A referida Conferência revelou-se como parte do embate político que vem ocorrendo ao longo das últimas décadas, o qual ganha feições diferentes de acordo com os processos sócio-históricos em que se desenvolve. Sua implementação está diretamente conectada à correlação das forças políticas presentes na sociedade. Mesmo considerando uma realidade desfavorável para os movimentos sociais organizados, pela conjuntura de refluxo e não socialização da política e apesar de todo o movimento da burocracia estatal, nos três níveis de governo, e de seus aliados para aprovar o projeto de Fundações, dando continuidade à contrarreforma do Estado na saúde, a 13ª Conferência Nacional de Saúde (CNS) deliberou pela resistência à sua aprovação, através das seguintes deliberações:

- Reafirmar o SUS como política de Estado, implementando ações, segundo seus princípios e diretrizes, mediante a organização de redes assistenciais regionalizadas e hierarquizadas, que contemplem a prevenção, a promoção, o tratamento e a reabilitação mediados por sistemas de regulação sob controle social;

- Fortalecer a gestão e a rede pública e rejeitar a adoção do modelo de gerenciamento por Fundação Estatal de Direito Privado, Organizações Sociais e Organizações Sociais Civil de Interesse Público (OSCIP), bem como regimes de concessão pública, ampliando os serviços públicos como condição para efetivar a universalidade e a integralidade da atenção;

- Retirada do Projeto de Lei n. 92/2007 do Congresso Nacional pelo Ministério da Saúde;

- Recomendar ao Congresso Nacional e ao Senado Federal a rejeição e/ou a retirada do Projeto de Lei n. 92/2007 e determinar ao Ministério da Saúde e às Secretarias Estaduais de Saúde a realização de auditorias das unidades e serviços de saúde terceirizados, contratualizados e em regime de concessão pública efetivados pelo SUS, com o objetivo de realizar um progressivo cancelamento dos termos celebrados e avançar em direção à completa prestação de serviços pelo setor público (Relatório Final da 13ª CNS, 2007, p. 78).

Articulada à questão do compromisso do Estado em financiar a política de saúde, a Conferência coloca o papel dos gestores no planejamento e distribuição dos recursos, para sua viabilidade, explorando toda a legislação e organização já previstas no SUS:

> Que os gestores, nos três níveis de poder, garantam recursos financeiros para a implementação das ações do Pacto pela Saúde, do Plano Diretor de Regionalização (PDR), do Plano Diretor de Investimento (PDI) e para o aumento do teto financeiro da Programação Pactuada Integrada (PPI). (Relatório da 13ª CNS, 2007, p. 75)

A Conferência reafirma o espaço democrático de gestão do SUS: "Criação do Conselho de Gestão dentro de cada Regional em sintonia com os Conselhos Municipais de Saúde" (idem, p. 81), indicando que a materialização dessa diretriz deve seguir as seguintes recomendações:

> Implantar e garantir que os cargos de diretor e gerente das unidades públicas de saúde, incluindo os hospitais de pequeno, médio e grande porte, sejam escolhidos pelos trabalhadores e usuários por meio de eleições diretas e definir instrumentos legais normatizadores, garantindo que as áreas técnicas de gestão sejam profissionalizadas e preenchidas por servidores com conhecimento, habilidade e competência para o exercício das suas funções na esfera federal. (Idem, p. 86)

No âmbito da gestão, ainda, reconhecendo a necessidade de mudanças, foi indicado:

> Que o Ministério da Saúde implante mecanismos de modernização administrativa para as Secretarias Estaduais de Saúde de forma a adequá-las às exigências cotidianas de gestão dos estabelecimentos de saúde estaduais, inclusive nas áreas de logística, compras, e gestão de contratos garantindo recursos para a estruturação, reestruturação e manutenção

física e de equipamentos, de acordo com as necessidades e especificidades e, ampliar e equipar os espaços físicos da rede do SUS com recursos humanos, materiais, medicamentos e insumos. (Idem, p. 81)

De modo paralelo às decisões tiradas no fórum institucional-democrático, no dia seguinte, em entrevista aos periódicos tradicionais, o ministro da Saúde, no momento, reproduz a linha ideológica advinda dos governos pós-90 quanto à temática: desconsidera o que rege a Lei n. 8.142/90 e re-afirma sua convicção e postura de permanecer encaminhando o PLC n. 92/2007.

8. O PL n. 92/2007 e o reforço posterior a um "novo" modelo de gestão — onde está a democracia?

Em 2008, no Programa Mais Saúde/2008-2011 ou o "PAC Saúde", o PL n. 92/2007 é reforçado. As medidas mais gerais propostas no Programa parecem visar a criação de "novos" modelos de gestão, como as Fundações, com autonomia para o setor privado administrar e comprar; com uma parte da "clientela" das unidades públicas garantidas pelo Estado e/ou financiados por órgãos públicos (BNDES/Finep por exemplo); com a compra dos produtos industriais, como equipamentos e medicamentos, e/ou prestação de serviços, viabilizados pelo SUS, entre outras facilidades.

A análise que embasa o Programa Mais Saúde, como a que fundamenta o Plano Diretor de Reforma Administrativa (PDRE/Mare), de 1995, parte da constatação de que o Estado brasileiro é burocratizado, não busca resultados e, por isso, é ineficiente.

O predomínio do modelo burocratizado de gestão, segundo o qual o controle ineficiente dos meios ocorre em detrimento dos resultados e da qualidade da atenção à Saúde [...] perpassa toda a organização, caracterizando tanto a relação entre a União, estados e os municípios até o modelo de gestão das unidades de saúde. (Mais Saúde, 2008, p. 4)

A partir desse diagnóstico, a Diretriz Estratégica do Programa coaduna-se com o definido no Plano de Gestão/2003 e a Agenda de Gestão/2007-2010. Dessa forma volta-se para a gestão do setor estabelecendo:

> Dar um salto expressivo na qualidade e na eficiência das unidades produtoras de bens e serviços e de gestão em saúde, para associar a flexibilidade gerencial ao compromisso de metas de desempenho, mediante a introdução de mecanismos de responsabilização, acompanhamento e avaliação e com uma clara priorização dos profissionais de saúde em termos de qualificação e do estabelecimento de relações adequadas de trabalho. (Mais Saúde, 2008, p. 5)

Na diretriz voltada para o eixo Qualificação da Gestão, no que toca à descentralização para os níveis subnacionais, está presente o viés fundamentado na busca de resultados, onde identificamos algumas ambiguidades, já que à primeira leitura parece trabalhar com dois "tipos de SUS". Seria uma política paralela? No entanto, uma leitura mais profunda permite perceber o comprometimento com a lógica empresarial, preocupada com a apresentação quantitativa, quando propõe:

- Fortalecer, aprofundar e aperfeiçoar a gestão descentralizada do SUS e ampliar as responsabilidades das três esferas de governo quanto aos *resultados* da saúde, tendo como instrumentos centrais o Pacto da Saúde e os processos de pactuação intergestores tripartite e bipartite.
- Estabelecer novos modelos de gestão que garantam os princípios do SUS e permitam que as instituições de Saúde operem com maior eficiência e qualidade, pactuando compromissos com *resultados*. (Mais Saúde, 2008, p. 67)

Para sua operacionalização, algumas medidas são estipuladas, entre elas, identificamos a preocupação com a concretização do PLC n. 92/2007 e a continuidade dos Contratos de Gestão e a busca da aprovação do PL n. 92/2007:

- Modernizar a gestão dos hospitais filantrópicos por meio de contratos de gestão;
- Aprovar o PLC n. 92/2007 e as leis ordinárias necessárias para implantar o modelo de FEDP nos hospitais públicos federais (2008, p. 67, p. 71).

A intenção é, claramente, trabalhar com a "iniciativa privada", ou seja, inserir os representantes do capital nas unidades públicas, com a instalação das Fundações Estatais de Direito Privado (FEDP). Aqui está cravada a política do Estado brasileiro que abdica por completo de sua função protetora e cria as condições de realização de mais-valia para o capital, por "dentro do Estado". O Programa Mais Saúde refere-se à proposta de criação de novos modelos de gestão como inovadora para o campo da saúde, entre eles, o das Fundações Estatais de Direito Privado (Ministério da Saúde, 2008).

As recomendações do Programa ministerial direcionam-se, claramente, também, na definição da "melhor gestão" (MS, 2008, p. 72):

[...] estabelecer contratos de desempenho com as 27 unidades federativas e hospitais filantrópicos; criar mecanismos e critérios que permitam a premiação por desempenho dos municípios que alcancem ou superem as metas pactuadas; [...] aprovar o Projeto de Lei Complementar e as leis ordinárias necessárias para implantar o modelo de fundação Estatal nos hospitais públicos federais. (MS, 2008, p. 72)

Portanto, para além de uma política setorial/ministerial as Fundações Estatais de Direito Privado são uma opção ideopolítica do governo Lula da Silva e não um objetivo imediato e emergente como a crise dos hospitais no Rio de Janeiro.

A questão democrática, tão cara ao movimento de Reforma Sanitária, que norteia a 8ª Conferência Nacional de Saúde (CNS) de 1986, a Constituição Federal de 1988 e a LOS/90, torna-se simplificada e restrita, ao mesmo tempo abstrata e surge colocada como um ente fora do âmbito e da responsabilidade estatal. Isso se constata na diretriz, genérica, do Programa Mais Saúde: "Fortalecer a participação e o controle social sobre todas as instâncias e os agentes que fazem parte do SUS, fortalecendo os laços políticos que garantem a sustentabilidade das ações de Saúde" (MS, 2008, p. 73). Não se encontra nada mais afirmativo sobre o poder decisório e inserção dos Conselhos e Conferências de Saúde no formato/SUS.

Portanto, para se entender o surgimento das propostas que fundamentaram o Projeto de Lei n. 92/2007, e dele próprio, há que se considerar que a fase atual de privatização dos serviços sociais, que eclode sob a égide do gerencialismo, produz um novo bloco histórico no poder (os gerentes), para garantir a "governabilidade e governança", realizando-se, assim, a contrarreforma do Estado, com o recuo ideopolítico de parte dos representantes das classes subalternas. A consequência dessa opção acentua as expressões da questão social, e como produto crucial, a ruptura com a possibilidade de expansão do processo democrático, resvalando na qualidade da atenção à saúde.

No segundo mandato, o governo Lula assinou a Estratégia de Parceira com o País (EPP) do Banco Mundial (BM, 2008, p. 8), correspondente ao período 2008-2011. No documento, está presente a referência ao "papel central de aconselhamento e ajuda financeira para o principal programa de combate à pobreza no Brasil, o Bolsa Família, trazendo credibilidade, conhecimento e alguns recursos". O acordo, no documento, é mostrado como parte de uma nova etapa entre seus signatários, com menos financiamento por parte do BM e mais assessoria ao governo federal, focalizando a maior parte de seu apoio financeiro a programas estaduais e sempre em conformidade com a Lei de Responsabilidade Fiscal (LRF) — o limite neoliberal para redução dos concursos públicos e caminho para os contratos terceirizados. O documento aponta, também, que seu enfoque está mais voltado para o "como" e não para "o que" (idem), ou seja, é uma assessoria no campo das ideias, da forma como se deve administrar o país. Ou seja, o Banco se dispõe a atuar em forma de assessoria (no campo ideopolítico) às políticas sociais, considerando, na conjuntura presente, essa a sua atividade primordial.

O que nos chama a atenção para o aspecto de continuidade e indução ideopolítica, dentre vários outros elementos, é a priorização da abordagem através de "resultados", tendo por base os objetivos e prioridades definidas pelos governos, em programas. O que demonstra certa sintonia entre a estratégia indicada pelo Banco e o modelo de desenvolvimento econômico projetado pelo governo brasileiro no cumprimento das metas e na filosofia de busca de "resultados". O Programa de Aceleração do Crescimento (PAC) — lançado em 2007 — é parte dessa estratégia, pela importância em "ampliar e qualificar a infraestrutura do país" e para "intensificar o crescimento" (BM, 2008, p. 3), como meta prioritária no segundo mandato do governo Lula.

O Banco Mundial (2008) identifica quatro tipos de riscos que podem ocorrer no país, dentre eles, "reduzir o interesse de enfrentar alguns desafios de longo prazo, como as reformas fiscais (tributária) e previdenciárias [...]"[9] (Banco Mundial, 2008, p. 5 e 13). Analisa as causas estruturais do crescimento econômico "relativamente lento do Brasil", sendo uma delas "o alto nível de taxação e a baixa qualidade dos gastos públicos [...]" como também as "instituições e leis trabalhistas inadequadas [...] relativamente inflexível em sua legislação" (Banco Mundial, 2008, p. 13). Na análise macroestrutural, considera impróprios os elevados déficits e gastos "com a Previdência Social que também impõem um risco à sustentabilidade fiscal" (idem). Nessa direção, o governo Lula da Silva mantém a LRF. O documento do Banco Mundial, baseado em tal diagnóstico, propõe as reformas tributária, fiscal e da previdência (EPP, 2008, p. 13).

O Grupo Banco Mundial elege assim três elementos centrais na EPP (2008, p. 41) para a "abordagem das questões relacionadas à gestão fiscal e ao setor público", as quais destacamos com grifos nossos. São elas,

---

9. As contrarreformas universitária, do judiciário e da previdência foram realizadas sob a orientação do Banco Mundial, assim como a Lei de Falências. O documento do Banco Mundial destaca, ainda, a importância da reforma trabalhista (Banco Mundial, 2008, p. 19), com base na flexibilização dos direitos do trabalho.

I. Aumentar a eficiência do Estado.

II. Reduzir o custo Brasil (os elevados gastos para fazer negócios).

III. Fortalecer a prestação de contas com ênfase nos resultados.

Os documentos nacionais referidos e o material produzido internamente pelo Banco Mundial ofereceram, sem dúvida, elementos fundantes e reforço para a apresentação, pelo executivo, do Projeto de Lei n. 92/2007, no Congresso Nacional, em 2007 (e sua manutenção mesmo após a 13ª CNS/2007), apesar de parte considerável do movimento social na saúde defender sua retirada, a partir de 2007 até a atualidade.

Considerações finais

Finalizando, constatamos, em nosso estudo, uma estreita linha de ligação entre o Plano Diretor de Reforma do Estado (PDRE/Mare), os documentos do Banco Mundial e os documentos do governo Lula, abandonando a universalização dos direitos sociais, por exemplo, e mantendo a retirada dos direitos dos trabalhadores. O que afeta principalmente uma gestão democrática. Analisamos que nos moldes como a gestão das FEDP está estruturada — pelos Conselhos de Administração, aproxima-se da concepção de "administração gerenciada" fundamento neoliberal e, portanto, antidemocrática.

No campo da luta pela Saúde há o movimento social que se organiza, ainda que incipiente e sem força política suficiente para reverter a situação. No Rio de Janeiro e Alagoas, por exemplo, criaram-se Fóruns em Defesa do Serviço Público e contra as fundações na saúde.[10] A partir de 2007, como marco histórico, uma série de entidades de classe da área da Saúde ou não, realizou eventos, debates, audiências públicas, participou dos fóruns institucionais promovidos pelo Conselho

---

10. Nesse processo de resistência, foram criados Fóruns de Saúde em outros Estados brasileiros e, em 2010, foi criada a Frente Nacional contra a Privatização da Saúde.

Nacional de Saúde. Enviou moções de repúdio[11] quanto à instalação dessas empresas no setor público e marcou posição contrária com material de divulgação dirigido à sociedade como um todo, entendendo que essa opção permanece no bojo da privatização/mercantilização das políticas sociais e desmonta o SUS. Em 2008, no Rio de Janeiro, foi realizada uma audiência pública na Assembleia Legislativa (Alerj) e um ato público "Contra as Fundações Estatais e em Defesa do Serviço Público" com seiscentos participantes.

Ao mesmo tempo, é preciso registrar que, apesar de parte significativa da classe trabalhadora organizada ter-se voltado para posições adesistas e contrarreformistas, há uma parte que se mantêm na oposição a esse processo, manifestando-se como protagonistas do processo político socializado, identificada com sua origem e natureza de classe, sem ter perdido a identidade. Os segmentos sociais que mantêm a resistência posicionam-se contra o ideário neoliberal e tecem críticas ao capitalismo, pretendendo mostrar que a "história não acabou". Os diferentes movimentos têm participado desse processo de lutas, como a Coordenação Nacional de Lutas (Conlutas), que produz jornais, folhetos e textos, e organiza atos com a Intersindical,[12] objetivando impedir a aprovação do Projeto de Lei (PL) n. 92/2007.[13]

Juntamente a essas organizações, participam das lutas, em nível nacional, associações e sindicatos como a Associação Brasileira de Ensino e Pesquisa em Serviço Social (ABEPSS); Associação Nacional dos Docentes do Ensino Superior (Andes-SN); Associação dos Servidores do Instituto Brasileiro de Geografia e Estatística (Assibge-SN); Conselho Federal de Serviço Social (CFESS); Coordenação Nacional de Lutas (Conlutas); Confederação dos Trabalhadores no Serviço Público Federal (Consdsef); Confederação Nacional dos Trabalhadores

---

11. O Fórum Sul da Saúde — com assinatura de 47 entidades do movimento popular e sindical; universidades; Pastoral da Saúde de alguns municípios da região.

12. A Intersindical é uma central sindical, também organizada em contraposição à CUT, com posicionamento ideopolítico de oposição ao governo Lula. Disponível em: <www.intersindical.org.br>.

13. A Conlutas constitui-se uma nova central sindical e de movimentos sociais. Formada em contraposição à CUT, organiza a oposição ao governo Lula. Disponível em: <www.conlutas.org.br>.

da Saúde (CNTSS); Diretório Nacional dos Estudantes de Medicina (Denem); Federação dos Sindicatos dos Trabalhadores das Universidades Públicas Brasileiras (Fasubra); Federação Nacional dos Sindicatos de Trabalhadores do Judiciário Federal e Ministério Público da União (Fenajufe); Federação dos Sindicatos dos Trabalhadores em Saúde e Previdência (Fenasps); Intersindical; Sindicato Nacional dos Auditores Fiscais da Receita Federal do Brasil (Unafisco), e outros em nível regional e local. Têm produzido manifestos, abaixo-assinados, apoios do campo acadêmico, sindical e estudantil, entre outros. Podem-se somar alguns poucos parlamentares e partidos políticos no campo da esquerda: o Partido Comunista Brasileiro (PCB); o Partido Socialismo e Liberdade (PSOL), o Partido Socialista dos Trabalhadores Unificados (PSTU) e parte do Partido Democrático Trabalhista (PDT), do Rio de Janeiro, com quem o movimento social articulou-se para as audiências públicas em especial.

Essa mobilização, até o momento, ainda que apresente desafiadores limites obteve alguns frutos. A votação do Projeto de Lei Complementar (PLC) n. 92/2007 encontra-se adiada, pois embora o governo Lula, através do Ministério da Saúde, tenha investido com agressividade para aprová-lo, não obteve sucesso.[14] Ou seja, o movimento social, apesar das fragilidades ideopolíticas atuais — das condições objetivas e subjetivas desfavoráveis, continua a lutar no sentido de garantir que o fundo público tenha uma destinação maior para as políticas públicas que concretizem os direitos sociais e o processo democráticos, arduamente conquistados na sociedade brasileira.

Esse Projeto de Lei (PL) desmonta o SUS na linha da contrarreforma do Estado e favorece a acumulação do capital. Em nenhum momento dirige-se a extinguir as modalidades terceirizadas. Ao contrário,

---

14. Realizando "a análise concreta da situação concreta" consideramos que outros elementos são decisivos também para a não votação do PL n. 92/2007, tais como a aprovação da Emenda Constitucional n. 29/2000 referente ao financiamento — competência de cada esfera de governo e definição de percentual correspondente — elemento imprescindível para a garantia da implementação das FEDP. Combinado com a conjuntura política-eleitoral de 2010 ser um ano de eleições majoritárias exigindo acordos, mediações e até recuos dos blocos no poder para medidas antipopulares.

recupera legislações da contrarreforma do governo Fernando Henrique Cardoso, como a Emenda Constitucional (EC) n. 19, de 1998. Assim, esse processo como um todo confirma que a modalidade de atenção à saúde, através das fundações, não é nova na medida em que é mantido o que ocorre ao longo da história do país, no âmbito da saúde pública: em sua essência, o Estado capitalista atua mais como um facilitador da realização do capital do que respondendo às demandas do trabalho. Com as fundações, o Estado permanece realizando a transferência do fundo público para o setor privado; o que há de diferença é que o ideário neoliberal insere o capital diretamente dentro de unidades públicas, transformando-as em um importante *locus* de lucratividade, com base na lógica produtivista, em busca de "resultados" — de metas quantitativas. A inserção dentro das unidades públicas regidas por um contrato de gestão, assinado em cartório, e a montagem dos conselhos administrativos reafirmam o caráter privado e antidemocrático das Fundações, em que a propriedade das instituições está submetida aos interesses privados, portanto, mercantis. Descaracteriza, assim, o real significado de público no sentido clássico da palavra, em que a saúde deveria ser vista como um "bem público", de relevância pública e um direito social garantido pelo Estado.

Em essência, não há um "novo modelo de gestão", ao contrário, mostram uma linha de continuidade histórica, como apontamos anteriormente, que rompe com o que havia de verdadeiramente novo: a Constituição Federal de 1988, que democratiza a vida social e a proposta do Sistema Único de Saúde (SUS), de 1990, que se constituíram como inovadores no âmbito do reconhecimento dos direitos.

Com esse ponto de vista tem sentido ampliado a conjugação das entidades em defesa do serviço público estatal do ponto de vista estruturante e sobre a perspectiva da classe trabalhadora, como a luta específica da política de saúde fundados na retomada da cultura democrática como valor estratégico ao exigir do Estado que cumpra seu papel sociopolítico como base de democratização da sociedade brasileira.

Essa dinâmica se inviabilizou no governo Lula e continua no governo Dilma, tendo como um dos determinantes a assimilação do

Partido dos Trabalhadores ao neoliberalismo como ideologia de referência. Esse partido representou a resistência e a combatividade no período da resistência e derrocada da ditadura militar e no período da transição democrática, mas com o fenômeno do *transformismo* pelo qual passou, como apontado por Coutinho (2007), entre outros, tornou-se um "partido da ordem burguesa". Nesse processo, utiliza como recurso a cooptação, o disciplinamento e a passivização das classes subalternas na intenção de despolitizar as relações sociais e reduzir o poder de negociação dos sindicatos e em particular, os direitos da maioria da população em ter uma política de saúde efetiva, universal, integralizada e democrática, prestada pelo Estado.

Referências bibliográficas

Livros, artigos, teses

CORREIA, M. V. *O Conselho Nacional de Saúde e os rumos da política de saúde brasileira*: mecanismos de controle social frente às condicionalidades dos organismos financeiros internacionais. Tese (Doutorado) — Pós-Graduação em Serviço Social, UFPE, Recife, 2005.

COUTINHO, C. N. *A época neoliberal*: Gramsci e o Brasil, 2007. Disponível em: <www.arnet.com.br>. Acesso em: jan. 2009.

IAMAMOTO, M. V. *Serviço social em tempo de capital fetiche*: capital financeiro, trabalho e questão social. São Paulo: Cortez, 2007.

JUNQUEIRA, V. *Saúde na cidade de São Paulo (1989-2000)*. 2. ed. rev. São Paulo: Pólis/PUS, 2002. p. 9-60. (Observatório dos Direitos do Cidadão: acompanhamento e análise das políticas públicas da cidade de São Paulo, n. 3.)

MACHADO, C. V. *Contexto, atores, instituições*: um estudo exploratório acerca das modalidades da gerência nos hospitais públicos do município do Rio de Janeiro nos anos 90. Dissertação (Mestrado) — Instituto de Medicina Social, UERJ, Rio de Janeiro, 1999.

MARTINS, A. S. A relação estado e sociedade civil no governo Lula. In: Universidade e Sociedade. *Andes-SN*, ano XIII, n. 32, p. 32-41, 2004.

NETTO, J. P. *Capitalismo monopolista e serviço social*. 2. ed. São Paulo: Cortez, 1992.

TEIXEIRA, M. J. O. *A Política Nacional de Saúde na contemporaneidade*: as fundações estatais de direito privado como estratégia de direcionamento do fundo público. Tese (Doutorado) — Programa de Pós-Graduação da Faculdade de Serviço Social, UERJ, Rio de Janeiro, 2010.

Documentos

BANCO MUNDIAL. *Estratégia de parceria com o país para a República Federativa do Brasil (Período de 2008 a 2001)*: Relatório n. 42.677, 6 de maio de 2008.

BRASIL. Presidência da República. Câmara da Reforma do Estado, Ministério da Administração Federal e Reforma do Estado. Plano Diretor da Reforma do Aparelho do Estado (PDRE). Brasília, 1995.

_____. Ministério do Planejamento, Orçamento e Gestão. Secretaria de Gestão. Gestão Pública para um Brasil de Todos. Brasília: Seges/MPOG, 2003.

_____. Ministério da Saúde. Secretaria Executiva. Departamento de Apoio à Descentralização. Coordenação-Geral de Apoio à Gestão Descentralizada. Diretrizes Operacionais dos Pactos pela Vida, em Defesa do SUS e de Gestão. Brasília, 2006.

_____. Ministério do Planejamento, Orçamento e Gestão. *Agenda da Gestão Pública (2007-2010)*. Brasília: Seges/MPOG, fev. 2007.

_____. Ministério do Planejamento, Orçamento e Gestão. *Fundação Estatal*: proposta para o debate. Brasília, 2007b.

_____. Ministério da Saúde. *Relatório da 13ª Conferência Nacional de Saúde*. Conselho Nacional de Saúde. Brasília, 2007.

_____. Ministério da Saúde. *Programa Mais Saúde*. Direito de Todos. SUS — um País de Todos. Governo Federal. Metas para 2008-2011. Brasília, 2008.

3

A racionalidade da contrarreforma na política de saúde e o Serviço Social

Raquel Cavalcante Soares

Apresentação

No presente artigo[1] analisamos as principais particularidades e tendências da contrarreforma na política de saúde brasileira, desvelando os projetos em confronto e os eixos estruturadores de sua racionalidade. Vamos analisar também os impactos sobre as práticas sociais do Serviço Social na saúde pública.

Para realizarmos o esforço investigativo e analítico de compreendermos os fundamentos de tal processo, partimos do pressuposto teórico-metodológico da unidade dialética entre economia e política. De fato, situada no espaço da reprodução social, a política tem como cerne as relações de produção social, mantendo importantes conexões

---

1. Este trabalho integra as discussões e análises da tese de doutoramento da autora, intitulada *A contrarreforma na política de saúde e o SUS hoje*: impactos e demandas ao Serviço Social, defendida em maio/2010.

com as necessidades determinadas pelo modo de ser da sociedade. Nessa perspectiva, não circunscreveremos a análise da política de saúde à sua representação imediata e fenomênica, posto que as políticas sociais são "expressão contraditória da realidade",[2] requerendo por parte do pesquisador um aprofundamento no movimento em busca da essência de suas determinações, da racionalidade que a organiza, a legitima e a vincula às necessidades sócio-históricas.

A política social é, assim, espaço dialético de projetos contraditórios em confronto, constituindo-se em expressão da luta de classes e das racionalidades em disputa no âmbito do Estado e da sociedade civil.

Nas últimas décadas, a política de saúde, integrante do conjunto de políticas sociais do sistema de seguridade social, tornou-se espaço de grande tensionamento e alvo de grande ofensiva do ajuste neoliberal do Estado. As contradições originadas nesse processo interferem diretamente nas práticas sociais dos diversos profissionais de saúde — dentre eles o assistente social — bem como na qualidade dos serviços prestados aos usuários do Sistema Único de Saúde (SUS).

1. Breve histórico da contrarreforma na política de saúde

A crise estrutural do capital mundial, a partir dos anos 1970, contribuiu decisivamente para o fim do regime autocrático instaurado em 1964 e, com isso, para a institucionalização legal de muitas reivindicações dos movimentos sociais na Constituição de 1988 — dentre elas, o Sistema Único de Saúde (SUS). No tensionamento e crise do regime autocrático, o movimento sanitário integra o conjunto dos movimentos sociais que eclodem naquele momento, lutando pelo direito universal à saúde pública, pela democratização do Estado brasileiro e por uma racionalidade política que superasse o modelo autoritário e fragmentado da política social brasileira.

---

2. Expressão utilizada por Behring e Boschett, 2006.

Nesse sentido, o movimento sanitário implementa uma luta contra-hegemônica à racionalidade não só da política de saúde, mas do Estado brasileiro como um todo e do modelo de desenvolvimento capitalista. Esse movimento não era homogêneo, sendo constituído por diversos segmentos, desde os que defendiam uma nova ordem societária, fundados numa racionalidade de base emancipatória humana, até mesmo os que defendiam um melhoramento da ordem burguesa, com bandeiras de luta da social-democracia. Porém, em comum a esse movimento, havia a defesa explícita da emancipação política — seja como estratégia para a emancipação humana, seja no limite desta ordem societária. Essa emancipação política tinha no direito à saúde um importante elemento, mas não se restringia a ele. Havia, assim, um projeto de sociedade e de Estado que fundamentavam as bandeiras de luta do movimento: com uma concepção de saúde que não estava restrita ao corpo e ao indivíduo, mas que estava centrada na coletividade, na estrutura social e nas classes sociais.

Concordamos com Teixeira (1989) quando expõe as três direções fundamentais do movimento de reforma sanitária sobre a política de saúde no período da década de 1980: a *politização da saúde* — rompendo com a racionalidade instrumental burocrática e tecnicista anterior; a *mudança da norma constitucional* — com a incorporação do direito à saúde como direito público e universal, numa concepção ampliada de saúde; e *alteração do arcabouço institucional dos fundamentos e práticas institucionais*. São justamente estes três alicerces que compõem o núcleo da reforma sanitária brasileira que são atingidos pela contrarreforma e sua racionalidade.

Dialeticamente, as respostas à crise do capital, mediadas pelas particularidades e características da estrutura social e do Estado brasileiros, tornaram-se os limites para a materialização da reforma sanitária e do SUS conforme seu marco legal constitucional e suas leis orgânicas. A mundialização do capital, a financeirização, a reestruturação produtiva, a cultura neoconservadora, a ascensão do pensamento pós-moderno e a contrarreforma do Estado integram esse conjunto de respostas cuja finalidade precípua é a maximização e expansão do capital.

Os serviços de saúde tornaram-se cada vez mais espaços de supercapitalização e relevante fonte de investimento e lucratividade capitalista. As diversas formas de capital, em tempos de dominância financeira, conectam a cadeia de mercadorias e serviços desde o espaço da produção e comercialização até as finanças: indústria de medicamentos, equipamentos médico-hospitalares e insumos, sistema público de saúde, redes de hospitais, clínicas, farmácias, planos privados de saúde, seguro saúde, bolsa de valores, linhas de crédito e financiamento bancários, entre outros.

Dessa forma, com as necessidades de supercapitalização[3] e expansão do capital portador de juros, a intervenção sobre as expressões da questão social — e, dentre estas, o processo saúde-doença — "torna-se espaço de lucratividade e hegemonia política do grande capital" (Soares, 2007, p. 170). E, para isso, é necessário precarizar a política de saúde, torná-la cada vez mais uma política pobre para pobres, deixando amplo espaço para o mercado, desconstruindo num movimento de contrarreforma[4] o referencial de saúde pública conquistado nos anos 1980.

A partir dos anos 1990, inicia-se o processo de contrarreforma neoliberal do Estado brasileiro e seus primeiros impactos sobre o recém-criado SUS. Desde então, o projeto privatista na saúde vem conquistando hegemonia, defendendo propostas semelhantes as do Banco Mundial, que ganha destaque como importante formulador e divulgador da racionalidade da contrarreforma.

Durante os governos Collor de Melo e Itamar Franco inicia-se o ajuste estrutural do Estado conforme os preceitos neoliberais. No que se refere especificamente à saúde, a contrarreforma ocorre muito mais

---

3. Categoria identificada por Mandel (1985).

4. Na saúde, este conceito ganha significativa relevância, tendo em vista o movimento de reforma sanitária e as conquistas constitucionais que instituíram legalmente os princípios de uma ampla reforma na saúde pública brasileira. O processo de ajuste neoliberal que inviabiliza ou nega a efetivação destes princípios não deve ser confundido com a reforma sanitária, tratando-se de uma contrarreforma na política de saúde. Ressaltamos, porém, que esta proposital confusão de conceitos tem sido uma das estratégias de legitimação ideopolítica deste processo: ser disseminado como continuidade da reforma sanitária. Sobre a contrarreforma do Estado brasileiro, ver trabalho de Behring (2003).

pela inviabilização ou criação de obstáculos para a efetivação do SUS conforme seu marco legal[5] original. O movimento sanitário, apesar de estar sofrendo o refluxo dos movimentos sociais e estar cada vez mais se institucionalizando, consegue imprimir algumas vitórias importantes nesse período; dentre elas, destacamos a regulamentação das Leis Orgânicas da Saúde, em 1990, e a realização da 9ª Conferência Nacional de Saúde.

Havia, nesse período, conforme análise de Bravo (2006), fundamentalmente, dois grandes projetos em disputa no campo da política de saúde: o da reforma sanitária — que perdia cada vez mais espaço — e o projeto denominado de saúde privatista, que defendia os interesses econômicos do grande capital nessa lucrativa área dos serviços sociais.

No governo Fernando Henrique Cardoso, a contrarreforma do Estado realiza-se de maneira ainda mais ofensiva e estruturada, com a criação do Ministério da Administração e Reforma do Estado (Mare), conduzido por Bresser Pereira. O projeto de Reforma Administrativa do Estado foi aprovado em quase sua totalidade, situando a saúde como área não exclusiva do Estado e, portanto, sendo passível de ter seus serviços prestados por organizações sociais. No entanto, esse governo não conseguiu implementar com amplitude esse novo modelo de gestão na saúde, se restringindo a experiências isoladas em alguns estados e municípios, devido à resistência social e política em torno desse projeto.

As estratégias da contrarreforma na saúde colocavam-se da seguinte maneira: precarização do SUS, ampliação restrita, fragmentada e desigual do sistema, sem anunciar[6] sua contrarreforma ou qualquer tipo de alteração substancial.

O movimento sanitário, por sua vez, dava sinais de perda de organicidade política com o projeto de reforma sanitária e de institucionalização.

---

5. Ao longo deste trabalho, sempre que citarmos a expressão *marco legal original*, estaremos nos referindo à Constituição de 1988 e às Leis Orgânicas ns. 8.080/90 e 8.142/90.

6. Sobre a contrarreforma não anunciada, ver Rizzotto (2000).

De fato, a concretização do SUS, conforme seu marco legal original, para parte das lideranças do movimento sanitário deixa de ser espaço político estratégico de atendimento dos interesses da classe trabalhadora e de sua organização em torno de um projeto societário alternativo e passa a ser concebida no interior do campo das "possibilidades", isto é, o SUS possível diante do ajuste neoliberal.

Na proposta do MARE, Bresser Pereira incluiu o que ele denominou de *reforma gerencial na saúde*, consubstanciada na Norma Operacional Básica de 1996 (NOB 96). Segundo o mesmo, são quatro as ideias básicas que fundamentaram a NOB, inspirada no modelo inglês:

> [...] descentralizar a administração e controle dos gastos com a saúde [...]; criar um quase-mercado entre os hospitais e ambulatórios especializados, que passam a competir pelos recursos administrados localmente; transformar os hospitais em organizações públicas não estatais [...]; criar um sistema de entrada e triagem constituído por médicos clínicos ou médicos de família, que podem ser funcionários do Estado ou contratados pelo Estado [...]. (1998, p. 252)

Quanto mais o SUS é precarizado mais cresce o mercado de serviços privados e, não por acaso, na década de 1990, esse mercado se amplia consideravelmente;[7] tanto que, em 2000, é criada a Agência Nacional de Saúde Suplementar (ANS), que passa a ser responsável pela regulação, controle e fiscalização dos serviços de saúde suplementar.

Além da ANS, foi criada também, em 1995, a Agência Nacional de Vigilância Sanitária (Anvisa). A institucionalização de agências "autônomas" também compõe as orientações do ajuste estrutural do Estado e sua contrarreforma. Assim, a regulação de setores economicamente estratégicos por agências desvinculadas do controle público convencional atende interesses do grande capital e integra as propostas do Banco Mundial para a área.

---

7. Segundo Bahia (2008), em 1987, o mercado de planos privados de saúde de empresas de medicina de grupo, cooperativas médicas e autogestões tinha cerca de 21,6 milhões de clientes; em 1998, o mercado de planos e seguros já atendia a cerca de 25% da população: 32 milhões de pessoas.

Tais mudanças, na verdade, se configuraram no interior da política de saúde brasileira sem a alteração do seu marco legal original, de modo que o SUS materializado se realiza de forma cada vez mais distante do SUS legalmente instituído. E, sem dúvida, que esta fragmentação entre o SUS histórico e o SUS materializado consolida-se nas duas gestões de Fernando Henrique Cardoso, apesar da resistência de alguns segmentos do movimento sanitário.

A eleição de Lula da Silva abriu algumas expectativas quanto aos rumos do Estado brasileiro: pela primeira vez, um representante sindical de origem popular de um partido que, em seu título, era dos trabalhadores, foi eleito presidente do país; esperavam-se, assim, mudanças acentuadas nas configurações desse Estado historicamente autoritário e distante dos interesses dos trabalhadores. Na política de saúde, mais precisamente, a expectativa era de uma retomada do projeto de reforma sanitária e a efetivação do SUS. No entanto, as alianças que garantiram a chegada de Lula ao poder e os seus vínculos com o grande capital nacional e internacional começaram a se explicitar já no seu primeiro mandato.

Assim, uma nova etapa da contrarreforma na política de saúde ocorre no governo Lula que, além de dar continuidade à política econômica conservadora e ao subfinanciamento da seguridade social, implementa uma série de mudanças que o seu antecessor não conseguiu: dentre estas, destacamos a segunda etapa da contrarreforma da previdência social.

No que se refere à política de saúde, o governo Lula expressa em suas ações o tensionamento dessa política através da institucionalização de pactos, planos de desenvolvimento e da elaboração de um projeto amplo de privatização das políticas sociais configurado na forma de *fundações estatais de direito privado*,[8] que se apresentam como continuidade da reforma sanitária.

---

8. O Projeto de Lei Complementar n. 92/2007, que trata das fundações estatais de direito privado, foi apresentado ao Congresso Nacional pelo Poder Executivo em julho de 2007, com o objetivo de regulamentar a Emenda Constitucional n. 19, de 1998.

Se nos governos anteriores sempre havia lideranças do movimento sanitário nos quadros do Ministério da Saúde, em sua gestão muitas lideranças ganham o controle do referido Ministério. De acordo com Bravo (2006), apesar da expectativa de fortalecimento do projeto de reforma sanitária, o governo Lula subordina as políticas sociais à lógica econômica conservadora adequada ao ajuste e à contrarreforma neoliberal.

Segundo Bravo (2006), as ações do Ministério da Saúde comportam uma polarização entre o projeto da reforma sanitária e o projeto privatista: a reforma sanitária é citada por documentos do ministério e ganha espaço em sua agenda; são realizadas alterações na sua estrutura organizativa, com a criação das Secretarias de Gestão do Trabalho em Saúde, de Atenção à Saúde e de Gestão Participativa, entre outras; convocação antecipada da 12ª Conferência Nacional de Saúde para discussão e definição das diretrizes do plano plurianual; a participação do Ministro nas reuniões do Conselho Nacional de Saúde; mas, por outro lado, o subfinanciamento da saúde persiste, sendo, inclusive, no âmbito da seguridade social, o orçamento que mais decresce em número relativos, com sistemáticos desvio de recursos via DRU (Desvinculação de Recursos da União); e a continuidade de uma política que se efetiva de forma focalizada, precarizada, com ênfase na Estratégia Saúde na Família focalizada e na assistência emergencial, bem como na fragmentação da concepção e do sistema de seguridade social.

No início do governo Lula, a configuração de forças no ministério ainda poderia ser caracterizada como de grande tensionamento e embate com a área econômica. Porém, ao final da gestão de Humberto Costa e com os dois ministros que se seguiram os limites da política econômica conservadora passam a ser naturalizados como realidade imutável, sendo necessário, portanto, planejar, gerir e executar a política segundo as possibilidades do orçamento restrito.

Se o movimento de reforma sanitária já vinha em processo de refluxo e fragmentação, no governo Lula ocorre de fato o transformismo de grande parcela das lideranças dos trabalhadores e, dentre estas, as do movimento sanitário. Isto possibilita aos muitos defensores da saúde pública se engajarem na produção e defesa de "inovações" na gestão da política de saúde sob o argumento da reatualização e modernização da reforma sanitária, quando, na verdade, a estão negando.

Assim, a tendência que se colocava desde o governo Fernando Henrique Cardoso dá um salto em qualidade e amplitude na gestão Lula da Silva que pode ser sinteticamente caracterizada: algumas lideranças do movimento sanitário dirigem a gestão do Ministério da Saúde, mas o projeto que dirige a política ministerial não é o da reforma sanitária, apesar de se apresentar como continuidade deste.

A partir desse momento histórico, podemos afirmar que fundamentalmente existem três grandes projetos em confronto na política de saúde: o projeto *privatista*, o projeto do *SUS possível* e o projeto da *reforma sanitária*.[9] O projeto *SUS possível* é defendido pelas lideranças que diante dos limites da política econômica defendem a flexibilização da reforma sanitária, mas nomeiam esse processo como reatualização, modernização ou mesmo como continuidade desta. Este projeto, na verdade, termina por favorecer a ampliação dos espaços do projeto privatista e, apesar de suas lideranças não reconhecerem, os dois projetos compõem uma mesma unidade dialética e se imbricam mutuamente numa mesma racionalidade que, dessa vez, avança mais rapidamente na disputa hegemônica.

As políticas, programas e ações do Ministério da Saúde reproduzem o embate desses projetos; sendo que no início da gestão Lula há uma abertura maior para as conquistas da reforma sanitária que paulatinamente vão dando lugar às propostas hegemônicas do *SUS possível* e do *projeto privatista*. Tal processo pode ser observado no Pacto pela Saúde, no Programa Mais Saúde e no Projeto das Fundações Estatais de Direito Privado.

O Pacto pela Saúde, lançado em 2006, é integrado pelos Pacto pela Vida, Pacto pelo SUS e Pacto de Gestão. O Pacto foi discutido nacionalmente e incorpora propostas do projeto de reforma sanitária,

---

9. Os projetos de reforma sanitária e de saúde privatista foram identificados por Bravo (2006), conforme indicamos anteriormente.

sem deixar de expressar também interesses e propostas dos demais projetos em confronto, representando em parte as expectativas do primeiro mandato da gestão em torno da defesa da saúde pública e do SUS.

Em 2007, no relatório do Banco Mundial sobre o SUS, intitulado "Brasil: governança no Sistema Único de Saúde (SUS) brasileiro — fortalecendo a qualidade dos investimentos públicos e da gestão de recursos (2007)", pode-se verificar a tentativa de deslocamento dos conflitos e dificuldades do sistema exclusivamente para o âmbito da gestão — seja o momento do planejamento, seja da organização e gestão do orçamento. Situam-se como problemas específicos da organização e funcionamento do SUS: suas normas onerosas, as exigências burocráticas de habilitação dos municípios, a pouca capacidade de gestão da maioria dos municípios que é de pequeno porte, a inadequação da política de recursos humanos e de sua gestão, devido à rigidez da legislação, a interferência frequente da política no planejamento e na eleição de prioridades, entre outros. Há, dessa forma, uma orientação subliminar sobre a necessidade de mudanças na modalidade de gestão da política de saúde.

Nesse mesmo ano de 2007, o governo Lula, através do Ministério da Saúde e do Ministério do Planejamento, apresenta ao legislativo o Projeto de Lei n. 92/2007, propondo as Fundações Estatais de Direito Privado, que tenta instaurar no âmbito da gestão pública uma nova etapa do processo de contrarreforma, iniciado nos anos 1990.

Segundo Granemann (2008), tal projeto tem pretensões tão abrangentes quanto o processo gerenciado por Bresser Pereira, atingindo também outras áreas de atuação do Estado, como educação, assistência social, ciência e tecnologia e outros.

Apesar de alguns posicionamentos contrários às fundações — da Conferência Nacional de Saúde, do Conselho Nacional de Saúde e de sindicatos de trabalhadores da saúde — uma estratégia que vem sendo utilizada nacionalmente é a sua aprovação no âmbito dos estados e municípios com a adesão de algumas lideranças político-partidárias do movimento de reforma sanitária, num processo autoritário que, em geral, desconsidera o debate democrático e as instâncias de controle social.

Também em 2007, o Ministério da Saúde lança o "Mais Saúde: Direito de Todos 2008-2011", denominado de Programa de Aceleração do Crescimento (PAC) da Saúde. Esse plano pode ser considerado, juntamente com o Projeto de Lei n. 92/2007, como um segundo marco na contrarreforma da política de saúde, pois concebe a saúde como espaço de integração do país num novo patamar de desenvolvimento, vinculando-se predominantemente à racionalidade da contrarreforma.

2. Particularidades e eixos estruturadores da racionalidade da contrarreforma na saúde

Os contornos da contrarreforma na política de saúde têm relação com duas importantes características dessa política que vão contribuir decisivamente com as suas particularidades, bem como com as formas de resistência a esse processo: 1) politização do direito à saúde, mesmo que parcialmente constituída; 2) o direito à saúde está intrinsecamente vinculado ao direito à vida.

Tais características vão interferir na configuração das estratégias da contrarreforma e nas suas particularidades aqui sinteticamente elencadas:

— não ocorreu como processo explícito, mas no interior do sistema, através da incorporação paulatina de novos modelos e instrumentos de gestão e do subfinanciamento crônico;

— ampliação precarizada, fragmentada e restrita do sistema;

— refuncionalização dos princípios e diretrizes do SUS e do projeto de reforma sanitária que têm seus conteúdos ressignificados, conforme exemplificamos no quadro a seguir;

— transformismo de muitas lideranças do movimento sanitário que tornaram-se defensores e formuladores da contrarreforma.

A estratégia transformista possibilita uma defesa *"dosificada"* da reforma sanitária ao mesmo tempo que um empobrecimento de sua radicalidade, de maneira que a contrarreforma realiza-se molecularmente (Braga, 1996, p. 202).

Nesse sentido, a racionalidade hegemônica hoje no SUS agrega elementos do projeto de reforma sanitária, mas rompe com a sua tradição essencialmente progressista, com a sua radicalidade mesmo dentro da ordem do capital. E é precisamente aí que está o núcleo de sua força: ao transformar, ao recuperar desse ideário alguns elementos retirando-lhes radicalidade.

Essa estratégia da racionalidade hegemônica não é nova: ela é própria da racionalidade instrumental burguesa, constituindo-se num importante mecanismo utilizado quando as condições e necessidades sociais e históricas assim o demandam.

Há, dessa forma, um grande compromisso com a realidade existente, com o governo que precisa ser legitimado e que, por sua vez, está fortemente comprometido com os interesses da burguesia nacional e internacional. As lideranças da reforma sanitária comprometidas com esse governo não podem mais pensar e fazer uso de elementos e bandeiras de lutas que ponham em cheque a gestão da política de saúde. Porém, como conciliar a proposta privatista da saúde com o projeto de reforma sanitária? É, nesse sentido, que no embate de ideários, parte dessas lideranças optam pelas denominadas *soluções possíveis*.

É certo que esse processo se dá perpassado por muitos conflitos e contradições. Mas, apesar desse tensionamento, a racionalidade instrumental se constrói e reconstrói e disputa hegemonia no interior da política de saúde brasileira e, mais precisamente, no SUS.

E justamente por ter sido construída a partir de elementos do projeto de reforma sanitária, essa racionalidade que organiza o Sistema Único de Saúde pode ser, de forma dialética e contraditória, utilizada com a finalidade de enfatizar os princípios originais da reforma.

QUADRO 1
Refuncionalização de Princípios e Diretrizes do SUS

Princípios/ diretrizes organizativas	SUS histórico	SUS materializado
Universalidade	"Universalidade de acesso aos serviços de saúde em todos os níveis de assistência".*	Acesso focalizado nos mais pobres e pauperizados, que enfrentam, em geral, extensas filas objetivas ou virtuais, representando um verdadeiro gargalo no sistema, gerando um grande número de demandas não contempladas pelo sistema.
Equidade	Todos têm direito ao atendimento de acordo com a diversidade de suas necessidades, de modo que seja garantida a igualdade na diferença.	Focalização precarizada do atendimento no segmento populacional mais pobre, sob a justificativa de que este é mais "vulnerabilizado". Fere-se, desta forma, o princípio da igualdade, da universalidade e da própria equidade.
Integralidade	"Conjunto articulado e contínuo das ações e serviços preventivos e curativos, individuais e coletivos, exigidos para cada caso em todos os níveis de complexidade do sistema.**"	Atenção básica, média e alta complexidade precarizadas e focalizadas na pobreza, principalmente através da expansão focalizada do PACS,*** da ESF**** e dos atendimentos emergenciais com fragmentação do sistema e quebra da referência e contrarreferência.
Descentralização	Descentralização político-administrativa, com direção única em cada nível de governo, regionalização e hierarquização da rede de serviços.***** Portanto, com responsabilização de todos os níveis de acordo com as suas especificidades	Descentralização com desresponsabilização da União principalmente no que se refere ao financiamento; Centralização do planejamento de modelos de atenção à saúde padronizados, como o PACS e o PSF.
Participação da comunidade	Direito de participação de todos os segmentos envolvidos com o sistema, em seus diversos níveis federativos, nos espaços de controle social, em especial nos conselhos e conferências, de caráter paritário e deliberativo.	As instâncias de controle social vêm sendo continuamente desvalorizadas e burocratizadas. As importantes decisões sobre a política têm passado ao largo dos conselhos e conferências, centralizando-se nos gabinetes de gestores e no poder legislativo, quase sempre ignorando completamente as deliberações daqueles.

Princípios/ diretrizes organizativas	SUS histórico	SUS materializado
Financiamento	"Financiamento solidário entre as três esferas de governo, conforme o tamanho da população, suas necessidades epidemiológicas e a organização das ações e serviços."******	Subfinanciamento e maior responsabilização do nível municipal
Gestão	Gestão pública, com controle social público e orientada pelos princípios e diretrizes públicos.	Gestão através de organizações sociais ou fundações estatais de direito privado, sem controle social e orientada pelas diretrizes e princípios do mercado.

* Lei n. 8.080/1990, art. 7.
** Lei n. 8.080/90, art. 7º, § II.
*** Programa de Agentes Comunitários de Saúde.
**** Estratégia Saúde da Família ou simplesmente Saúde da Família (SF).
***** Lei n. 8.080/90, art. 7º, § IX.
****** Rezende, 2008, p. 31.
Fonte: Pesquisa Contrarreforma na Política de Saúde (Soares, 2008).

Pode-se afirmar que a racionalidade da contrarreforma na política de saúde atualmente estrutura-se em três eixos centrais que se complementam: 1) Saúde e Desenvolvimento; 2) Redefinição do Público Estatal; 3) "Novos" Modelos de Gestão e Instrumentos de Gestão.

O primeiro deles, *Saúde e Desenvolvimento*, situa a política de saúde no Estado e na sociedade civil, muito bem expresso no PAC da Saúde: a saúde é tanto um direito quanto uma área objeto de investimento público e/ou privado lucrativo. Essa dupla dimensionalidade da saúde, principalmente nas últimas décadas, possibilita uma maior visibilidade da política como espaço estratégico não só para responder às necessidades e demandas das classes trabalhadoras, mas também, e principalmente, para garantir a maximização da lucratividade do capital.

Devido à sua condição estratégica, a saúde é considerada imprescindível para o atual modelo de desenvolvimento do Estado brasileiro. A questão que se coloca é: qual modelo de desenvolvimento?

SAÚDE, SERVIÇO SOCIAL, MOVIMENTOS SOCIAIS E CONSELHOS

[...] abre-se um novo ciclo ideológico do desenvolvimento que tem como objetivo recompor as promessas burguesas através da criação de novas políticas de intervenção estatal que unam incremento na acumulação capitalista com desenvolvimento social. (Maranhão, 2009, p. 351)

A política de saúde, dessa forma, compõe esse modelo de desenvolvimento, seja estimulando o financiamento da indústria nacional (produtores públicos e privados), seja criando as condições para a expansão da saúde suplementar, seja possibilitando que na própria expansão do SUS esteja garantida também a ampliação do mercado privado, através das diversas modalidades de Parceria Público-Privado (PPP), tão características do PAC. As PPP's constituem-se uma estratégia mundial de maximização do capital implementada por diversos Estados, em meio às tendências de supercapitalização.

Para qualificar melhor essa parceria no âmbito da saúde e de outras políticas sociais, foi instituído um movimento de *Redefinição do Público Estatal;* mas, desta vez com uma particularidade, o movimento foi incorporado e engendrado pelo próprio Ministério da Saúde,[10] em parceria com o Ministério do Planejamento, quando propôs o Projeto de Lei das Fundações Estatais de Direito Privado.

De fato, pela primeira vez, o Ministério da Saúde tenta instituir legalmente e generalizar um modelo de organização para gerir as unidades de saúde. Como já afirmamos, desta vez, os autores da proposta afirmam-se defensores da reforma sanitária e esforçam-se por redefinir a concepção de público estatal como forma de estabelecer o consenso e conseguir a adesão dos diversos segmentos do movimento social da saúde e afins.

---

10. Na verdade, desde os anos 1990, principalmente a partir do governo FHC, o processo de contrarreforma na saúde vinha acontecendo, como afirmamos anteriormente, por dentro do sistema, pela propagação de diversas experiências a nível local. No interior do Ministério da Saúde, até então, conviviam grupos que defendiam a gestão por fundação de apoio privada, por organizações sociais, pela gestão pública etc. A política ministerial caracterizava-se por deixar correr e estimular, estrategicamente, essas inúmeras modalidades em experimentações em vários estados e municípios (Machado, 1999).

Para isso, opera-se um feito digno de ilusionismo: cria-se uma entidade que afirma-se ser meio pública e meio privada, aglutinando os interesses do espaço público e a eficácia e agilidade da lógica privada. No entanto, esta criação é ideal, ou ideológica. No concreto, na materialidade do real, é impossível tal constituição, tendo em vista que ao dispor de instrumentos da lógica privada na gestão, tal entidade constitui-se um ente privado.

Um das estratégias utilizadas é a de *desvalorização da gestão pública tradicional,* associando as suas formas de controle à rigidez e à burocracia incompatível com as demandas atuais e os novos padrões tecnológicos e organizacionais. Nesse sentido, as fundações públicas de direito privado surgem como alternativa de *modernização do SUS e profissionalização da gestão pública,* compatibilizando-se o público com esses novos padrões.

Essa proposta traz para dentro do espaço público a lógica privada. Não que o espaço da saúde pública já não fosse perpassado por essa lógica, porém, com esse projeto, o privado adentra a saúde pública de forma institucionalizada no âmbito da gestão, sob a forma de uma *racionalidade empresarial* e seus instrumentos administrativo-gerenciais, como a *contratualização por metas.*

Para além da institucionalização legal em âmbito nacional, tal projeto expressa elementos, conteúdos, estratégias e mecanismos da racionalidade hegemônica no SUS hoje. Nesse sentido, é importante observar que mesmo que não tomem a forma institucional de fundações estatais de direito privado, a concepção de gestão hegemônica hoje na política de saúde está estruturada nesses elementos, configurados nos *"Novos" Modelos e Instrumentos de Gestão,* que podem ser encontrados tanto no interior da gestão pública quanto nas unidades e instituições geridas por fundações, organizações sociais e até mesmo serviços privados conveniados ao sistema.

Muitas das diretrizes e seus fundamentos destacados nos documentos do governo Lula citados anteriormente estão presentes na política de saúde desde os anos 1990 e ganharam maior aprofundamento e organicidade na atual gestão, conferindo particularidades ao momento atual.

É importante ressaltar o significado e preponderância que a *pactuação* vem adquirindo na política de saúde brasileira. Com a NOB 93, institucionaliza-se a negociação entre gestores e sua *pactuação* em torno da operacionalização do sistema nas comissões intergestores tripartite e bipartite. Mas é no Pacto pela Saúde que a *pactuação* ganha em qualidade e organicidade: primeiro, porque o Pacto se propõe a integrar todas as pactuações existentes; segundo, adensa qualitativamente o conteúdo da *pactuação* ao relacioná-la à *adesão cooperativa* e *solidária* e ao comprometimento via termo de compromisso e contrato de gestão, no lugar das formas anteriores de habilitação; terceiro, agrega à pactuação, instrumentos organizacionais e administrativos compatíveis com as demandas do capitalismo contemporâneo; e, finalmente, porque a pactuação e sua metodologia do consenso tornaram-se centrais na política de saúde atual.

Há, dessa forma, uma perda contínua de poder deliberativo dos conselhos de saúde, que são espaços de participação social assegurados na Constituição e nas leis orgânicas. Além disso, cada vez mais as mudanças e "inovações" importantes que ocorrem no sistema são relacionadas a questões de âmbito operacional e, portanto, tendo como lócus privilegiado de decisão consensualizada as Comissões Intergestores.

Assim, estabelecer como prioridade ou exclusividade da gestão na saúde a *pactuação* e o *consenso* expressa bem a tendência mundial de *repolitização* das relações sociais e suas particularidades na política de saúde. A *repolitização* aparece inclusive como importante diretriz do Pacto em Defesa do SUS, na perspectiva da defesa da Reforma Sanitária e no estímulo à articulação/interlocução com os movimentos sociais.

Sendo assim, há uma ênfase na *repolitização* e, de acordo com essa concepção, a participação seria a via de acesso para o consenso e, neste sentido, está referida ao colaboracionismo e adesão à racionalidade hegemônica.

Podemos, a partir desses eixos e diretrizes, identificar as principais tendências objetivas que a racionalidade da contrarreforma engendra no SUS e que têm impactos importantes para as práticas em saúde:

- *Tecnificação da saúde* — Caracterizada pelo investimento em novas tecnologias no sistema, inclusive tecnologias de gestão, isto é, além da aquisição de equipamentos mais avançados, a incorporação no SUS de inovações no espaço da gestão, como as pactuações, a contratualização, metas, planejamento e programação das ações em saúde, gestão por fundação ou organização social etc.;

- *Ampliação restrita* — O sistema vem expandindo suas ações desde sua criação, em 1988, mas sempre de forma focalizada, fragmentada e precarizada, sem conseguir atender a universalidade das demandas. Este crescimento se dá por pressão da própria demanda, que tem sido continuadamente maior do que a estrutura e a capacidade da rede de serviços. A expansão limitada dos serviços tem relação direta com os limites orçamentários da política: o processo contínuo de subfinanciamento do sistema tem se agravado com preocupantes perspectivas;

- *Ênfase na assistência precarizada, focalizada e emergencial* — configurada na presença de práticas tradicionais em saúde centradas no indivíduo, de caráter curativo e com um conteúdo emergencial, focalizada nos grupos e segmentos mais pauperizados das classes trabalhadoras. Esta tendência expressa-se sob diversas formas, mas principalmente na incapacidade crônica do sistema de atender à demanda. Esta incapacidade não diz respeito apenas à estrutura física da rede, mas também à escassez de recursos humanos, o que determina, em última instância, que o conteúdo de muitas práticas sociais na saúde seja assistencial e emergencial. Nesse sentido, as ações e práticas sociais relacionadas a uma maior reflexão, informação, socialização de conhecimento com os usuários do sistema, como é o caso da educação em saúde, da mobilização e politização em torno do direito à saúde, tornam-se cada vez mais escassas. Esta tendência reproduz velhos elementos do sistema de saúde brasileiro. No entanto, ela atende hoje interesses bem atuais, do grande capital nacional e internacional, e também integra as recomendações e orientações do Banco Mundial sobre a política de saúde e o conjunto global de respostas do grande capital internacional. Esta tendência, em verdade, denuncia o conteúdo fragmentário e os limites não só da política de saúde, mas das políticas sociais no atual estágio capitalista, fundadas na lógica neoliberal. O espaço das ações assistenciais em saúde constitui-se no grande núcleo para onde todas as contradições do SUS e grande parte das contradições da estrutura social brasileira convergem, configuradas na forma de agravos, desgastes e doenças propriamente. Toda essa demanda pressiona, dessa forma, o sistema que, por sua vez, as atende emergencialmente;

- *Privatização e mercantilização da saúde pública* — incide sobre esta tendência principalmente o mecanismo de *mercantilização da vida e lógica destrutiva*; configura-se de diversas formas no sistema, mas nos últimos anos principalmente através da contratação de serviços privados ou entidades jurídicas (organizações sociais, fundações etc.) para gerir as unidades, acessando diretamente o recurso público; o que é, certamente, um negócio com alta margem de segurança e sem riscos, pois o Estado garante a lucratividade. Porém, a interiorização da lógica privada e seus interesses na saúde pública ocorre também através dos inúmeros convênios — em geral, nas áreas mais lucrativas para o mercado — no estímulo à aquisição de equipamentos e medicamentos de última geração tecnológica, no incentivo ao crescimento do mercado privado de serviços de saúde através da precarização da política, da isenção de impostos, do surgimento de organizações não governamentais dentro das unidades de saúde etc.;

- *Precarização e superexploração do trabalho na saúde pública* — com as novas formas de gestão, seus instrumentos de contratação por metas, a pactuação, as novas entidades jurídicas, a proliferação dos contratos temporários de trabalho e dos trabalhadores contratados no regime da Consolidação das Leis Trabalhistas (CLT), a grande demanda pelos serviços e um sistema de saúde que não tem estrutura suficiente para atendê-la, tendem a acentuar a precarização do trabalho e intensificar ainda mais a sua exploração. A *racionalidade empresarial produtivista* que vem sendo incorporada no âmbito da gestão do SUS evidencia que a eficiência e a eficácia das novas modalidades de gestão estão fundadas no maior controle e intensificação do ritmo de trabalho no sistema, o que agudiza a histórica superexploração dos trabalhadores da saúde;

- *Promoção da Saúde restrita* — os limites históricos da política de saúde, do Estado brasileiro, de nossa estrutura social e das atuais configurações do desenvolvimento capitalista, ao não viabilizar a efetivação de políticas públicas estruturais e universais[11] que promovam condições de vida que incidam diretamente sobre os determinantes sociais, termina possibilitando que, tendencialmente, as políticas de saúde enfatizem as práticas e comportamentos saudáveis, centralizando-se na responsabilização do indivíduo sobre o processo saúde-doença.

Todo esse conjunto de particularidades, estratégias e perspectivas têm repercussão sobre as práticas sociais no interior do SUS e engendram um conjunto de requisições e demandas que se apresentam no cotidiano profissional com uma importante determinação — posto que estruturam-se no interior do embate de racionalidades na saúde pública e no Estado brasileiro.

---

11. Ressaltamos que as políticas sociais por mais amplas, universais e promotoras de "bem-estar", têm como limite a ordem burguesa desigual. Neste sentido, a sua razão de ser e o seu limite constituem essa relação de desigualdade.

3. Impactos sobre as práticas sociais do Serviço Social na saúde pública

No que se refere ao Serviço Social, as requisições que incidem sobre suas práticas sociais revelam-se tanto na participação nas novas modalidades de gestão ou nos atuais processos de aperfeiçoamento da gestão, no engajamento e na organização de modelos eficientes e eficazes, nos planejamentos, comissões, acompanhamento de convênios, contratos de gestão etc., quanto também nas ações emergenciais, na contenção da demanda, nos plantões, reproduzindo a lógica individualista, curativa e predominantemente assistencial.

Em meio a esse cotidiano da urgência, não há tempo para refletir, no máximo pensar de modo imediato na ação; a lógica institucional impulsiona os profissionais a circunscreverem-se ao imediato, ao pragmático e ao urgente. Aos assistentes sociais da saúde pública inseridos num sistema cuja racionalidade hegemônica pauta-se por essas estratégias e perspectivas — que podem aqui ser considerados como determinações que delimitam e incidem sobre a atuação profissional — o espaço de articulação e intervenção estratégica e crítica fundada numa racionalidade contra-hegemônica fica cada vez mais restrito, dado o peso dessas velhas e novas determinações.

A aparente dualidade entre a política pública precarizada e as eficientes propostas de inovações na gestão do sistema, entre o SUS histórico e o SUS materializado, entre novas e velhas demandas ao Serviço Social, integram um mesmo movimento, uma mesma racionalidade, que têm impactos importantes sobre a população usuária do sistema e sobre as práticas sociais dos trabalhadores da saúde — entre estes, o assistente social.

A lógica pragmática e emergencial tornou-se hegemônica na contemporaneidade. "Trata-se de suscitar permanentemente catástrofes, para em seguida abrandar alguns de seus efeitos mais contundentes, contando, porém (e sobretudo), com a atividade generosa dos próprios sinistrados" (Fontes, 2007, p. 302).

Nessa lógica, são diminuídas as possibilidades de uma reflexão mais aprofundada sobre o real, pois grande parte das respostas têm uma urgência permanente como se estivéssemos diante de uma tragédia eminente — e, de certa forma, estamos: a tragédia da vida, da saúde, da doença e da morte de sujeitos sociais.

> Esta é [...] a lógica do pragmatismo: descartar as considerações sobre as condições gerais que produzem (e reproduzem) os naufrágios e os incêndios, que ficamos obrigados a combater a cada segundo, ficando assoberbados, pois mal acabamos um e já estamos no combate ao naufrágio ou ao incêndio seguinte. Estamos apagando o incêndio com jatos que, parecendo amenizar a situação imediata, despejam lança-chamas para todos os lados. (Idem, p. 33)

As respostas a estas situações apresentadas como emergenciais, se não forem refletidas mais profundamente, se não buscarem ultrapassar o imediatismo, tendem a reproduzir a racionalidade hegemônica e, mesmo que do ponto de vista objetivo e pontual atuem sobre o problema em si, em vez de revelar, mascara, e, ao contrário de mobilizar usuários e profissionais em torno do direito à saúde, passiviza.

Todas essas diretrizes, fundamentos e tendências repercutem nas práticas sociais de saúde no SUS e incidem sobre o assistente social, desde o lugar que esse profissional ocupa no sistema até as demandas profissionais que lhe são postas.

Tais demandas têm se caracterizado predominantemente pela natureza assistencial/emergencial. As demais naturezas de demandas (gestão, assessoria, socioeducativas, mobilização e politização etc.) vêm tendo uma importância menor na prática social do assistente social. Mas são fundamentalmente estas últimas que têm um escopo maior de possibilidades estratégicas na perspectiva da democratização da política e do direito à saúde, de mobilização, socialização de informações.

Para enfrentar estes grandes desafios postos são imprescindíveis as estratégias de debate e enfrentamento coletivo, a articulação com outros profissionais e categorias, a reflexão crítica e aprofundada sobre a realidade, o planejamento, a articulação com os movimentos sociais, e a ocupação dos espaços relacionados às demais demandas, socioeducativas, de gestão etc., na perspectiva da defesa dos interesses da classe trabalhadora.

Referências bibliográficas

BAHIA, Lígia. A démarche do privado e do público no sistema de atenção à saúde no Brasil em tempos de democracia e ajuste fiscal, 1988-2008. In: MATTA, G.; LIMA, J. (Orgs.). *Estado, sociedade e formação profissional em saúde*: contradições e desafios em 20 anos de SUS. Rio de Janeiro: Fiocruz, 2008.

BANCO MUNDIAL. *Relatório Brasil*: governança no Sistema Único de Saúde (SUS) brasileiro — fortalecendo a qualidade dos investimentos públicos e da gestão de recursos. Banco Mundial, 2007.

BEHRING, Elaine R. *Brasil em contrarreforma*: desestruturação do estado e perda de direitos. São Paulo: Cortez, 2003.

_____; BOSCHETTI, Ivanete. *Política social*: fundamentos e história. São Paulo: Cortez, 2006.

BRAGA, Ruy. *A restauração do capital*: um estudo sobre a crise contemporânea. São Paulo: Xamã, 1996.

BRASIL. *Plano Mais Saúde*: direito de todos 2008-2011. Brasília: Ministério da Saúde, 2007.

_____. *Leis Orgânicas da Saúde* (Lei n. 8.080/90 e Lei n. 8.142/90). Brasília: Ministério da Saúde, 1990.

BRAVO, Maria Inês Souza. Política de saúde no Brasil. In: MOTA, A. E. et al. (Orgs.). *Serviço social e saúde*: formação e trabalho profissional. São Paulo: Cortez, 2006.

FONTES, Virgínia. Equidade, ética e direito à saúde: desafios à saúde coletiva na mundialização. In: ESCOLA POLITÉCNICA DE SAÚDE JOAQUIM VENÂNCIO (Org.). *Estudos de politécnica e saúde*. Rio de Janeiro: EPSJV, 2007. v. 2.

GRANEMANN, Sara. Fundações estatais: projeto de estado do capital. In: BRAVO, Maria et al. (Org.). *Política de saúde na atual conjuntura*: modelos de gestão e agenda para a saúde. Rio de Janeiro, Adufrj, 2008.

MACHADO, Kátia. Novidade no SUS: Unidades de Pronto Atendimento. In: *Radis*, Rio de Janeiro, Fiocruz, n. 83, jul. 1999.

MANDEL, Ernest. *O capitalismo tardio*. 2. ed. São Paulo: Nova Cultural, 1985.

MARANHÃO, C. *O "novo" ciclo ideológico do desenvolvimento*: a reconstrução do projeto político burguês e as estratégias de desenvolvimento econômico e social no Brasil. 2009. Tese (Doutorado em Serviço Social) — Programa de Pós-Graduação em Serviço Social, Universidade Federal de Pernambuco, Recife, 2009.

PEREIRA, Bresser. *Reforma do Estado para a cidadania: a reforma gerencial brasileira na perspectiva internacional*. São Paulo/Brasília: Editora 34/Enap, 1998.

REZENDE, Conceição. O modelo de gestão do SUS e as ameaças do projeto neoliberal. In: BRAVO, Maria et al. (Org.). *Política de Saúde na atual conjuntura*: modelos de gestão e agenda para a saúde. Rio de Janeiro, Adufrj, 2008.

RIZZOTTO, M. Lúcia F. *O Banco Mundial e as políticas de saúde nos anos 90*. Tese (Doutorado) — Unicamp, Campinas, 2000. (Mimeo.)

SOARES, Raquel. A contrarreforma do Estado e o endividamento externo. In: UCHOA, Roberta; VIEIRA, Ana Cristina. *Em discussão*: desenvolvimento social na economia globalizada. Recife: Ed. Universitária da UFPE, 2007.

TEIXEIRA, S. As ciências sociais em saúde no Brasil. In: NUNES, E. D. (Org.). *As ciências sociais em saúde na América Latina*: tendências e perspectivas. Brasília: OPAS, 1989.

TEIXEIRA, S. F. Reflexões Teóricas sobre democracia e reforma sanitária. In: _____ (Org.). *Reforma sanitária em busca de uma teoria*. São Paulo: Cortez, 1989.

PARTE II

Movimentos sociais e saúde

4

Mudanças no perfil das lutas de classes e modismos conceituais:

o tormento de Sísifo das ciências sociais

Marcelo Braz

Introdução

Um espectro ronda as Ciências Sociais: o espectro das lutas de classes. Os cientistas sociais tentam, em vão, se afastar do espectro, encobrindo-o, velando-o com conceitos sofisticados, mas ele insiste em reaparecer a cada época, assumindo formas muitas vezes assustadoras, inomináveis. Desde quando o proletariado tomou as rédeas de seu destino e, por seu turno, a burguesia tratou de se defender, o pensamento social que ela forjou jamais voltaria a ser revelador da verdade. Incapacitada a dar respostas aos "problemas" criados pela dinâmica da própria ordem capitalista, a burguesia mergulhou num mar profundamente mistificador do qual não mais saiu. Desde então, desde meados do século XIX, o pensamento burguês regrediu a formas conservadoras de todo tipo, sobretudo quando se trata de analisar os acontecimentos que ameaçam as estruturas capitalistas. Assim é quando se estudam as "lutas sociais" (termo genérico que amaina outro menos sutil: lutas de classes), quando cientistas sociais especializam-se em assuntos os mais diversos a fim de conhecer aspectos particulares da vida social.

O leitor verá que, num período específico demarcado nesse texto, quanto criativos foram os conceitos elaborados pelas Ciências Sociais. E verá, também, como variaram os termos e as expressões que se cambiavam ao sabor de cada mudança de conjuntura, ao gosto de cada analista. Mudava a conjuntura, mudavam as conceituações. À medida em que estas avançavam, a dinâmica da realidade as absorvia e voltava-se ao início do mesmo processo, lembrando a busca interminável de Sísifo.

Não há capitalismo sem lutas de classes. Seus personagens principais são os mesmos que inauguraram a *moderna luta de classes* que o jovem Marx já identificava na *Miséria da filosofia* entre 1846-47 e que surgia como a mola propulsora das contradições que dinamizam a ordem do capital no texto do *Manifesto do Partido Comunista*, no ano (1848) a partir do qual os trabalhadores assumem um nível de consciência de classe inédito. A burguesia e o proletariado são os seus protagonistas, acompanhados de outros personagens que entram em cena em circunstâncias específicas, historicamente marcadas. Entretanto, nem todos que analisam essa trama estão interessados em lançar luzes sobre o aspecto central que a move. Por insuficiência teórica ou por razões puramente ideológicas, teimam em deslocar o papel principal para coadjuvantes, variando-os ao sabor das conjunturas diversas. Em ambos os casos, o resultado é o mesmo: a abstração das lutas de classes que mistifica a realidade e leva a conclusões ao gosto de cada analista.

Nesse texto, analiso uma das variantes da mistificação: o debate teórico acerca dos chamados movimentos sociais nas últimas décadas do século passado, nos países desenvolvidos e aqui no Brasil que, pouco a pouco, incorporou boa parte das tendências teóricas predominantes. Penso que tal balanço pode ajudar a problematizar a relação do Serviço Social com o universo complexo de lutas de classes que envolvem o campo da saúde, o foco deste livro.

O leitor verá no texto uma exposição de problemas dividida em *quatro partes*: começo por levantar, sucintamente, os *fatores determinantes para a emergência do debate acerca dos chamados "novos movimentos sociais"* que foi bastante significativo *entre os anos 1960-1980*; depois, o leitor se deparará com *apontamentos que problematizam os principais teóricos desse debate*; na sequência, ler-se-á uma síntese que preparei do *debate no Brasil*, suas fases e seus intérpretes mais destacados; por fim, à guisa de conclusão, exponho de modo mais aberto algumas *críticas aos modismos conceituais*, bem como apresento sua atualização, valendo-me de expoentes da tradição marxista e tecendo breves considerações acerca do sujeito revolucionário e do problema do partido na contemporaneidade.

O estudo da temática dos movimentos sociais no interior das Ciências Sociais obteve maior fôlego nos anos 1960 na Europa e nos Estados Unidos com os acontecimentos sócio-históricos oriundos das contradições do desenvolvimento do capitalismo nos países daquelas regiões. Na América Latina e, particularmente, no Brasil temos uma repercussão tardia dos processos mais contemporâneos do capitalismo, determinada pelas próprias peculiaridades das formações nacionais específicas, marcadas por um capitalismo do tipo periférico.

De origens, na maioria das vezes, franco-espanholas, avolumaram-se estudos que procuravam compreender as novas problemáticas sociais e as novas expressões organizativas da chamada sociedade civil[1] desenvolvida. Mais do que novos conceitos, novas teorias ou

---

1. Usarei a noção de "sociedade civil" predominante entre os autores que examino, o que não significa, evidentemente, que concorde com ela. Portanto, a referência à sociedade civil, que a partir daqui não aparecerá mais entre aspas, *não* diz respeito às perspectivas trabalhadas na tradição marxista. Sabe-se que nessa tradição duas se destacam: a marxiana, que se refere à própria sociedade burguesa, expressão das relações materiais da estrutura; e a gramsciana, que supõe os diversos aparelhos privados de hegemonia, expressão das relações ideológicas e políticas da superestrutura. A de Gramsci desenvolve-se nos *Cadernos do cárcere*. A de Marx aparece inicialmente em *A questão judaica*. Carlos Nelson Coutinho as problematizou brilhantemente em diversos textos (veja especialmente os capítulos 4 e 5 do seu trabalho denominado *Gramsci*: um estudo sobre seu pensamento político. 2. ed. Rio de Janeiro: Campus, 1992). O debate que sintetizo aqui vincula-se àquele próprio das Ciências Sociais, especificamente ao que se relaciona à filosofia política contemporânea que, a despeito das diversas acepções e correntes que as

novas denominações, vivenciava-se, sobretudo nos países de capitalismo avançado, um momento histórico de ápice de uma fase do capital particularizada pelo expansionismo com ancoragens nas altas taxas de crescimento impulsionadas pela manutenção das, também altas, taxas de lucros. Convergia com esse quadro a eminência contraditória de uma crise, tipicamente cíclica, expressa pela concomitância de uma superprodução com uma tendência ao subconsumo. Aliava-se a este panorama, ainda, uma efervescência político-ideológica (com desdobramentos militares) parametrada pela chamada "Guerra Fria", protagonizada por EUA e URSS.

Portanto, mais do que uma nova intelectualidade portadora de novas chaves conceituais para entender o real, o que tínhamos, na verdade, eram novos fenômenos repostos pela dinâmica do momento histórico particular supracitado. As "novas teorias" e os "novos conceitos" atribuídos aos movimentos sociais[2] serão problematizados a partir dos fundamentos históricos que permitem apreendê-los, numa crítica a tendências epistemologizantes, presentes inclusive entre autores considerados "marxistas". Do mesmo modo, os chamados "novos movimentos sociais", sua emergência, seus estudos, suas polêmicas e,

---

particularizam, concebe a expressão a partir de sua identificação com o universo dos sujeitos coletivos que se organizam por interesses sociais específicos presentes na sociedade capitalista. Norberto Bobbio assim sintetiza a acepção contemporânea mais corrente: "Sociedade civil é representada como o terreno dos conflitos econômicos, ideológicos, sociais e religiosos que o Estado tem a seu cargo resolver, intervindo como mediador ou suprimindo-os; [...] como o campo das várias formas de mobilização, de associação e de mobilização das forças sociais que impelem à conquista do poder político" (In: BOBBIO, N.; MATTEUCCI, N.; PASQUINO, G. *Dicionário de política*. 12. ed. Brasília/São Paulo: Ed. UnB/Imprensa Oficial-SP, 2002).

2. "Movimentos Sociais" aqui expressam as diversas lutas sociais engendradas no terreno histórico da luta de classes. São desdobramentos das "relações sociais objetivas e subjetivas, determinadas pelas relações entre estrutura e superestrutura no movimento real da totalidade social concreta de um determinado período histórico". (Lopes, 1999, p. 9). Lopes dá essa denominação à categoria "movimento social". O seu plural ("movimentos sociais") indicaria as diversas manifestações (estruturais ou conjunturais) do "movimento social" da sociedade de classes. Esta advertência faz-se necessária por conta do uso diferenciado da categoria no âmbito das Ciências Sociais, que, a partir dos anos 1970, opunha movimentos tradicionais (basicamente operário-sindical) aos movimentos emergentes que foram denominados, dentre outros "conceitos", de "novos movimentos sociais". Doimo descobriu a existência de mais de uma dezena de "novos conceitos" para um mesmo fenômeno (Doimo, 1995, p. 38).

SAÚDE, SERVIÇO SOCIAL, MOVIMENTOS SOCIAIS E CONSELHOS

particularmente para nós, seus principais balanços teóricos serão investigados à luz da processualidade histórica que os informa, na intenção de apresentarmos um balanço crítico dos debates teóricos registrados em torno do fenômeno.

1. Fatores determinantes para o "novo" nos movimentos sociais[3]

O estudo acerca dos novos movimentos sociais no Brasil desencadeou intensos debates, oriundos de inspirações teóricas divergentes. Um dos divisores de água do debate refere-se à localização dos *fatores determinantes de emergência dos novos movimentos sociais*. Ou seja, não houve grandes consensos em torno dos fatores que proporcionaram o "novo" nos movimentos sociais. Por outro lado, mesmo com posições divergentes que buscavam identificar o "novo" nos movimentos sociais, podemos apontar *eixos convergentes* de análise no que tange à *caracterização mais geral dos novos movimentos sociais*[4].

Dentre os variados elementos de ordem política, econômica ou ideocultural marcantes na emergência dos novos movimentos sociais, destacaria três deles, pois que se apresentam como fatores determinantes de condensação do conjunto de questões que proporcionaram o "novo" nos movimentos sociais. Ou seja, propiciaram o florescimento de características novas dos/nos movimentos sociais, bastante diferenciadas das então conhecidas, ao ponto de se deflagrar a ideia de que essas novas características configuravam, na verdade, a existência concreta dos chamados "novos" movimentos sociais. São elas: as manifestações da contracultura; a crítica às consequências do desenvolvimento do capitalismo nos países avançados, principalmente a críti-

---

3. Desse item até o 5 recupero, com substanciais alterações, artigo que publiquei na revista *Serviço Social e Movimento Social* (São Luis: Ed. UFMA; v. I, n. 2; 2000), intitulado "O debate teórico acerca dos novos movimentos sociais no Brasil: um balanço crítico".

4. Passarei a não mais utilizar aspas para a denominação dos novos movimentos sociais. A utilização inicial deveu-se à caracterização conceitual típica do debate inaugurado em fins dos anos 1960.

ca ao consumismo e ao individualismo; a crítica aos métodos da chamada "esquerda tradicional", identificada no marxismo-leninismo.

Os novos movimentos sociais como portadores de características inovadoras que os diferenciam dos movimentos sociais mais clássicos (principalmente aqueles vinculados ao universo operário-sindical ou camponês), não podem ser compreendidos sem a voga da contracultura que se espraiou na Europa ocidental e nos Estados Unidos. A partir dos anos 1960, marcadamente no final desta década, é que observamos um quadro de intensa efervescência social e cultural que sacudiu as estruturas do poder naquelas regiões. O emblema maior destas mobilizações na sociedade civil é reconhecido no chamado Maio de 68,[5] na França. Destaque-se também a luta por direitos civis e a luta dos negros nos Estados Unidos, os movimentos de caráter pacifista como as manifestações contra a intervenção norte-americana no Vietnã, a chamada "revolução sexual" e os movimentos feministas.

Espalharam-se movimentações na sociedade civil que tinham como característica principal a extrapolação dos *loci* fabril e/ou camponês. Portavam conteúdos ideoculturais de novo tipo que abriram espaços e *preocupações políticas novas*, tais como: a solidariedade aos países terceiro-mundistas (do que resultou o chamado "terceiromundismo"), a preocupação ambiental, os movimentos ecopacifistas, comunidades *hippies*, grupos sociais e segmentos marginalizados no processo do desenvolvimento capitalista ou, ainda, grupos sociais vítimas de algum tipo de segregação, configurando-se minorias socioculturais.

Caracterizavam-se enquanto portadores do ideário da contracultura, por um *posicionamento político de dupla recusa*: tanto do capitalismo quanto do comunismo. Ao mesmo tempo, pode-se dizer que esses movimentos novos rejeitavam tanto as expressões teóricas do liberalis-

---

5. Para uma aproximação ao significado do Maio de 68, vale conferir o artigo de Emir Sader — "30 anos depois das barricadas do desejo" (*Revista Inscrita*, Rio de Janeiro, CFESS, ano I, n. 2, maio 1998). Desdobramentos teóricos do evento podem ser vistos no artigo "O Marcuse de 'Contrarrevolução e revolta: crítica da 'nova esquerda'" (BRAZ, M. In: *Praia Vermelha*, PPGSS-ESS/UFRJ, v. 18, n. 2).

SAÚDE, SERVIÇO SOCIAL, MOVIMENTOS SOCIAIS E CONSELHOS

mo quanto as do marxismo (principalmente, como uma rejeição a Marx, Engels e Lênin, sobretudo este último). O questionamento quanto ao potencial transformador desses movimentos esbarrava na indefinição quanto aos caminhos para a transformação social. O "terceiro caminho" que defendiam, entre o capitalismo e o socialismo, não evidenciava os meios e as formas para a mudança social mais abrangente.

Segundo Scherer-Warren (1987, p. 29), a emergência dos novos movimentos sociais relaciona-se à criação de um outro tipo de "utopianismo" ainda nos anos 1960, situado em valores culturais que questionavam tanto o modelo industrializante das sociedades capitalistas quando a "falta de democracia política" no chamado "socialismo real". Expressam um inconformismo com os rumos das lutas pela emancipação humana, frustrados com os resultados dos modelos societários vigentes no panorama mundial. Havia a perspectiva de ruptura com os valores capitalistas — fundamentalmente o consumismo e o individualismo — e, também, com os valores herdados do chamado "socialismo real" (supostamente, burocratismo e centralismo). Apostou-se numa prática política que valorizasse o cotidiano, o dia a dia, o "aqui e agora". As lutas sociais microscópicas são valorizadas através das experiências diversas vivenciadas pelos variados grupos sociais que se constituíam sujeitos coletivos. Aflora, com isso, a importância da dimensão subjetiva dos sujeitos, reivindicando o entendimento da subjetividade como reconhecimento da autonomia dos interesses variados presentes na sociedade civil e de seus respectivos grupos sociais. Assim, deflagrou-se a concepção de política voltada para o cotidiano, para a prática diária de cada sujeito, em que cada um "revolucione sua vida cotidiana", seu aqui e agora. Projetou-se aqui um "modelo de sociedade cuja pedra angular é a subjetividade, a eliminação da alienação e a autorrealização, começando pelo cotidiano [...] em contraste com as concepções cuja visão principal de sociedade se remete [...] a um futuro distante" (Karnen. In: Scherer-Warren e Krischke, 1987, p. 32).

As lutas sociais assumem, então, o caráter de "utopia concreta" no sentido de uma "revolução no cotidiano", onde havia a projeção de uma "nova cultura política de base em detrimento da cultura" (Scherer-Warren. In: Scherer-Warren e Krischke, 1987, p. 32) constituída nos movimentos sociais "tradicionais", expressão típica da sociedade urbano-industrial.

Com isso, há uma nova percepção da sociedade civil em que os diversos grupos sociais interagem e forjam lutas sociais por fora do Estado (e das instituições) e contra ele. Assim, novas formas de participação foram valorizadas, a partir de três aspectos principais:

- reconhecimento da existência de dimensões da vida social que escapavam ao controle do Estado (isto foi fundamental, inclusive, para as interpretações teóricas posteriores);
- a defesa da capacidade auto-organizativa dos trabalhadores que funcionaria como alternativa aos sindicatos e aos partidos "tradicionais";
- o entendimento dessas "novas formas de participação" como elementos portadores do futuro (Telles. In: Scherer-Warren e Krischke, 1987, p. 59).

Os diversos autores convergiam justamente nesses aspectos dos novos movimentos sociais. Para alguns, havia a possibilidade de uma revitalização democrática da sociedade capitalista ou, ainda, a possibilidade da construção de uma nova hegemonia que apontasse para sua democratização substantiva. Tudo isso, acreditava-se, regido por princípios de democracia de base e de participação igualitária de todos.

Dessa forma, as percepções apontavam para a "descoberta" da *sociedade civil como lugar de política prioritário*,[6] indicando uma perspectiva que pensava os sujeitos políticos constituídos para além da relação

---

6. Num primeiro momento do debate, como poderemos ver mais adiante, esse entendimento criou uma espécie de endeusamento da sociedade civil entre os teóricos dos novos movimentos sociais. Não parece difícil supor que este ideário tão utilizado pela chamada "nova esquerda" "caía como uma luva" nas expectativas dos governos neoliberais, que utilizam o argumento do fortalecimento da sociedade civil como recurso à minimização do Estado. Curioso observarmos a participação de alguns dos principais teóricos dos novos movimentos sociais nos dois governos de FHC, dentre eles: Eunice Duhram, José Álvaro Moisés e Ruth Cardoso.

classe-partido-Estado. Isto abriu caminhos também para uma problematização da oposição tradicional entre mundo público e mundo privado ou entre mundo do trabalho e "mundo do não trabalho". Procurou-se ultrapassar a compreensão de luta política e das práticas de resistências limitadas ao espaço da fábrica, à dinâmica sindical ou partidária.

Assim é que podemos identificar dois componentes centrais que aparecem como denominadores comuns do debate teórico: a ideia de que há *um deslocamento das lutas sociais da esfera da produção para a esfera da reprodução*, compreendendo aí a esfera do consumo coletivo; e a *ênfase na esfera do "político"*.

Entre estes dois aspectos é que se acham condensadas as concepções dominantes e, na maioria das vezes convergentes, do debate teórico acerca dos novos movimentos sociais no Brasil, a partir fundamentalmente dos balanços teóricos realizados.

2. As diferenças entre os principais intérpretes

Manuel Castells, Jean Lojkine e Alain Touraine foram os três teóricos mais importantes do debate sobre os novos movimentos sociais, sobretudo pela recorrência dos estudiosos brasileiros às suas ideias.

Para Castells (1980), os movimentos citadinos desenvolvem-se, fundamentalmente, pelas "contradições urbanas". Ou seja, para ele são os conflitos políticos urbanos que determinam a gestão dos meios coletivos de consumo, o conteúdo de classe das políticas públicas e o próprio sistema urbano. Os movimentos sociais urbanos são entendidos como um sistema de práticas que objetivam a transformação estrutural do sistema urbano, ou uma modificação substancial na correlação de forças da sociedade. Estes movimentos eram valorizados por uma dimensão interclassista e pelo horizonte político potencialmente anticapitalista, uma vez que se difundiu o entendimento de que a crise urbana nas grandes metrópoles tem sua razão de ser numa suposta incapacidade do Estado capitalista no que se refere à produção e gestão dos meios de consumo coletivos necessários à vida social em suas diversas dimensões: saúde, educação, habitação, saneamento, transportes etc.

O autor aponta, então, a existência de três aspectos fundamentais que estruturam os chamados *movimentos sociais urbanos*, que se expressam como traços peculiares que os diferenciariam dos demais movimentos sociais. Tais níveis, segundo Castells, são: a inserção na estrutura de classes sociais, a despeito de se situarem fora do *lócus* fabril; a articulação prioritária com a dinâmica societária intrínseca ao mundo da política; e a relação diferencial, potencialmente transformadora, com as contradições (urbanas) e os diversos conflitos políticos citadinos. São exatamente estes os traços nos quais Castells visualiza o caráter interclassista dos movimentos sociais urbanos, aspecto fundamental para uma (suposta) ampliação das lutas sociais.

Lojkine (1981) desenvolveu suas ideias polemizando, muitas vezes, com Castells, identificando uma tendência de se reproduzirem análises que separam o mundo da produção do universo amplo da reprodução social, donde se localizam os meios e as formas de distribuição e de consumo. Para ele, o contexto socioespacial e os financiamentos públicos dos bens coletivos só podem ser entendidos a partir da lógica monopolista. É nesse espaço que se encontram os movimentos sociais, exatamente no mundo do consumo, no embate constante com a divisão espacial e social das atividades monopolistas e na disputa pela distribuição social dos equipamentos coletivos que são parte do excedente econômico disputado pelos trabalhadores que o produzem. Nas formulações de Lojkine a *esfera do político* é realçada como espaço de formação de contra-hegemonia. A luta de classes aparece tematizada para além da esfera de produção, perpassando toda a sociedade e o aparelho estatal.

Tanto Castells quanto Lojkine procuram articulação entre a esfera do econômico (produção/reprodução dos meios de produção) e a esfera social (o consumo coletivo). Para eles, as análises dos movimentos sociais urbanos não podem se restringir à concepção "tradicional" que vincula os movimentos sociais aos espaços da produção material da riqueza social criada na sociedade capitalista.

Com ideias inovadoras e não tão convergentes com os outros autores, Touraine (1970; 1989) define os movimentos sociais como expressão dos conflitos sociais dos diversos grupos coletivos inseridos em redes sociais simbólicas. Através da noção de "ação social" inserida num "sistema de ação histórica" sustenta algo polêmico: o deslocamento das lutas sociais que passam a ter sua centralidade em nome de coletividades múltiplas que se desenvolvem entremeadas às instâncias econômica, política e ideológica. O caráter universal das lutas sociais se desprende do trabalho, da classe e do proletariado, abrangendo uma miríade de particularidades potencialmente mobilizadoras. A "sociedade pós-industrial ou programada" que analisa é aquela onde há a descentração dos sujeitos coletivos, na qual se prescinde de qualquer antagonismo social determinante. Para além do "conflito" capital/trabalho, tem-se a valorização dos significados simbólicos e da subjetividade pertencentes às diversas coletividades.

Para Touraine, os novos movimentos sociais não têm seu foco de ação na relação capital/trabalho e nem no fim da sociedade de classes. Ele enfatiza a defesa da coletividade contra os aspectos tecnocráticos que envolvem as organizações, evocando princípios como autonomia e autogestão, fundamentalmente frente aos partidos e aos intelectuais. Há no autor um claro apelo à espontaneidade como valor político-organizativo e um rebaixamento do papel do partido político, sugerindo um declínio da mediação partidária no âmbito das lutas sociais. Destaca, ainda, as ações sociais de base em detrimento de níveis sócio-organizativos mais consolidados e desenvolvidos, sobretudo aqueles ligados ao campo da representação política "tradicional", à política institucional e às organizações sindicais e partidárias.

Segundo Touraine, há três elementos fundamentais que aparecem como aspectos que estruturam todo movimento social. São eles: a questão da identidade, que para o autor se refere a formas diversas de "consciência de si", através da qual se adquire consciência da situação do conflito social existente e dos aliados potenciais; a identificação do adversário que permite perceber os níveis de oposição presentes no conflito; a delimitação das lutas sociais ao âmbito de campos específicos de conflitos.

3. O debate no Brasil

Dentre os vários estudos realizados no Brasil, destaquei aqueles que galgaram maior relevo, constatado pelo volume de citações dos textos. As mais influentes obras surgem em balanços do debate teórico realizados pelos estudos de Cardoso (1984, 1994); Scherer-Warren (1987, 1993); Ribeiro (1990); Barreira (1994); Doimo (1995); e Gohn (1997).

Foi a partir da segunda metade da década de 1970 que as formulações teóricas que apresentamos anteriormente repercutiram entre nós. Mais precisamente, nos fins daquela década é que podemos identificar não só o debate inicial, mas, antes dele, o alcance e a intensidade das mobilizações das diversas organizações políticas brasileiras. Ademais dos determinantes sócio-históricos — repercussões entre nós da efervescência política e cultural dos Estados Unidos e da Europa Ocidental; proliferação de movimentos e manifestações por serviços urbanos (moradia, água, saneamento etc.) frutos do aprofundamento das desigualdades sociais resultantes da, aquela altura, década e meia de ditadura —, três traços distinguiram o debate brasileiro,[7] funcionando como

---

7. É importante assinalar que os estudiosos foram influenciados, além das correntes europeias, por autores que consagraram trabalhos voltados à apreensão da formação social brasileira. A teoria da dependência de Fernando Henrique Cardoso e Enzo Falleto (1970) e a teoria da marginalidade de Lúcio Kowarick (1975) dominavam o debate de referência à temática dos movimentos sociais, em que prevaleciam análises sobre os processos de integração e não integração no processo de acumulação capitalista. No entanto, apesar da importância dessas referências, elas não desenvolveram análises que contemplassem o significado *político* das chamadas "populações marginalizadas". Cabe ressaltar, ainda, os estudos críticos sobre a "democracia populista" do período 1945-64; sobre o atrelamento e a tutela estatais sobre os sindicatos; e as críticas às concepções elitistas e autoritárias dos partidos ("jogo populista"; "pactos de classes"). Os autores conhecidos destas polêmicas são: F. Weffort (*O populismo na política brasileira*; 1978) e J. A. Moisés (*Cidade, povo e poder*; 1982), bastante influentes do debate brasileiro acerca dos movimentos sociais.

SAÚDE, SERVIÇO SOCIAL, MOVIMENTOS SOCIAIS E CONSELHOS

elementos que caracterizaram a incorporação das teorias entre os estudiosos que aqui surgiram e como aspectos que os particularizaram: a identificação dos sujeitos coletivos pelas situações de carência em seus diversos níveis sociais; a postura de radical contestação ao Estado repressor/autoritário; e o forte apoio de setores progressistas da Igreja, forjando espaços possíveis de participação e articulação.

O debate teórico no Brasil se dividiu em três fases distintas: uma primeira fase (que compreendeu a segunda metade da década de 1970 e começo da década seguinte), caracterizado por uma espécie de "emergência heroica dos movimentos"; uma segunda fase (meados dos anos 1980), fortemente marcada pela conjuntura de distensão política, levando a um posicionamento predominante de críticas às concepções anteriores que tendiam a romantizar os movimentos sociais; e uma terceira fase (que foi do final dos anos 1980 ao início dos anos 1990) na qual os estudiosos se depararam perplexos diante da abertura política que reconduziu a sociedade brasileira à democracia política, que os obrigava repensar a relação Estado–sociedade. A subdivisão aqui é demarcatória de especificidades teórico-analíticas de cada um dos períodos, muito diferenciados entre eles.

4. As especificidades das três fases do debate brasileiro

A primeira fase do debate teórico que se desdobrou entre a segunda metade da década de 1980 e o início da década seguinte foi marcada por uma incorporação direta e, muitas vezes, mecânica (sem mediações) das teorias europeias, desconsiderando aspectos da formação social e econômica brasileira. Nesta fase, os analistas atribuíam um certo heroísmo aos novos movimentos sociais ao mesmo tempo em que demonizavam o Estado autoritário, tornando-o o adversário principal dos movimentos. Por certo houve, nesse período, o predomínio de uma pobreza ou mesmo uma ausência de análises que pudessem capturar a heterogeneidade constitutiva da sociedade civil. O tom dos trabalhos girava em torno da *ênfase na autonomia dos movimentos sociais* (diante do Estado e dos partidos) e enaltecimento do caráter de protesto e de politização dos problemas urbanos pelos novos movimentos sociais.

Aparece ainda como central nesta fase do debate a *valorização do caráter espontâneo* dos movimentos, com forte apelo às ações que se desdobravam sem a direção ou mediação partidária. Os debates entre os intérpretes polarizavam temáticas que exprimiam claramente tanto o contexto da ditadura (o estreitamento dos espaços de participação política frente ao Estado) quanto os ventos que vinham das novas clivagens sociais da Europa (especialmente os movimentos de natureza sociocultural), e acabavam por expressar-se nas seguintes polarizações: espontaneidade × organização; autonomia × dependência; heterogeneidade social × unidade ideológica; ênfase nos aspectos culturais (identidades) × ênfase nos aspectos políticos (potencial transformador dos movimentos sociais).

O principal expoente dessa fase foi José Álvaro Moisés (*Cidade, povo e poder*, 1982), valendo-se da categoria *movimentos sociais urbanos* com clara inspiração em Castells. Moisés trabalha com a ideia básica de que tais movimentos são impulsionados fundamentalmente pelas "contradições urbanas" engendradas pela dinâmica da acumulação capitalista, por meio da quais vivem uma relação antagônica com o Estado. A maioria dos estudiosos deste período seguiu essa compreensão.

A fase posterior marcou o interregno conjuntural no qual o processo de redemocratização avançava e, junto a ele, avançavam também os debates. Entretanto, os traços daquilo que Florestan Fernandes conceituou como "transição incompleta" se faziam observar na tendência que tomavam os estudos. Se, por um lado, nota-se a postura crítica frente àquelas análises que tratavam o Estado monoliticamente, por outro, pouco se formulou para além dessa postura crítica, uma vez que o novo cenário político do país ainda estava inconcluso, compreendendo aí a conformação dos novos espaços de participação política.

Neste momento, há uma releitura de Castells e Lojkine, fundamentalmente porque passou-se a ter uma maior preocupação com as peculiaridades brasileiras e, consequentemente, atingiu-se um maior entendimento das particularidades de formação histórica nacional. Verifica-se também uma preocupação com as mediações entre Estado–sociedade buscando romper com a visão antagônica predominante anteriormente. Passou a prevalecer, então, uma atenção especial ao poder público, compreendendo-o, ainda que embrionariamente, como espaço de disputa política pela hegemonia. As mudanças conjunturais forçavam esta nova postura. O Brasil vivenciava um processo de redemocratização que, ao reconfigurar o Estado, promoveu novos espaços institucionais de participação e de interlocução Estado/Sociedade, abrindo possibilidades para a ruptura do monopolitismo analítico. Ou seja, a atenção à dimensão institucional surge entre os estudiosos como forma de dar respostas às imposições práticas da realidade mais imediata.

Este "enfoque institucional" tem no texto de Ruth Cardoso (1984) um marco inaugural. Este período apresenta dois momentos não excludentes, porém com diferenças importantes.

Num primeiro, cuja ênfase se deu sobre a dimensão sociocultural dos movimentos sociais, percebia-se uma preocupação com os aspectos endógenos aos movimentos sociais, sob o prisma da valorização de suas *identidades socioculturais*. Os estudos tendem a identificar um deslocamento das lutas de classes para as situações de conflito geradoras de múltiplas coletividades. Foram destacadas aqui as potencialidades dos movimentos dos negros, das mulheres e dos ambientalistas. É evidente a grande influência de Touraine, bem como de Tilmann Evers. Nota-se também influência da chamada "nova filosofia", através de Foucault, Deleuze e Guattary, nutrindo-se dos influxos da geração francesa de 1968.

Os principais autores deste "enfoque culturalista" foram Scherer-Warren, Duhram, Jacobi e Nunes, Telles, Sader.

Num segundo momento, a ênfase recai sobre a dimensão institucional dos movimentos sociais, apostando-se numa nova relação Estado/Sociedade e numa preocupação com as relações travadas com o poder público, já diante de um contexto de restauração da democracia política. Difundiram-se análises que buscavam articular as esferas da cultura e da política, por meio de críticas às análises endógenas dos movimentos sociais. O salto que se deu aqui foi na direção de realçar as lutas sociais travadas em torno dos serviços sociais coletivos (habitação, saúde, transporte etc.), de responsabilidade do Estado. Foram relidos criticamente tanto Castells quanto Lojkine, notando-se ainda a influência do chamado "novo marxismo": Poulantzas, Ingrao, Thompson. Os principais autores brasileiros aqui foram Boschi e Valadares, Gohn, Cardoso.

Por fim, uma terceira fase do debate, no início da década de 1990, foi ambientada pela continuidade do processo de redemocratização da sociedade brasileira que culminou na nova Constituição de 1988, consagrando-se inéditos direitos sociais e novos espaços de participação institucional, especialmente aqueles que foram abertos com a criação de conselhos de direitos e de políticas. As forças sociais de esquerda cresciam e, junto a elas, foi o PT o partido que mais avançou, conquistando prefeituras em importantes capitais, como foram os casos de São Paulo e de Fortaleza. O quadro político apontava para uma crescente institucionalização das lutas sociais, no qual se constatava a abertura de possibilidades de participação democrática "por dentro" das instâncias estatais, criando um espaço novo de diálogo dos movimentos sociais com os governos em todos os níveis.

Ante a esses canais institucionais de novo tipo, e considerando a repulsa que os movimentos sociais nutriram nos anos de cultura autoritária, ou seja, o período foi marcado por uma certa perplexidade, ou até mesmo um imobilismo, frente ao novo cenário sociopolítico. Mesmo se considerarmos a preocupação com a dimensão institucional anotada no período anterior, havia uma relativa "inabilidade" política diante dos novos espaços abertos que colocavam os seguintes desafios, segundo o que se observa nos autores do período: superar a *cultura da resistência* cultivada pelos movimentos sociais para ocupar os espaços de participação na política institucional, criando uma outra cultura política, uma *cultura do tipo propositiva*; buscar capacitação técnica para propor políticas na interlocução com o poder público, com o Estado em suas variadas instâncias; procurar novas relações com partidos políticos e com outros articuladores (Igreja, universidades, ONGs voltadas à prática da assessoria).

Tais desafios colocados aos movimentos sociais acabavam por criar a necessidade de superar as próprias características cultivadas pelos movimentos nas décadas anteriores, enaltecidas, como procurei mostrar, pelos mais importantes intérpretes do debate. Havia o *receio de perder a autonomia*, diante da exigência prática de buscar articulações com vários segmentos da sociedade, provocando um *debate em torno dos riscos de cooptação dos movimentos sociais* por parte de partidos, intelectuais, setores católicos progressistas e do próprio Estado. Por outro lado, a necessidade de se criar uma cultura política de novo tipo, mais propositiva, defrontava-se com o basismo valorizado anteriormente. Ou seja, estava colocado um dilema entre democracia de base e democracia representativa, gerando polêmicas significativas entre os estudiosos e as lideranças políticas.

Esse período teve de enfrentar duas questões de natureza bem distinta, ainda que complementares: por um lado, a *exigência de se criar uma cultura política de proposição* que levasse ao "exercício da cidadania" nos novos espaços democráticos existentes; por outro lado, a *imperiosa necessidade de preservação da autonomia* frente aos riscos da cooptação inerentes ao processo de institucionalização em curso.

Os principais analistas desta fase foram Gohn (1997); Scherer-Warren (1989, 1993); Jacobi (1989, 1990); Doimo (1995) e Ribeiro (1990).

5. Movimentos sociais, novos movimentos sociais, novíssimos movimentos sociais: modismos epistemológicos

É muito comum nas Ciências Sociais a busca de novos conceitos que rotulem os fenômenos incessantemente produzidos pelo movimento do real. A avidez teórica acaba por produzir modismos intelectuais característicos de determinadas épocas. Pudemos verificar no decorrer deste texto que as movimentações sociais engendradas na

Europa Ocidental, nos Estados Unidos e, mais tardiamente, no Brasil foram, por assim dizer, "vítimas" do frenesi, avidez e modismos apontados.

O movimento teórico dos cientistas sociais tratados aqui demonstrou-nos as fragilidades das tentativas de enquadramento do real em sistemas teóricos delimitados por conceitos pré-fixados pelo "sujeito pensante". Desnecessário dizer que muitos destes estudos acabavam por demonstrar apenas *aspectos da aparência dos fenômenos*. Também parece desnecessário dizer que estes mesmos estudos variaram no "grau de profundidade" que apresentaram sobre o mundo das aparências das movimentações sociais aludidas. Em alguns textos há maiores aproximações à dinâmica da realidade, aos seus nexos e fundamentos. No entanto, em boa parte deles, como se viu quando apresentei as peculiaridades do debate teórico entre os cientistas sociais, sobressaem-se aspectos fenomênicos e conjunturais da realidade, onde são ressaltadas *oposições muitas vezes mecanicistas* do tipo: tradicionais × novos; organização × espontaneidade; esfera econômica × esfera política (ou cultural); unidade × diversidade; micro × macro etc.[8] Parece evidente, nesses modelos esquemáticos conceituais, o caldo ideoteórico positivista. A realidade não é tratada em sua dinâmica contraditória. Ao contrário, o contraditório é tratado como antinômico, gerando oposições idealistas ao gosto de cada analista.

Da mesma forma, a constatação dos limites do movimento operário-sindical (muito atado às armadilhas da social-democracia, é verdade) e dos partidos comunistas organizados em diversos países (principalmente na Europa Ocidental) levaram os cientistas sociais a associá-los como "superados" ou "ultrapassados", considerando as formas de organização conhecidas como "rígidas", "burocráticas" e "centralizadoras". Fizeram da constatação de tendências burocratizadoras e centralizadoras no seio do movimento operário-sindical e dos partidos comunistas o álibi para as "inovações teóricas" e para a

---

8. Aliás, vale ressaltar, estas oposições são típicas do pensamento pós-moderno, então emergente em fins dos anos 1960 e início dos 1970.

SAÚDE, SERVIÇO SOCIAL, MOVIMENTOS SOCIAIS E CONSELHOS   135

deflagração de "novas utopias", "novos sonhos", "nova política", "nova esquerda", "novos movimentos sociais" etc.

É notória a inclinação ao ecletismo teórico no trato dos movimentos sociais. As perspectivas que opuseram o "novo" ao "velho" ou que procuraram "novos sujeitos", "novas potencialidades transformadoras" que teriam supostamente deslocado o fulcro das lutas de classes acabaram por, na ânsia de encontrar alternativas à mudança social, vivenciar todo tipo de ecletismo. O pensamento eclético anda de mãos dadas com todas as formas de mistificação da realidade, concorrendo para obscurecê-la, no afã de explicá-la.

Como componente da decadência ideológica burguesa o ecletismo quanto "mais se mascara de 'crítico' e 'revolucionário', tanto maior é o perigo que representa para as massas trabalhadoras cuja revolta é ainda confusa" (Lukács, 1992, p. 119).

Ao ecletismo misturou-se a fragmentação típica das ciências burguesas que dilui a totalidade em partes que ganham contornos e relevância ao sabor do especialista. Assim, temos uma economia desistoricizada, uma história deseconomicizada, uma política sem economia e/ou sem história etc. Enaltecem-se aspectos de acordo com conceitos pré-fixados: a subjetividade, a cultura, a economia podem ser diferenciados conforme o "olhar" específico do pesquisador. Essas características apontam para a divisão do real em pedaços entregues a "especialistas". Como diria Lukács, assim "como a sociologia deveria constituir uma 'ciência normativa', sem conteúdo histórico e econômico, do mesmo modo a História deveria limitar-se à exposição da 'unidade' do decurso histórico, sem levar em consideração as leis da vida social" (Idem, p. 123).

Muitos daqueles estudos partiram da premissa de que houvera um deslocamento das lutas de classes da esfera da produção para a esfera da reprodução. Por detrás desta suposição está o debate em torno da centralidade do trabalho tão atual entre nós, mas que teve seus pioneiros já no final dos anos 1970 (Gorz e Offe que o digam; Touraine e as correntes culturalistas também se apoiavam nesta hipótese). Verdadeiras ginásticas conceituais foram realizadas para sustentar o insustentável na realidade: a cisão entre produção e reprodução sociais. O âmago da questão estava, sabemos, na recusa do caráter revolucionário do movimento operário. No seu lugar deveriam ingressar todo tipo de novidade que surgia da dinâmica da acumulação de capital que só faz reproduzir, ampliadamente, o mesmo: o capital dos proprietários dos meios de produção e o pauperismo do proletariado. Temos "uma fuga da análise do processo geral de produção e reprodução e uma fixação na análise nos fenômenos superficiais da circulação, tomados isoladamente" (Ibidem).

Tem-se, ainda, uma pseudorrecusa da ordem capitalista ancorada numa crítica romântica à mesma que procura denunciar os "lados maus" do capitalismo, assim como, envergonhadamente e à moda da antinomia, os seus "lados bons". Assim, "desenvolveu-se uma [defesa] apologética mais complicada e pretensiosa, mas não menos mentirosa e eclética, da sociedade burguesa [...]" (Lukács, 1992, p. 114).

A recusa ao socialismo (identificado na experiência do "socialismo real"), o declínio da mediação partidária, o consequente desprezo pelos "clássicos" do marxismo (principalmente Lênin), a busca incessante de novos ou "novíssimos movimentos" (Abramo, 1994) foram alguns componentes do *festival epistemológico das Ciências Sociais* em torno do debate dos movimentos sociais.

6. A reafirmação do partido contra a fragmentação dos movimentos sociais[9]

O ingresso no século XXI não indicou, até aqui, mudanças significativas do debate teórico que apresentei anteriormente. No âmbito das Ciências Sociais, as tendências que se colocavam nos anos 1970, 1980 e 1990 não só se desenvolveram, como também ganharam novas roupagens que aprofundam o caráter mistificador do pensa-

---

9. Esse subitem incorpora, com alterações, parte dos conteúdos presentes no último capítulo do livro (BRAZ, M. *Partido e revolução*: 1848-1989. São Paulo: Expressão Popular, 2011).

mento social burguês, ideologicamente decadente desde meados do século XIX.

Por outro lado, se a falência das experiências socialistas não permite dizer que o próprio socialismo como alternativa societária se exauriu, ela deixou um legado denso, marcado por equívocos os mais diversos que, se somados à avalanche ideológica que a burguesia fez desabar sobre o mundo a partir dos anos 1990 com a Queda do Muro e o fim da URSS, formam um quadro sócio-histórico extremamente adverso para a afirmação de um projeto alternativo de sociedade. Mais ainda, diante deste quadro, a própria tarefa de refundação de um projeto socialista tornou-se extremamente dificultosa *nos dias atuais*, em pleno século XXI.

Além da luta ideológica pender de maneira avassaladora para o mundo burguês e para todos os traços que o peculiarizam — o individualismo, a competitividade, a alienação, a aversão às formas coletivas (livres e autônomas) de organização dos homens e uma despolitização colada a ela, a plena mercantilização das relações sociais etc. —, vive-se uma vaga histórica ela mesma pouco propícia para se reconstruir uma projeção societária assentada em valores radicalmente antagônicos aos burgueses. O ser concreto do trabalho encontra-se intensamente fragmentado, favorecendo todo tipo de saídas individuais e corporativistas. As próprias formas de reprodução social do trabalho se acham profundamente degradadas pelas modalidades contemporâneas da produção capitalista que engendram numa ponta o desemprego massivo e, noutra, o aviltamento salarial e as formas de trabalho desprovidas de qualquer proteção social.

Neste ambiente terrível para o proletariado, mas paradisíaco para o capital — pois que é o seu próprio mundo de barbárie, em estágio avançado — a luta política maior se esvai em lutas fragmentadas que até mesmo no campo econômico têm sido (no máximo) defensivas, se pensarmos na situação do sindicalismo atual, no qual crescem os sindicatos parceiros do capital. As lutas sociais contemporâneas vêm assumindo um caráter cada vez mais *particularista* em detrimento de seus conteúdos universais. E tal quadro se agrava, e é estimulado, por correntes do pensamento social contemporâneo que veem nelas (nas lutas particularistas) a saída no interior da própria ordem burguesa.

Pensadores de esquerda as enfatizam não como bases sociais através das quais podem ser articulados movimentos de natureza classista, tampouco veem na classe operária o papel principal.[10] Eles as tomam como *um fim em si mesmo*,[11] como o possível diante da força do capital. Esse *conformismo possibilista* tem dado o tom no debate contemporâneo, fazendo coro com a ideologia pós-moderna do fim das verdades, da impossibilidade de uma teoria totalizante, da suposta prevalência do molecular e do fragmento. Essa *dissolução analítica* da possibilidade de um projeto global de superação da ordem dissolve igualmente, mas também (e apenas) no plano analítico, a disposição política e teórica para se reconstruir organizações políticas revolucionárias como o *partido*. Ainda que essa reconstrução não dependa apenas da reunião de fatores subjetivos favoráveis — pois que depende decisivamente de condições objetivas mais propícias —, ela tampouco pode ser levada adiante sem a força das melhores e mais qualificadas vontades humanas.

Nas sociedades capitalistas contemporâneas tornou-se mais complexo e difícil — porém imperioso — o desenvolvimento de um pro-

---

10. É o que se deduz, por exemplo, de Boaventura S. Santos: "Por minha parte, penso que a primazia explicativa das classes é muito mais defensável que a primazia transformadora. Quanto a esta última, a prova histórica parece ser por demais concludente quanto à sua indefensibilidade. Dando de barato que é fácil definir e delimitar a classe operária, é muito duvidoso que ela tenha interesse no tipo de transformação socialista que lhe foi atribuído pelo marxismo e, mesmo admitindo que tenha esse interesse, é ainda mais duvidoso que ele tenha capacidade para o concretizar. Esta verificação que *parece hoje indiscutível*, tem levado muitos a concluir pela *impossibilidade ou pela indesejabilidade de uma alternativa socialista*" (Santos, 1999, p. 41; grifos meus).

11. Mais uma vez o mesmo pensador pós-moderno nos fornece a melhor ilustração teórica: "Mas, enquanto futuro, o socialismo não será mais do que uma *qualidade ausente*. Isto é, será um princípio que regula a transformação emancipatória do que existe sem, contudo, **nunca se transformar em algo existente**. [...] Nestas condições, a emancipação não é mais que um conjunto de lutas processuais, **sem fim definido**" (idem, p. 277; grifos original e negritos meus). Curiosamente, este último trecho da citação, guardadas as devidas diferenciações históricas e teóricas, faz lembrar a máxima do reformismo de Bernstein: "O movimento é tudo e o objetivo final (o socialismo) não significa nada".

jeto socialista — supondo todos os seus componentes indispensáveis:[12] combate permanente da propriedade privada dos meios de produção fundamentais; unidade das forças políticas de esquerda; propaganda e formação políticas voltadas para o desenvolvimento da consciência de classe; internacionalismo proletário que envolva as mediações dos aspectos nacionais das lutas de classes; e, como instrumento que reúna todos esses elementos e que os dirija, uma organização política revolucionária sob a forma de *partido político*.

Ou seja, tornou-se extremamente problemática a consolidação de tal projeto sem que os seus principais pressupostos sejam submetidos ao crivo da realidade social e às exigências que as necessidades sociais concretas das classes põem em pleno século XXI. Se os conteúdos das lutas de classes incorporaram novas mediações e novas demandas sociais, a forma de organização política do proletariado não pode ser uma mera reposição (e repetição) dos meios políticos que correspondiam às requisições de uma outra época. Numa palavra: as formas de lutas para se afirmar um projeto socialista devem se ajustar criticamente aos conteúdos atuais das lutas de classes. E as formas e os princípios (os componentes do projeto socialista antes arrolados), consagrados historicamente como revolucionários, só têm validade se adequados, num processo de mediação que pressupõe a reflexão teórico-sistemática, ao perfil das lutas de classes contemporâneas.

Este perfil, em resumidas contas, mostra-nos o seguinte cenário: uma *explosão de interesses particulares* que, se por um lado indica uma sociedade relativamente rica do ponto de vista da diversidade social e do desenvolvimento das *possibilidades* de ampliação das faculdades humano-sociais, por outro, apresenta-nos a gestação de *particularismos* diversos que se plasmam como tal na realidade porque estão assentados em desigualdades sociais de classe.[13] Configura-se na contempo-

---

12. Princípios presentes no *Manifesto do Partido Comunista* dé Marx e Engels.

13. Trata-se, no fundo, de uma consequência do caráter contraditório do desenvolvimento capitalista em sua expressão mais emblemática: a plena expansão das formas de socialização da produção capitalista acompanhada do aprofundamento da apropriação privada dos frutos do trabalho social.

raneidade, portanto, uma obstaculização das *possibilidades* humanizadoras existentes. A brutal assimetria social do mundo burguês acaba por travar o pleno (e rico) desenvolvimento (possível) dos modos de ser do gênero humano. Enquanto uma parte reduzida dele desfruta da riqueza material que estimula níveis de individualização social avançados, uma outra parte (muitíssimo maior) do gênero humano vive uma existência material limitadíssima ou, simplesmente, luta para sobreviver. Portanto, quando se afirma que na contemporaneidade vive-se uma riqueza do gênero humano, que estaria evidente na expansão das individualidades e das particularidades do ser social, está se difundindo uma visão sobre o mundo burguês não só equivocada — ocorre nessa "visão" a conversão da realidade em mera ideologia.

Tal mistificação da ordem contemporânea enseja o debate necessário acerca da contradição (e do choque) entre o desenvolvimento das forças produtivas e as formas de propriedade assentadas nas relações sociais de produção vigentes, condição para se cogitar o esgotamento de um modo de produção que, ao travar as forças produtivas, envelhece e abre *possibilidades* históricas para a sua superação. Uma sociedade que torna múltiplas as formas de ser dos homens sob bases materiais desiguais não pode promover uma (desejável) diferenciação social entre os homens; promove, de fato, uma generalizada indiferença social. A ideologia pós-moderna[14] — como a forma *ideal* do pensamento burguês contemporâneo — tem sido pródiga em difundir uma *cultura da diversidade* — ou das identidades fragmentárias — que tem cumprido duas funções sociais de uma só vez: espraia, na verdade, uma *cultura de consumo mundializada* (uma "sensibilidade consu-

---

14. Para um aprofundamento da ideologia pós-moderna e das origens da própria pós-modernidade, ver o consagrado estudo de D. Harvey (*Condição pós-moderna*. São Paulo: Loyola, 1994) e o estudo histórico de P. Anderson (*As origens da pós-modernidade*. Rio de Janeiro: Jorge Zahar, 1999); para entender como essa ideologia impulsiona uma cultura própria à lógica do capital, ver, além de Featherstone (*Cultura global*: nacionalismo, globalização e modernidade. Petrópolis: Vozes, 1994), o indispensável livro de F. Jameson (*Pós-modernismo*: a lógica cultural do capitalismo tardio. São Paulo: Ática, 1996); e para identificar os aspectos sociais e políticos da pós-modernidade, deve-se ir a um dos seus mais importantes defensores, Boaventura S. Santos (*Pela mão de Alice*. São Paulo: Cortez, 1999).

midora", no dizer de M. Featherstone, 1994) que uniformiza padrões culturais (comportamentais, estéticos) a partir de uma variedade de produtos que circulam por meio de um (jamais tão desenvolvido) mercado global que instalou no mundo algo que *parece* parodoxal: uma *cultura (de consumo) do diverso, ela mesma massificada*; ao mesmo tempo, e num mesmo processo, a ideologia pós-moderna apresenta e direciona os conflitos sociais (que têm na questão de classe a sua determinação central) como "direito à diferença", como culto à diversidade, como ode ao fragmento e às formas identitárias não "totalizadoras". Mistifica-se o determinante central dos diversos conflitos sociais sob a *aparência travestida da diferenciação social*. Insisto: o problema não está na diferenciação em si, mas em como ela é potencializada socialmente e em saber sob que condições sociais (iguais/desiguais) ela se gesta.

O que temos visto na realidade social capitalista em pleno século XXI é uma (não residual) regressão do ser social, conformada em processos desumanizadores que fazem a humanidade involuir em vários aspectos constituintes da sociabilidade. Estes processos de desumanização social, que fazem regredir o ser social dos homens em seu desenvolvimento histórico, podem ser verificados hoje nas formas mais vis da existência humana, que cobrem *não apenas as condições (ou a sua privação) materiais de existência* do gênero humano, mas envolvem também as modalidades de representação social, nos modos como os homens conduzem seu universo ideal, criam as suas fantasias, apuram os seus gostos estéticos e desenvolvem formas de consciência.

Este cenário guarda íntima relação com o que problematizo, pois supõe os processos ideológicos que, somados às formas concretas em que se manifesta o proletariado, fornecem o chão histórico sobre o qual um projeto de transformação social se constrói. Neste cenário de particularismos de todo tipo, então, e em decorrência dele, parecem sofrer enormes dificuldades de sobrevida aquelas organizações políticas cujas estruturas se reproduzem, mantendo modelos organizativos apegados a uma base material (e subjetiva) que já não mais corresponde à realidade.

Há uma intensa polêmica nas Ciências Sociais, que vem desde os anos 1960 e 1970, acerca das possibilidades políticas de organização e, portanto, de realização de mediações entre as lutas particulares e a luta política mais ampla. Tal polêmica se desenvolveu ao compasso das metamorfoses sofridas pelo ser das classes trabalhadoras, verificadas a partir das mutações sociais estabelecidas por inúmeras transformações societárias engendradas no âmbito das próprias crises capitalistas, fundamentalmente a crise do Estado de Bem-Estar Social e a crise do padrão fordista-taylorista. Esta última provocou uma gradual transição para formas flexíveis de organização da produção, o que acabou conduzindo a ordem do capital a uma verdadeira *reestruturação produtiva*.

Tal debate no âmbito das Ciências Sociais contemporâneas opôs o proletariado organizado como movimento operário àqueles movimentos (logo chamados de "novos sujeitos") oriundos de fora do espaço fabril, atinentes às várias instâncias do mundo da reprodução social. Autores bastante diferenciados[15] como A. Touraine (1970), A. Gorz (1982), A. Bihr (1999), J. Petras (1999), B. S. Santos (1999) e R. Antunes (1995), apesar de interpretações divergentes em muitos aspectos — veja que, dentre eles, há três autores claramente vinculados à tradição marxista (são os casos de Bihr, Petras e, no Brasil, de Antunes), e três já distantes do/ou contra o marxismo (Touraine, Gorz e Souza Santos) —, apresentam algumas convergências sobre este processo. Quais sejam: a) o consenso em torno da *constatação do declínio do movimento operário tradicional* em todo o mundo e, em particular, na

---

15. A escolha desses autores não é aleatória. Alain Touraine aparece pelo papel destacado que suas ideias tiveram nas Ciências Sociais na Europa e no Brasil durante os anos 1970 e 1980, no âmbito do debate acerca do que se convencionou denominar de "novos movimentos sociais". "Adeus ao Proletariado" de André Gorz foi um dos textos mais influentes do debate europeu (influindo, também, para além do velho continente) acerca das mutações sociais e de suas consequências para os trabalhadores. O estudo de Alain Bihr é, seguramente, dentre os que se propuseram a analisar a crise do movimento operário, uma das melhores análises marxistas do tema. James Petras tem sido um dos mais atuantes polemistas na América Latina, tendo se voltado prioritariamente para a temática das lutas de classes. Boaventura de Sousa Santos é um dos mais produtivos (e importantes) pensadores contemporâneos ligados à ideologia pós-moderna. E Ricardo Antunes aparece por ser o melhor representante (seu livro *Adeus ao trabalho* exerceu significativa influência no debate brasileiro) do pensamento social no Brasil voltado para a questão que problematizo.

Europa Ocidental (observado através de vários indicadores, tais como diminuição de greves, das taxas de sindicalização etc.); b) consequentemente a esta constatação, o consenso em torno da *ineficiência dos métodos e dos modelos de organização política* adotados até então por tal movimento; c) a ideia de que as lutas sociais têm crescentemente extrapolado a esfera produtiva *stricto sensu*, configurando um relativo deslocamento das lutas sociais para a esfera da reprodução social; d) a ideia de que temos desde os anos 1970 e 1980 um crescimento indiscutível de "novos sujeitos" portadores de inúmeros interesses, configurando uma verdadeira *explosão de particularidades*, tal como já afirmei.

Por outro lado, a despeito destas constatações semelhantes, tem se chegado a *conclusões e saídas as mais diversas* que se polarizam, basicamente, pela questão da *centralidade do trabalho* como elemento de análise que orienta as reflexões teóricas. A partir desta questão, afirma-se, *por um lado* — aquele que nega a centralidade do trabalho e/ou da classe operária como sujeito político revolucionário (são os casos de Touraine, Gorz e Souza Santos) — a *impossibilidade da mediação universal*[16] (o que significa a inviabilidade do partido como instrumento de mediação universal). Junto a isto, difunde-se uma espécie de *supervalorização das particularidades* que supõe um certo *particularismo teórico-político* na medida em que esta posição caminha em sintonia com a ideia de *inexistência de um elemento universalizante* (a classe, especificamente). Cogita-se, no máximo, a existência de uma universalidade humana, assentada, talvez, num humanismo do tipo abstrato. Nesta perspectiva teórica — e lembremos o quanto a teoria é fundamental para o processo revolucionário — além da inadmissibilidade da *forma partido* como o mediador universal, desdobra-se a impossibilidade de

---

16. É o que parece pensar Holloway, o autor de *Mudar o mundo sem tomar o poder*: "Acima de tudo, o partido revolucionário é uma organização que age *no interesse da* classe trabalhadora ou das massas oprimidas. Isso já significa um processo de exclusão: aqueles *no interesse de* quem se age estão excluídos, suas próprias ações e opiniões estão subordinadas às ações daqueles que agem *em seu interesse*. [...] Dizer que o meio de avançar não são os partidos políticos, mas o desenvolvimento experimental e criativo do impulso em direção à autodeterminação coletiva não é uma resposta, é uma questão. O capitalismo é uma resposta, um fechamento. Os partidos são um fechamento, uma resposta. A revolução é uma questão, uma abertura" (Holloway, 2004, p. 47-49).

unidade ideológica e, se há algum tipo de internacionalismo, ele estaria referenciado num abstrato humanismo existente entre os homens.[17]

Por *outro lado* — aquele em que a centralidade do trabalho é o ponto de partida, ainda que não necessariamente seja a classe operária o sujeito revolucionário (nesse ponto é que variam as posições de Bihr, Petras e Antunes) —, reconhece-se a existência de *diversas e complexas particularidades* que expressam as inúmeras potencialidades humanas que *não inviabilizam a mediação universal, antes a complexifica*. Nesta perspectiva trabalha-se com *a centralidade da classe*[18] *como universalizante dos seres sociais na sociedade capitalista* (Antunes, 1995), mesmo diante de sua imensa fragmentação contemporânea. Aqui, parte-se da ideia de que *a dissolução da centralidade do trabalho (e da classe) é analítica e não ontológica*. O desafio consiste na criação de novas formas de organização política que atuem como elementos de mediação que concorram no universo das várias particularidades no sentido de desfragmentá-las, buscando a *síntese fundamental* que se dá na *mediação universal*.

O espectro do debate é bastante amplo e comporta posições que são aparentemente divergentes. Elas confluem em dois aspectos que têm sido aqueles que mais animam (e dividem) as esquerdas contemporâneas. O primeiro deles refere-se à *questão do sujeito revolucionário*. O segundo aspecto, cujo debate decorre diretamente do primeiro, diz respeito ao *problema do modelo de organismo político universalizador*: o partido revolucionário.

Desde o fim dos anos 1950, atravessando todas as décadas de 1960, 1970, 1980 e 1990, multiplicaram-se estudos — das Ciências Sociais mais conservadoras às ideias que advogam Marx e a tradição marxista — que, a partir das constatações resultantes das estratégias de enfrentamento das crises do mundo capitalista, questionam ou mesmo *abandonam a noção que atribui à classe operária a condição de sujeito político revolucionário*. O marxista brasileiro Sérgio Lessa realizou uma rigo-

---

17. Ou nalguma outra forma (imprecisa) de "poder constituinte" de não sujeitos, não organizados na *multidão*, de A. Negri.

18. O que *não* significa a centralidade da classe operária.

rosa crítica a vários pensadores que transitam pela temática. Para ele, as incontáveis transformações do capitalismo nas últimas quatro décadas levaram a mudanças efetivas na estrutura social das sociedades, trazendo impactos sobre os trabalhadores em todos os níveis da produção e da reprodução social. Foram tais mutações que levaram autores os mais diversos a advogar todos os tipos de tese que anunciavam algum fim: do trabalho, das lutas de classes e até da história. As análises são muito variadas e partem de autores como "Alvim Toffler e Daniel Bell que anunciaram a transição para a sociedade pós-industrial, de Piore e Sabel que enxergaram a possibilidade de uma sociedade de pequenos empresários e de André Gorz que pronunciou o seu *Adeus ao proletariado*" (Lessa, 2007, p. 32).

Lessa sustenta que foram dois os "adeuses ao proletariado": um primeiro ocorrido "sob o impacto da ascensão e crise do Estado de Bem-Estar e do 'fordismo' [...] e um segundo adeus ao proletariado virá à tona nos anos 1990, agora sob o impacto da reestruturação produtiva, do neoliberalismo, do pós-modernismo e do fim do bloco soviético" (Idem, p. 34-35). O debate que sugere o sepultamento do proletariado gira em torno de um desenvolvimento de *novo tipo* das forças produtivas que passariam a ser impulsionadas por modificações técnicas que aprofundam e diversificam as formas de trabalho intelectual (e até mesmo de "trabalho imaterial") operadas pelo capital em seus processos produtivos. Tal giro técnico assinalaria um novo patamar da produção capitalista que subverteria as bases até então estabelecidas pelo padrão fordista-taylorista. Assim, as classes sociais sofreriam, especialmente a classe operária, profundas mudanças em suas formas de ser, provocando consequentemente um deslocamento da centralidade das lutas de classes para além do espaço fabril, abrangendo as diversas instâncias da vida cotidiana atinentes à esfera da reprodução social. Esse quadro tornaria a classe operária um segmento condenado ao encolhimento crescente o que levaria, consequentemente, à perda de sua centralidade política frente aos outros estratos de trabalhadores.

Subjacente a esse debate está a questão da ampliação do *trabalhador coletivo* e, por sua vez, a problemática em torno do *trabalho produ-*

tivo e do *trabalho improdutivo*. Daí foi que, no plano teórico, tornou-se muito recorrente uma leitura de Marx que, com interesses bem distintos, sustentaram que as ideias do pensador alemão eram dúbias ou careciam de maior precisão no que se refere àquelas categorias destacadas anteriormente. Ademais dessa convergência — a de que Marx era insuficiente ou impreciso — entre autores tão distintos, uma outra convergência pode ser anotada: uma equivocada indistinção entre trabalho produtivo e trabalho improdutivo e entre trabalho manual e trabalho intelectual. Segundo Lessa, tal fato conduziria os autores, por caminhos muito diferentes entre eles, a cair numa espécie de *fetiche da técnica* o que colocaria a função social do trabalho sob comando do capital (produzir mais valia ou não produzir mais valia) em segundo plano. Nesse sentido, diz Lessa

> "De Mallet a Lojkine, de Beleville a Ricardo Antunes, um amplo leque de teorias se apoiaram, implícita ou explicitamente, na tese de que o desenvolvimento tecnológico seria o momento determinante das forças produtivas e, portanto, das relações de produção e das classes sociais. Em mais de um momento as hipóteses de que a classe operária estaria extinta ou em extinção, ou então de que estaria se fundindo com o conjunto dos assalariados, têm por fundamento a tese segundo a qual a introdução de novas tecnologias como a automatização ou a informatização alteraria o fundamento da relação entre as classes sociais". (Lessa, 2007, p. 39-40)

A consequência mais abrangente desta combinação de fatores — práticos e teóricos — foi a *progressiva crise da forma partido como organização política revolucionária* precisamente *porque se exauriam* (também progressivamente) *as possibilidades objetivas de revolução* e *com elas as condições subjetivas que exigiam o protagonismo político do partido*. Ademais, somam-se a esse quadro verdadeiramente contrarrevolucionário os problemas teóricos no interior dos setores progressistas do pensamento social conforme mostramos sinopticamente.

A partir dos anos 1970/1980 abriu-se entre nós uma *época contra-revolucionária que se prolonga até os dias atuais*. A crise da *forma par-*

tido é, antes, uma crise fundada na objetividade da realidade social do que uma crise teórico-analítica, ainda que esta possa reforçá-la e que, de alguma maneira, seja ela mesma consequência da dinâmica societal. Ela deita raízes nos *modos de ser concretos das classes trabalhadoras (em especial do proletariado urbano-industrial)* que têm imposto sérias dificuldades de organização política do tipo universal. No plano teórico, como vimos, a crise é potencializada ou mistificada por um neoconservadorismo pós-moderno no âmbito das Ciências Sociais conservadoras ou por revisionismos teóricos no campo marxista e por todo o aparato midiático de que se vale a burguesia para disseminar a ideia de fim da história, das lutas de classes etc., assim como da possibilidade de revolução e, portanto, de se constituírem organismos políticos voltados para a sua construção.

Tal construção requer uma renovação teórica que procure realizar uma articulação entre as fontes clássicas da tradição marxista e as contribuições da tradição teórico-política que delas se derivaram e a elas associaram-se no curso da trajetória do movimento socialista e comunista; essa articulação deve se dar em função e a partir dos enormes desafios postos pela contemporaneidade das lutas de classes, expostos aqui apenas de maneira panorâmica.

Referências bibliográficas

ABRAMO, H.W. *Cenas juvenis*: punks e darks no espetáculo urbano. São Paulo: Página Aberta, 1994.

ABRAMO, P. Sociedade: velhos partidos e novíssimos movimentos. In: *Teoria e Debate*, São Paulo, n. 24, mar./abr./maio 1994.

ANTUNES, R. *Adeus ao trabalho?* São Paulo: Cortez, 1995.

BARREIRA, I.A.F. Marcas do tempo: movimentos sociais no processo de reconstrução democrática. In: ANPOCS, 18. Caxambu, 1994.

BERNSTEIN, E. *As premissas do socialismo e as tarefas da social-democracia*. Trad. de Balkys Villalobos de Netto, s/d. (Mimeo.)

BIHR, A. *Da grande noite à alternativa*. São Paulo: Boitempo, 1999.

BOBBIO, N.; MATTEUCCI, N.; PASQUINO, G. *Dicionário de política*. 12. ed. Brasília/São Paulo: Ed. UnB/Imprensa Oficial-SP, 2002.

BRAZ, M. *Partido e revolução*: 1848-1989. São Paulo: Expressão Popular, 2011.

_____. Apresentação a Que fazer? In: LÊNIN, V. *Que fazer? Problemas candentes do nosso movimento*. Trad. de Marcelo Braz. São Paulo: Expressão Popular, 2010.

_____. O Marcuse de Contrarrevolução e revolta: crítica da nova esquerda. In: *Revista Praia Vermelha*, Rio de Janeiro: PPGSS-ESS/UFRJ, v. 18, n. 2, 2009.

_____. O valor estratégico da seguridade social pública na realidade brasileira atual In: *Revista Universidade e Sociedade*. Brasília, Andes-SN, ano 12, n. 30, jun. 2003.

_____. O debate teórico acerca dos novos movimentos sociais no Brasil: um balanço crítico. In: *Serviço Social e Movimento Social*, São Luís, Ed. UFMA, v. 1, n. 2; 2000.

CARDOSO, F. H.; FALETTO, E. *Dependência e desenvolvimento na América Latina*. Rio de Janeiro: Zahar, 1970.

CARDOSO, R. Movimentos sociais urbanos: um balanço crítico. In: SORJ, B.; TAVARES DE ALMEIDA, M. H. (Orgs.). *Sociedade e política no Brasil pós-1964*. 2. ed. São Paulo: Brasiliense, 1984.

_____. A trajetória dos movimentos sociais. In: DAGNINO, E. (Org.). *Os anos 90*: política e sociedade no Brasil. São Paulo: Brasiliense, 1994.

CASTELLS, M. *Cidade, democracia e socialismo*: a experiência das associações de vizinhos de Madrid. Rio de Janeiro: Paz e Terra, 1980.

COUTINHO, C. N. *Gramsci: um estudo sobre seu pensamento político*. 2. ed. Rio de Janeiro: Campus, 1992.

DAGNINO, E. (Org.). *Os anos 90*: política e sociedade no Brasil. São Paulo: Brasiliense, 1994.

DOIMO, A. M. *A vez e voz do popular*: movimentos sociais e participação política no Brasil pós-70. Rio de Janeiro: Relume-Dumará/Anpocs, 1995.

ENGELS, F. Contribuição para a história da Liga dos Comunistas. In: MARX, K.; ENGELS, F. *O partido de classe*: teoria e atividade. I; Lisboa: Escorpião, 1975.

EVERS, T. De costas para o estado, longe dos parlamentos. *Novos Estudos Cebrap*. São Paulo, Cebrap, v. 2, n. 1, 1983.

_____. Identidade: a face oculta dos movimentos sociais. *Novos Estudos Cebrap*, São Paulo, Cebrap, v. 2, n. 4, 1984.

FEATHERSTONE, M. (Org.). *Cultura global*. Petrópolis: Vozes, 1994.

FREDERICO, C. *Crise do socialismo e movimento operário*. São Paulo: Cortez, 1994.

GOHN, M. G. *Teorias dos movimentos sociais*: paradigmas clássicos e contemporâneos. São Paulo: Loyola, 1997.

GORZ, A. *Adeus ao proletariado*: para além do socialismo. Rio de Janeiro: Forense, 1982.

GUSTAFSSON, B. *Marxismo y revisionismo: la critica bernsteiniana del marxismo y sus premisas histórico-ideológicas*. Barcelona/Buenos Aires/Mexico: Grijalbo, 1975.

HARVEY, D. *Condição pós-moderna*. São Paulo: Loyola, 1994.

HOLLOWAY, J. Partidos políticos? *Margem Esquerda*, Boitempo, São Paulo, n. 4, 2004.

JACOBI, P. Descentralização municipal e a participação dos cidadãos: apontamentos para o debate. *Revista Lua Nova*, n. 20, 1990.

_____. *Movimentos sociais e políticas públicas*: demandas por saneamento básico e saúde. São Paulo, 1974-84. 2. ed. São Paulo: Cortez, 1993.

JAMESON, F. *Pós-modernismo*: a lógica cultural do capitalismo tardio. São Paulo: Ática, 1996.

KOWARICK, L. *Capitalismo e marginalidade na América Latina*. Rio de Janeiro: Paz e Terra, 1975.

KRISCHKE, P.; SCHERER-WARREN, I. (Orgs.). *Uma revolução no cotidiano?* Os novos movimentos sociais na América do Sul. São Paulo: Brasiliense, 1987.

LESSA, S. *Trabalho e proletariado no capitalismo contemporâneo*. São Paulo: Cortez, 2007.

LOJKINE, J. *O estado capitalista e a questão urbana*. São Paulo: Martins Fontes, 1981.

LOPES, J. B. A relação Serviço Social — Movimento Social: indicações para um estudo. In: *Revista Serviço Social e Movimento Social*, São Luís, Ed. UFMA, v. 1, n. 1, jul./dez. 1999.

LUKÁCS, G. *História e consciência de classe.* Lisboa: Escorpião, 1974.

_____. A decadência ideológica e as condições gerais da pesquisa científica. In: *Lukács.* São Paulo: Ática, 1992. (Col. Grandes Cientistas Sociais, n. 20.)

MARX, K. *Miséria da filosofia.* São Paulo: Livraria Exposição do Livro, s/d.

MARX, K; ENGELS, F. *Obras escolhidas.* São Paulo: Alfa-Ômega, s/d. t. 1, 2 e 3.

_____. *O partido de classe*: teoria e atividade. I. Porto: Escorpião; 1975. (Biblioteca Ciência e Sociedade.)

MOISÉS, J. A. (Org.). *Cidade, povo e poder.* São Paulo: CEDC/Paz e Terra, 1982.

NETTO, J. P. *Crise do socialismo e ofensiva neoliberal.* São Paulo: Cortez, 1993.

PAPAIOANNOU, K. *El marxismo, ideología fria.* Madrid: Guadarrama, 1967.

PETRAS, J. *Neoliberalismo*: América Latina, Estados Unidos e Europa. Blumenau: FURB, 1999.

RIBEIRO, A. C. T. *Movimentos sociais*: caminhos para a defesa de uma temática ou os desafios dos anos 90. Caxambu: Anpocs/IPPUR/UFRJ, 1990.

SADER, E. 30 anos depois das barricadas do desejo. In: *Inscrita.* CFESS, Brasília, ano 1, n. 2, maio 1998.

_____. *Quando novos personagens entraram em cena.* Rio de Janeiro: Paz e Terra, 1988.

SANTOS, B. S. *Pela mão de Alice*: o social e o político na pós-modernidade. São Paulo: Cortez, 1999.

SCHERER, E. F. Classes populares e ampliação da cidadania. *Serviço Social & Sociedade*, São Paulo, n. 23, 1987.

SCHERER-WARREN, I. *Movimentos sociais*: um ensaio de interpretação sociológica. Florianópolis: Ed. UFSC, 1989.

_____. *Redes de movimentos sociais.* São Paulo: Loyola, 1993.

_____; KRISCHKE, P. *Uma revolução no cotidiano*: os novos movimentos sociais na América Latina. São Paulo: Brasiliense, 1987.

TOURAINE, A. *A sociedade pós-industrial*. Lisboa: Moraes, 1970.

_____. *Palavra e sangue*: política e sociedade na América Latina. Trad. de Iraci D. Poleti. Campinas: Ed. Unicamp, 1989.

WEFFORT, F. *O populismo na política brasileira*. Rio de Janeiro: Paz e Terra, 1978.

5

Sobre os partidos políticos no Brasil de hoje:
um enfoque a partir da classe trabalhadora e seus movimentos

Marcelo Badaró Mattos

Apresentação

Começo por uma negação para chegar a uma definição preliminar. Como ficará claro ao longo desta exposição,[1] rejeito a definição de partido político como "uma associação [...] que visa a um fim deliberado, seja ele 'objetivo' como a realização de um plano com intuitos materiais ou ideais, seja 'pessoal', isto é, destinado a obter benefícios, poder e, consequentemente, glória para seus chefes e sequazes, ou então voltado para todos esses objetivos conjuntamente" (Weber, 1994), típica da Ciência Política de matriz liberal. Prefiro conceber o partido

---

1. Este texto foi originalmente preparado para uma intervenção oral no seminário "Os Partidos Políticos e a Saúde", organizado pelo Projeto Políticas Públicas de Saúde, da Faculdade de Serviço Social da Universidade do Estado do Rio de Janeiro — (UERJ), coordenado pela professora Maria Inês Bravo, em 15/12/2009. Mantive em grande medida a estrutura e o tom original da exposição oral. Alguns dos temas aqui discutidos mereceram tratamento mais aprofundado em MATTOS, Marcelo Badaró. *Reorganizando em meio ao refluxo*: ensaios de intervenção sobre a classe trabalhadora no Brasil atual. Rio de Janeiro: Vício de Leitura, 2009.

— e vou explicitar adiante a partir de quais referências teóricas — como organismo destinado a representar interesses e projetos de classes sociais no plano da grande política, aquela que se refere aos conflitos sociais fundamentais, embora, é claro, no dia a dia nós tendamos a enxergar o partido político pela sua atuação no varejo da pequena política, na maioria das vezes tentando nos convencer de que ela é toda a política.

Pelos meus interesses de pesquisa e pela minha experiência militante, mas também pelo perfil desta obra, prefiro me deter aqui na discussão referente aos partidos que representam, ou afirmam representar, a classe trabalhadora no Brasil de hoje.

Nos últimos tempos, venho debatendo o processo de reorganização da classe trabalhadora — o que inclui a dimensão partidária — nas condições postas na sociedade brasileira atual. Fazer essa discussão nos obriga a estabelecer um duplo contraste. De um lado, contraste entre o momento de crescimento das lutas (com as greves, as lutas pela redemocratização — a campanha das Diretas Já — a capacidade de intervenção política da classe), do fim dos anos 1970 e década de 1980, e o momento atual de refluxo visível das mobilizações e da iniciativa política da classe trabalhadora. De outro lado, o contraste entre as organizações construídas pela classe naquele momento (a CUT, o MST e no plano partidário o PT), seus projetos e formas de ação coletiva e, na atualidade, o rumo tomado por essas organizações. Tomando em conta esses dois contrastes é que me parece possível analisar o quadro atual de reorganização da classe, ou seja, em que bases estão sendo construídas suas novas organizações, aí incluídas as partidárias.

De onde faço tais afirmações? Como pesquisador da área da História Social do Trabalho, que sempre estudou as organizações sindicais e partidárias da classe trabalhadora brasileira e como militante, no campo partidário hoje inserido no projeto de construção do PSOL, portanto, compartilhando da avaliação de que o Partido dos Trabalhadores já não representa mais interesses e projetos da classe trabalhadora brasileira, ou seja, já não é mais partido da classe. Para sustentar isso, é necessário apresentar minhas referências para definir um partido da classe e, em seguida, avaliar a trajetória do PT, para finalmente analisar o quadro atual de tentativa de construção de novas organizações partidárias em meio ao contexto de refluxo do movimento.

1. Referências

Já no *Manifesto Comunista*, Marx e Engels introduzem a importância do partido da classe. O sentido de partido é sinônimo, no *Manifesto*, de uma atuação política consciente da classe, na defesa dos seus interesses e não de uma organização estruturada. Diziam eles: "Esta organização dos proletários em classe, e deste modo em partido político, é rompida de novo a cada momento pela concorrência entre os próprios operários. Mas renasce sempre, mais forte, mais sólida, mais poderosa" (Marx e Engels, 1982, p. 115). E os interesses da classe foram ali definidos não apenas em termos de reivindicações imediatas, mas no sentido histórico mais amplo, da abolição da exploração e da dominação. Por isso, eles afirmavam ainda no *Manifesto*, que: "A finalidade imediata dos comunistas é a mesma de todos os demais partidos proletários: formação do proletariado em classe, derrubamento do domínio da burguesia, conquista do poder político pelo proletariado" (Idem, p. 118).

Marx e Engels tiveram oportunidade de viver essa organização política, portanto, de classe, dos trabalhadores em vários momentos. Do ponto de vista organizativo, dois momentos podem ser destacados entre tantos outros. O primeiro, da construção da Associação Internacional dos Trabalhadores (entre 1864 e 1874), quando após a derrota dos processos revolucionários da "primavera dos povos" de 1848, o movimento operário europeu começava a se reerguer. Naquele contexto, o objetivo explícito da chamada I Internacional foi reunir "todos os socialistas da classe trabalhadora" que "pudessem nela intervir". Este seria o caminho para "fundir em um só exército toda a classe operária combativa da Europa e da América" (Santos, 2002, p. 28). A organização política da classe visava tal unidade para garantir a força necessária para enfrentar a unidade de classe fundamental da burguesia.

A unidade, porém, não era um valor em abstrato. Em diversos registros, Marx e Engels demonstram como buscaram fazer concessões às diferentes posições presentes na AIT para garantir tal unidade, mas as concessões não ultrapassavam dois limites principais. O primeiro e mais importante deles é que a unidade partidária prevalecia até o limite em que se mantinha compatível com o projeto de emancipação dos trabalhadores. Nenhuma concessão aos que em nome da classe trabalhadora acabavam por defender os interesses das classes dominantes. O segundo limite, que seria decisivo para o fim da AIT, era de que as forças participantes da Associação, apesar de livres para propagandear suas próprias propostas, desde que não incompatíveis com aquele princípio geral do compromisso com a emancipação dos trabalhadores, não poderiam atuar de forma sectária (no sentido de espírito de seita), intentando dobrar a linha geral da Associação ao seu programa específico, mantido e nutrido de forma não pública, pela atuação como partido dentro do partido. Afinal, a AIT fora fundada "para substituir as seitas socialistas ou semi-socialistas por uma organização real da classe operária com vistas à luta" (Idem, p. 46).

A segunda experiência organizativa relevante para esta discussão, com a qual conviveram e dialogaram Marx e Engels, foi a da constituição do Partido Social Democrata dos Trabalhadores Alemães, primeira organização político-partidária de tipo moderno (ou seja, com filiados, estrutura burocrática própria, compromisso programático etc.). Nesse caso, é possível identificar que Marx e Engels alinharam-se claramente em defesa da construção da organização da classe em partido no seu país natal. Mas, desde o primeiro momento mostraram grandes diferenças em relação a uma série de elaborações daquela organização. Particularmente as que diziam respeito ao Programa do Partido.

Como Marx afirmou numa carta em que apresenta a sua *Crítica ao programa de Gotha*, ainda que "cada passo do movimento real val[ha] mais do que uma dúzia de programas", "quando se redige um programa de princípios [...] expõem-se diante de todo o mundo os marcos pelos quais é medido o nível do movimento do Partido" (Marx e Engels, s/d., p. 207). E não era para ele possível concordar com um programa em que não ficasse claro o objetivo estratégico da transformação revolucionária, da "abolição das diferenças de classe" (Idem, p. 219).

Nesse sentido, uma geração posterior de revolucionários, dos quais quero rapidamente resgatar aqui Lênin, Rosa Luxemburgo e Gramsci, teve diante de si a difícil tarefa de apresentar alternativas revolucionárias no contexto em que não apenas o programa, mas também as práticas da social-democracia da II Internacional, abandonaram completamente a perspectiva marxiana da "abolição das diferenças de classe", passando a trabalhar não apenas no, mas pró, sistema capitalista, ainda que não o assumissem claramente. Ali se colocou o problema da cisão.

Lênin e os bolcheviques, ainda no início da década de 1900, foram os primeiros a vislumbrar a impossibilidade da unidade com os setores que, embora alicerçados ou mesmo originários na classe trabalhadora, apresentavam um programa de atuação no interior da ordem como única alternativa "viável". O caminho dos bolcheviques desde 1903 e, em especial, destes e dos social-democratas que não se renderam ao chauvinismo do apoio à guerra imperialista, a partir de 1914, já colocava a necessidade da ruptura com a II Internacional. A conjuntura da Revolução Soviética e do fim da Guerra na Europa Ocidental acentuaria essa necessidade. Tratava-se, então, não apenas de denunciar a política contrária aos interesses da classe levada adiante pelas direções social-democratas, mas de romper definitivamente com elas e suas organizações — que haviam se transformado em obstáculo para o projeto da "abolição da exploração". A cisão era uma necessidade pedagógica, de esclarecimento da classe sobre a traição das organizações que se apresentavam em seu nome, mas era também uma necessidade prática, de constituição de novas organizações partidárias, que pudessem servir de fato como instrumentos de transformação.

Ao tratarmos de Partido e mencionarmos Lênin, talvez a referência mais usual seja feita a um modelo de funcionamento do partido revolucionário (disciplina férrea, centralismo democrático, vanguarda profissional etc.), por ele definido como adequado à situação específica da Rússia sob o império do Czar. Prefiro aqui acentuar dois aspectos de sua contribuição que me parecem mais importantes, porque não necessariamente limitados aos influxos da conjuntura em que foram propostos.

O primeiro é a definição firme de que o Partido da classe trabalhadora tem que ser um Partido para fazer a revolução. Seu horizonte estratégico é o da transformação social radical. Combinando a atuação através das "formas legais e ilegais, parlamentares e extra-parlamentares de luta" (Lênin, s/d., p. 549), tal Partido poderia e deveria exercitar uma "arte imprescindível na revolução: a flexibilidade, o saber mudar de tática com rapidez e decisão, partindo das mudanças operadas nas condições objetivas e elegendo outro caminho para nossos fins" (Idem, p. 677). Mas tal flexibilidade tática se submetia aos princípios fundamentais da luta pela transformação.

O segundo aspecto que me parece importante para a discussão que aqui fazemos é a firme convicção de Lênin de que, apesar do caráter internacional do exemplo bolchevique, e, em especial, do alcance da revolução soviética, a luta dos comunistas e de suas organizações políticas contra os oportunistas — fossem os traidores social democratas ou os doutrinaristas–esquerdistas — como toda a busca da classe trabalhadora pela revolução, deveria ter em conta "as particularidades concretas que esta luta adquire e deve adquirir inevitavelmente em cada país, conforme os traços originais de sua economia, de sua política, de sua cultura, de sua composição nacional [...], da diversidade de religiões etc. etc." (Idem, 595). Ou seja, não há aqui uma fórmula pronta e exportável da revolução, que possa ser aplicada indiscriminadamente, embora os princípios fundamentais da luta pelo socialismo sejam universalmente válidos nas condições capitalistas.

E essa combinação entre a firmeza estratégica e a capacidade de responder às especificidades nacionais pode ser importante também para examinarmos como os dois outros revolucionários do início do século XX que havia mencionado — Rosa Luxemburgo e Gramsci —

responderam de formas diferenciadas, mas coerentes com o princípio da "abolição das diferenças de classe", às questões de seu tempo.

Para a discussão que nos interessa aqui, cabe resgatar da contribuição de Rosa Luxemburgo seu firme apego à defesa do papel autônomo e consciente da massa popular, da maioria dos trabalhadores, na construção do socialismo e dos instrumentos político partidários necessários a essa construção. A máxima de Marx e Engels de que "a emancipação da classe trabalhadora será obra da própria classe trabalhadora" era algo inscrito no Programa do Partido Comunista Alemão, quando se afirmava que a transformação do Estado e a mudança dos fundamentos econômicos e sociais não poderiam "ser decretadas por nenhuma autoridade, comissão ou parlamento: só a própria massa popular pode empreendê-las e realizá-las" (Luxemburgo, 2003, p. 63).

Reconhecendo a importância histórica do debate entre Rosa e Lênin sobre o caminho para o socialismo ou sobre o caráter do Partido da classe, recuso-me, porém, a encerrar os dois revolucionários, que se aproximaram nas questões fundamentais de seu tempo, em dicotomias do tipo espontaneísmo contra dirigismo, autonomismo *versus* centralismo, ou coisas do gênero. A defesa de Lênin do Partido como uma necessidade da classe para a transformação social nunca foi contestada por Rosa, muito embora esta possa ter enfatizado muito mais o aspecto do partido como produto das lutas da classe e aquele possa ter valorizado mais acentuadamente o sentido de vanguarda consciente que atua na classe para dirigir a revolução.

É nesse sentido que Gramsci, um genial leninista, que teve em Rosa Luxemburgo uma das suas mais importantes influências formativas, pode realizar uma síntese fundamental dessas concepções para orientar a intervenção do Partido da classe na sua conjuntura. Correndo o risco de não conseguir dar conta da complexidade de sua proposta em tão curto espaço, diria que Gramsci conseguiu condensar, em suas elaborações sobre o Partido, a ideia deste como uma necessária direção política das lutas, com o sentido de que o partido nasce na classe e das lutas da classe. No debate que empreendeu após a fundação do PCI, com o grupo dirigente liderado por Bordiga, Gramsci re-

SAÚDE, SERVIÇO SOCIAL, MOVIMENTOS SOCIAIS E CONSELHOS

cusou fortemente a ideia do partido como "órgão" da classe, externo a ela, para afirmar que o partido era "uma parte da classe". A oposição "partido de vanguarda" × "partido de massas" era vista por Gramsci como um equívoco, pois o partido comunista, como "parte" da classe, surgia dos "melhores e mais conscientes" desta, mas deveria se tornar "um grande partido", pois seria seu objetivo "tentar atrair para nossas organizações o maior número possível de operários e camponeses, a fim de educá-los para a luta, de formar organizadores e dirigentes de massa". Os critérios da "educação para a luta" eram claros: "não somos um puro partido parlamentar"; e, na ação, os comunistas (como antes o havia feito em outra escala o movimento dos Conselhos de Fábrica) deveriam pautar-se pela "negação completa não só da fábula da colaboração e da utopia da paz social, mas também da tola lenda da organização que se desenvolve no seio da sociedade capitalista, com a permissão dos burgueses, até superar os limites desta sociedade e esvaziá-la gradualmente do seu conteúdo" (Gramsci, 2004, p. 276, 277, 285 e 345).

Nos *Cadernos do Cárcere* desenvolveu melhor suas definições sobre o partido. Ali, o partido aparece como resultado da conscientização da classe: "um elemento complexo de sociedade no qual já tenha tido início a concretização de uma vontade coletiva reconhecida e afirmada parcialmente na ação. [...] a primeira célula na qual se sintetizam germes de vontade coletiva que tendem a se tornar universais e totais" (Gramsci, 2000, p. 16).

As propostas Lêninistas de combinar a ação parlamentar e extraparlamentar, de atuar em várias frentes para inserir-se na massa de trabalhadores, de flexibilizar as táticas conforme as mudanças de rumo nas conjunturas, mas mantendo o horizonte revolucionário de forma intransigente, todas são resgatadas por Gramsci. Isso porque, em meio às díades que caracterizam seu pensamento, o revolucionário italiano percebia que ao partido cabia atuar sempre em dupla perspectiva, já que dúplice é a natureza do Estado, em seu sentido amplo, nas sociedades do capitalismo contemporâneo. Recorrendo à metáfora do Moderno Príncipe de Maquiavel, Gramsci defendia que existiam: "Vários graus nos quais se pode apresentar a dupla perspectiva, dos mais elementares aos mais complexos, mas que podem ser reduzidos teoricamente a dois graus fundamentais, correspondentes à natureza dúplice do Centauro maquiavélico, ferina e humana, da força e do consenso, da autoridade e da hegemonia, da violência e da civilidade, do momento individual e daquele universal (da 'Igreja' e do 'Estado'), da agitação e da propaganda, da tática e da estratégia etc." (Idem, p. 33).

Nesse sentido, Gramsci pôde superar a dicotomia partido de massas-partido de vanguarda, ou a divisão entre uma postura que credita ao Partido a capacidade de trazer de fora a consciência aos trabalhadores e aquela que credita aos trabalhadores uma consciência espontânea. A tarefa do partido para Gramsci era também a de promover "uma reforma intelectual e moral, isto é, à questão [...] de uma concepção de mundo". Por isso, segundo ele: "Esses dois pontos fundamentais — formação de uma vontade coletiva nacional-popular, da qual o moderno Príncipe é ao mesmo tempo o organizador e a expressão ativa e atuante, e reforma intelectual e moral — deveriam constituir a estrutura do trabalho" (Idem, p. 18).

Mas, Gramsci também nos fornece critérios analíticos para que entendamos porque um partido surgido com um horizonte de classe, defendendo a transformação socialista, pode dar origem, em sua trajetória posterior, a posições políticas que contrariam tal origem. Escaldado pela trajetória do PSI, que nos anos 1920 era por ele declarado como braço partidário esquerdo da burguesia, Gramsci avaliava que o "transformismo" dos socialistas italianos decorria de um distanciamento entre uma direção partidária de origem pequeno-burguesa, dotada de uma leitura determinista da história, e as bases da classe trabalhadora. Tal distanciamento seria acentuado pela presença de uma burocracia de dirigentes partidários e sindicais que, mais interessada em preservar suas posições, não se ruborizava em trocar políticas programáticas por posicionamentos pragmáticos. Resgatando a processualidade de tal situação, Gramsci afirma que: "Os partidos nascem e se constituem como organização para dirigir a situação em momentos historicamente vitais para suas classes; mas nem sempre eles sabem

SAÚDE, SERVIÇO SOCIAL, MOVIMENTOS SOCIAIS E CONSELHOS

adaptar-se às novas tarefas e às novas épocas, nem sempre sabem desenvolver-se de acordo com o desenvolvimento do conjunto das relações de força (e, portanto, a posição relativa de suas classes) no país em questão ou no campo internacional. Quando se analisam estes desenvolvimentos dos partidos, é necessário distinguir: o grupo social, a massa partidária, a burocracia e o estado-maior do partido" (Idem, p. 61).

Sobre os riscos da burocratização afirma: "A burocracia é a força consuetudinária e conservadora mais perigosa; se ela chega a se constituir como um corpo solidário, voltado para si mesmo e independente da massa, o partido termina por se tornar anacrônico, e nos momentos de crise aguda, é esvaziado de seu conteúdo social e resta como que solto no ar" (Idem, p. 62).

Acredito que tais referências nos dão o quadro essencial para avaliarmos a trajetória do PT e os desafios colocados para os partidos que surgem da cisão com esta que foi a principal resultante partidária das lutas dos trabalhadores nos anos 1970-1980.

2. Do PT à reorganização

A respeito do PT, o ponto de partida da análise deve ser justamente sua origem no movimento da classe que irrompeu com as greves do novo sindicalismo, gerando também a criação da CUT. Cronologicamente anterior à da CUT, a fundação do PT também teve entre seus protagonistas principais os sindicalistas "autênticos". É verdade que acompanhados de outros setores, como a esquerda católica, intelectuais em oposição à ditadura e alguns dos grupos de esquerda que, fragmentados e de pequenas dimensões, continuavam existindo após mais de uma década de repressão feroz. Mas o fato é que também no PT se formaria uma direção majoritária, cujos protagonistas eram os novos sindicalistas, inicialmente reivindicando para si o papel de "PT das origens" em contraposição às "tendências" (identificadas como os grupos de esquerda socialista), para em meados da década de 1980 assumirem-se como tendência — a "Articulação dos 113", mais tarde Articulação.

É possível dizer que até o início da década de 1990, a Articulação dirigiu o partido com algum grau de consenso interno, cimentado pela força inconteste da figura de Luiz Inácio Lula da Silva, candidato derrotado por pequena margem de votos nas eleições presidenciais de 1989, quando se apresentou para a disputa com um programa que, embora distante de uma agitação revolucionária, representava a sistematização do acúmulo de propostas e reivindicações de uma década de lutas da classe (ruptura com a dívida externa e os organismos financeiros internacionais, reforma agrária sob controle dos trabalhadores, estatização do sistema financeiro, política de recuperação salarial e redução da jornada de trabalho, entre outras propostas de fundo "classista e combativo" para empregar o jargão da época). O ano de 1989, pelos acontecimentos internacionais relacionados ao colapso dos regimes do Leste Europeu, mas principalmente em face da derrota de Lula no pleito presidencial, abriu o caminho para a virada programática progressiva do partido (Coelho, 2005; Garcia, 2008).

Na origem, o PT afirmava-se socialista, mas sempre adiou um posicionamento mais claro sobre o caráter desse seu horizonte estratégico, quase sempre definido pela negativa — nem social-democracia, nem socialismo real do Leste — ou pelo fraseado de efeito de Lula, como "o socialismo que a classe trabalhadora brasileira construir".

O chamado Programa Democrático-Popular, que orientou a ação petista entre o fim dos anos 1980 e a campanha presidencial de Lula em 1998 (em 2002 ele já havia sido abandonado na prática, embora muitos militantes possam não o ter percebido), foi construído com base numa perspectiva de avanço ao socialismo por acúmulo de reformas estruturais pró-trabalhadores, através de um duplo caminho, de crescimento das lutas sociais e de conquista de governos e espaços institucionais. Rompia-se, em sua elaboração, com o etapismo das análises da esquerda comunista tradicional, assumindo (como o fazia desde os anos 1960 um setor da esquerda, representado inicialmente pela Organização Revolucionária Marxista Política Operária [Polop]), que o

SAÚDE, SERVIÇO SOCIAL, MOVIMENTOS SOCIAIS E CONSELHOS

Brasil era um país plenamente capitalista. Porém, não se excluía, ao contrário, supunha-se — mesmo que implicitamente — a possibilidade, senão de alianças formais, ao menos de acordos tácitos, com setores da burguesia dispostos a não radicalizar contra as reformas, como sempre o propuseram os comunistas. A parcela majoritária do partido enxergou neste programa um caminho social-democrata, ainda que sem o proclamar explicitamente. Tendências internas de esquerda chegaram a enxergá-lo como a adaptação possível do "Programa de Transição" (na formulação de Trotsky). O rápido abandono de qualquer preocupação com o braço da mobilização social, com total prioridade para a conquista de espaços institucionais pela via eleitoral, somado à grande fluidez programática, facilitaram bastante o trânsito para propostas claramente social-democratas nos anos 1990, ou mesmo para a aceitação de dogmas neoliberais no governo federal do PT, marcado por uma efetivação de propostas da "Terceira Via" ou "Social-liberalismo", proclamadas por Fernando Henrique, mas executadas com muito mais eficiência por Lula.

O governo federal, no entanto, não foi o primeiro espaço conquistado pelo PT na sociedade política. Muito ao contrário, toda a década de 1990 foi marcada por uma crescente ocupação de espaços institucionais pelos representantes do partido, eleitos para legislativos federal, estaduais e municipais e para os executivos municipais e estaduais. Em governos, os petistas passaram a defender slogans consonantes com suas novas práticas, como "governar para todos". Os cargos na administração pública e nos gabinetes parlamentares passaram a ser valorizados como forma de sustentação e crescimento da estrutura das tendências partidárias e fortalecimento das posições de seus ocupantes nos debates internos do partido. Se na CUT dos anos 1990, 90% dos tomadores de decisão (os que participavam dos Congressos) eram dirigentes/burocratas sindicais, no PT percentual bem semelhante de parlamentares, ocupantes de cargos nos executivos e assessores passou a controlar as convenções, encontros e congressos partidários, ditando uma linha de intervenção cada vez mais voltada para a institucionalidade e distante dos movimentos sociais que tinham impulsionado o partido nos seus primeiros dez anos de existência.

Os escândalos de corrupção de petistas dentro e fora do governo, no primeiro mandato de Lula da Silva, apenas confirmaram o que para os setores que perseveraram numa posição de autonomia já estava patente: o PT havia se transformado em mais um partido como outro qualquer do jogo parlamentar-institucional brasileiro.

Como qualquer outro, um partido que, no governo, governa segundo os interesses das classes dominantes. Por convicção política e por compromisso direto — participando dos conselhos gestores de fundos públicos e privados, bem como de estatais e empresas privatizadas, assim como governando estados e municípios "para todos" — os dirigentes da CUT e do PT já vinham de algum tempo entrelaçando seus interesses aos das classes dominantes, mesmo que como sócios muito minoritários de seus negócios. Daí que o compromisso do governo Lula com o grande capital, especialmente no chamado "setor financeiro" e na produção de *commodities*, revelado na composição de seu primeiro escalão e no conteúdo de suas políticas, não possa ser tomado com espanto ou simplesmente classificado como uma "traição inesperada".

Desse rápido quadro fica uma avaliação obviamente negativa. Refluxo das lutas, adaptação das lideranças e dos projetos à ordem, integração ao governo, subordinação à lógica do capital são algumas das faces da tragédia recente dessas organizações.

Por isso, é comum a muitos analistas a avaliação de que, não apenas chegou ao fim o ciclo de lutas da classe trabalhadora iniciado com as greves do ABC em 1978, como também já não cumprem mais um papel histórico conforme a lógica de classe que as gerou, as organizações oriundas daquele ciclo, em particular o PT e a CUT. Não se pode, porém, afirmar com muita segurança que um outro ciclo já se instaurou.

Em primeiro lugar porque, embora sejam visíveis múltiplas e diferenciadas mobilizações de frações da classe, tais lutas se dão de forma extremamente fragmentada, sem maiores articulações e na ausência de qualquer direção unificada legitimada pelos movimentos. Isso se deve a condições objetivas de fragmentação da classe, mas também a aspectos subjetivos. De um lado, muitos dos sujeitos desses

SAÚDE, SERVIÇO SOCIAL, MOVIMENTOS SOCIAIS E CONSELHOS

movimentos acabam se identificando apenas por características parciais da sua condição social (vizinhos na comunidade, vítimas de violência do Estado, oprimidos racialmente, entre outras identidades), ou mesmo pelo qualificativo que as políticas públicas focalizadas lhes atribuem: pobres.

Por outro, mesmo quando a identidade de classe é marcadamente assumida, a unidade não é simples. A falência da CUT e a virada do PT são traduzidas por uma parcela significativa dos movimentos atuais que se mantêm em perspectiva combativa como uma inevitabilidade do sindicalismo derivar em peleguismo e do partido político significar dirigismo e institucionalismo. O que gera a ilusão "movimentista", expressa nas proclamações de que o protagonismo das transformações cabe diretamente aos movimentos, sem apresentar-se qualquer perspectiva de unidade programática e prática que possa superar seu fracionamento.

Já quanto às organizações partidárias, as dissidências do PT e outras organizações de esquerda inseridas na classe trabalhadora com um programa socialista, são hoje ainda muito pequenas em suas dimensões, limitadas em sua capacidade de impulsionar lutas da classe e enredadas nas contradições herdadas da própria cultura petista. Podem desempenhar, entretanto, um papel essencial, e mais necessário do que nunca. Trata-se de demonstrar que existe sim uma esquerda socialista que continua a apontar o caminho revolucionário, apresentando-se como alternativa para os setores da classe trabalhadora decepcionados diante dos rumos atuais do PT. O problema é que as organizações partidárias hoje existentes não se mostraram ainda à altura do desafio.

3. As novas organizações partidárias da classe trabalhadora

Com funcionamento nacionalmente articulado e intervenção nos movimentos há hoje três partidos políticos que buscam ocupar esse espaço: o PSTU, o PCB e o PSOL. Começando pelo PSTU, trata-se do primeiro partido organizado a partir de uma dissidência do PT, constituído em 1994, após a expulsão/saída do grupo Convergência Socialista do PT. Na fundação, o PSTU reuniu militantes da Convergência, do PLP (organização de origem prestista, atuando junto ao PDT nos anos 1980) e sindicalistas de esquerda que antes militavam associados à "CUT pela Base". Logo, o PLP se afastaria da nova legenda e os militantes oriundos da Convergência passaram a dirigir o partido de forma mais homogênea. Num balanço rápido pode-se dizer que o PSTU possui uma militância influente nos meios sindicais (as chapas da Convergência na CUT chegavam a ter entre 10% e 20% dos votos nos anos 1980 e princípios dos 1990 e a Conlutas, criada já no governo Lula da Silva, teve nos militantes do partido seu principal esteio) e atua com visibilidade no movimento estudantil.

De tradição trotskista e vinculado ao ramo morenista (com referência na liderança argentina Nahuel Moreno), o PSTU possui uma intervenção política claramente marcada pela defesa da saída revolucionária como única possível para o socialismo. Porém, aferrado ao modelo do partido de quadros de vanguarda, e a um programa revolucionário que traduz de forma muito direta a experiência soviética de 1917 e as propostas de Trotsky no *Programa de transição* para a leitura da realidade brasileira, o partido carece de uma formulação estratégica que responda às especificidades da trajetória histórica brasileira. Além disso, esbarra muitas vezes em práticas de sectarismo que limitam sua capacidade de dirigir efetivamente amplos setores da classe, sendo por estes muitas vezes identificado como portador de um discurso estreito e repetitivo.

O PCB possui uma longa e relevante história de atuação vinculada à classe trabalhadora no Brasil. A legenda atual, porém, é extremamente diminuta, pois surgiu após o X Congresso de 1992, que transformou o antigo PCB em PPS, abandonando os laços programáticos com o socialismo e a revolução. Os setores resistentes a tais transformações (análogas às que ocorriam em outros países e mesmo em partidos de grande penetração social, como o PCI, que se converteu em PDS naquela conjuntura), conseguiram registrar novamente a legenda do PCB em 1995. Após 2005, o PCB reviu sua linha histórica de defesa da etapa democrático-burguesa como fase prévia à revolução socialista no Brasil, fez a crítica aberta do governo de Lula da Silva e, no ano seguinte, orientou seus militantes a se retirarem da CUT e a atuarem na Intersindical, convocando um Encontro das Classes Trabalhadoras como caminho para a unificação dos sindicatos combativos. Em 2006, compôs com o PSTU e o PSOL a Frente de Esquerda que lançou a candidatura de Heloísa Helena à Presidência, embora tenha adotado posição diferenciada dos outros dois partidos ao indicar apoio crítico a Lula no segundo turno daquele pleito.

Com inserção nos movimentos sindical e estudantil, significativamente menor que a do PSTU, o PCB é formado por uma militância com longa experiência nas lutas sociais e possui quadros intelectuais com reconhecida capacidade de elaboração. Sua intervenção é, porém, muito limitada a determinados espaços regionais e de movimentos, não possuindo capacidade convocatória e influência de massas.

Entre as três organizações, o PSOL é a mais jovem e também a maior. Fundado em 2004, originou-se do impulso da greve nacional do funcionalismo público, contra a contrarreforma previdenciária proposta e aprovada por Lula em 2003, que encontrou voz institucional no grupo de parlamentares petistas que se recusou a votar favoravelmente à proposta (a senadora Heloísa Helena e os então deputados Babá, Luciana Genro e João Fontes). Desde o segundo semestre de 2003 iniciou-se um debate sobre a necessidade de um novo partido, do qual participou de forma ativa o próprio PSTU. Porém, pelas posições prévias dos dirigentes do PSTU, assim como pelas prospecções de viabilidade de uma nova legenda que pudessem controlar das correntes políticas dos parlamentares "radicais" (um impasse que se expressou no debate sobre partido centralizado x partido de tendências, mas envolvia muitos outros elementos), a constituição do novo partido se deu em bases mais restritas que as representadas no movimento anterior.

A expulsão dos parlamentares ditos "radicais" do PT deu início ao processo de formação do PSOL, que reuniu os grupos políticos ligados aos seus mandatos (MES e CST), a dissidência da DS (tendência interna do PT da qual participava Heloísa Helena), um grupo dissidente do PSTU (o Coletivo Socialismo e Liberdade), figuras públicas petistas (de origem comunista) que acompanharam os expulsos e saíram do partido, como Milton Temer e os intelectuais Leandro Konder, Carlos Nelson Coutinho, além de outros intelectuais petistas, como Francisco de Oliveira, Ricardo Antunes e Paulo Arantes. A eles se somaram militantes sindicais do funcionalismo público que romperam em diferentes momentos com o PT e a CUT e militantes de outros pequenos grupos de esquerda. No segundo semestre de 2005, com o seu reconhecimento legal pela justiça eleitoral, após campanha nacional que recolheu mais de 500 mil assinaturas de apoio à sua criação, o Partido recebeu a adesão de outros parlamentares dissidentes do PT (como Chico Alencar e Ivan Valente) e importantes figuras públicas daquele partido (como Plínio de Arruda Sampaio).

Na sua fundação, o PSOL apresentou-se como alternativa à experiência petista, afirmando um compromisso com a estratégia socialista em um programa provisório ainda muito simplório e a perspectiva de funcionamento interno democrático, com direito de tendências, nucleação de base, instâncias decisórias controladas pela representação de base do partido e filiação apenas de militantes, comprometidos com a autossustentação do partido, que não aceitaria financiamento de multinacionais, empreiteiras e bancos para suas campanhas. Tudo isso definido em seu estatuto, também provisório.

A aliança na campanha presidencial de 2006 resultou em uma votação de cerca de 7%, a terceira maior, para Heloísa Helena, demonstrando que a Frente de Esquerda formada com o PSTU e o PCB possuía alguma visibilidade eleitoral. Do ponto de vista da inserção nos movimentos sociais, o PSOL possui militantes na direção de diversos sindicatos engajados tanto na construção da Conlutas quanto da Intersindical. Dirige uma parte significativa das organizações estudantis das universidades públicas. Possui uma pequena participação no movimento de luta pela reforma agrária. Em cidades como o Rio de Janeiro está inserido em movimentos sociais urbanos. Elegeu três deputados federais e assumiu uma vaga no Senado em 2006/2007, possui deputados estaduais e elegeu alguns vereadores em 2008.

Pelas suas dimensões e pelas expectativas criadas quando de sua construção, o PSOL é entre os três partidos aqui abordados o que possui maiores responsabilidades em apresentar-se como alternativa à tragédia petista. Na sua curta vida, porém, tem demonstrado ser ainda muito mais herdeiro que dissidente daquela tragédia. Se o seu programa oficial afirma o socialismo e a via revolucionária para alcançá-lo, na prática, as posições vitoriosas em seus espaços deliberativos reafirmam o Programa Democrático Popular que embasou a reviravolta estratégica petista. Se os estatutos afirmam as bases para um funcionamento democrático e militante, na prática tais estatutos são sistematicamente desrespeitados, na fase de construção sob a justificativa da provisoriedade e hoje, pelos imperativos da prática e da "viabilidade". Os núcleos não funcionam e os momentos deliberativos tendem a ser dominados por "blocos majoritários". No dia a dia do partido, os parlamentares, mais que as instâncias, ditam a intervenção pública do PSOL.

A luta institucional continua sendo claramente prioritária em relação à intervenção nos movimentos sociais e o eleitoralismo é ainda mais trágico porque nas campanhas eleitorais muitos dos seus candidatos tem apresentado programas rebaixados ao simples combate à corrupção. Em suma, o PSOL tendeu a percorrer, rapidamente, em cinco anos, o caminho que o PT demorou duas décadas para percorrer e que, conforme denunciávamos quase que unanimemente na fundação do novo partido, havia levado aquele partido ao bloco histórico hegemonizado pelo capital. Porém, esse não é um processo concluído, como o demonstrou a construção, entre 2009 e 2010, de uma candidatura presidencial como a de Plínio de Arruda Sampaio, lançada pela esquerda do partido e assumida pela maioria da militância de base, mesmo de correntes cujas direções inicialmente se opuseram a essa proposta.

É nessas condições conjunturais que somos chamados a intervir no processo de reorganização da classe. Sem querer apresentar respostas do tipo "O que fazer?", continuo avaliando a necessidade e apostando na possibilidade de construção — por uma organização ou uma frente de organizações — de um partido da classe trabalhadora no Brasil de hoje. Um partido, usando os termos clássicos de Gramsci, para construir o projeto de reforma intelectual e moral (da superação do senso comum pelo senso crítico, pela filosofia da práxis) e cimentar a aliança dos subalternos num novo projeto nacional-popular de caráter revolucionário. Para dar conta dessa tarefa, tal partido terá que ser capaz de analisar criticamente a realidade em que se insere; produzir um projeto de transformação e definir as estratégias para executá-lo, arregimentando em torno de si as forças da classe. Reunindo "os melhores e mais conscientes" da classe, terá que estar permanentemente "imerso" em suas lutas.

Ou usando os termos de Pablo Neruda:

> Esse habitante transformado
> Que se construiu no combate,
> Este organismo valoroso,
> Esta unidade das dores,
> Este caminho para amanhã,
> Esta germinal primavera,
> Este armamento dos pobres,
> Saiu daqueles sofrimentos,
> Do mais fundo da pátria,
> Do mais duro e mais ferido,
> Do mais alto e mais eterno,
> E se chamou partido

Referências bibliográficas

COELHO, Eurelino. *Uma esquerda para o capital*: crise do marxismo e mudanças nos projetos políticos dos grupos dirigentes do PT (1979-1998). Tese (Doutorado em História) — Universidade Federal Fluminense, Niterói, 2005.

GARCIA, Cyro. *Partido dos Trabalhadores*: da ruptura com a lógica da diferença à sustentação da Ordem. Tese (Doutorado em História) — Universidade Federal Fluminense, Niterói, 2008.

GRAMSCI, Antonio. *Escritos Políticos*. Rio de Janeiro: Civilização Brasileira: 2004. v. 2.

_____. *Cadernos do cárcere*. Rio de Janeiro: Civilização Brasileira, 2000. v. 3.

LÊNIN, V. I. La enfermedad infantil del "izquierdismo" en el comunismo & Con motivo del IV aniversario de la Revolución de Octubre. In: *Obras escogidas*. Moscou: Progresso, s/d.

LUXEMBURGO, R. Programa do Partido Comunista da Alemanha. In: LOUREIRO, Isabel. *Rosa Luxemburgo*: vida e obra. 3. ed. São Paulo: Expressão Popular, 2003.

MARX, K.; ENGELS, F. Manifesto comunista. In: *Obras escolhidas*. Moscou/Lisboa: Ed. Progresso, 1982, v. 1.

_____. Crítica ao programa de Gotha. In: *Obras escolhidas*. São Paulo: Alfa--Ômega, s/d. v. 2.

MATTOS, Marcelo Badaró. *Reorganizando em meio ao refluxo*: ensaios de intervenção sobre a classe trabalhadora no Brasil atual. Rio de Janeiro: Vício de Leitura, 2009.

SANTOS, Ariovaldo U. dos. *Marx, Engels e a luta de partido na Primeira Internacional (1864-1874)*. Londrina: Ed. UEL, 2002.

WEBER, Max. *Economia e sociedade*: fundamentos da sociologia compreensiva. 3. ed. Brasília: Ed. UnB, 1994.

6
Partidos políticos e a luta por saúde*

Maria Inês Souza Bravo
Tainá Souza Conceição
Paula Soares Canellas
Anna Luiza Teixeira Ramos

Introdução

Os partidos políticos, na atualidade, passam por um processo de arrefecimento da luta política, devido às transformações societárias experimentadas pelo mundo desde o final da década de 1960, e que se prolongam até os dias atuais, com consequências desastrosas para a luta política dos trabalhadores. Contudo, a despeito do descrédito dos partidos políticos na atual conjuntura, pode-se afirmar que os mesmos continuam a representar a *forma* de organização política capaz de abranger as demandas da classe trabalhadora sendo, portanto, o instrumento capaz de representar a classe e realizar lutas pertinentes à

---
* Trata-se de um artigo expandido do que foi apresentado no XI Encontro Nacional de Pesquisadores em Serviço Social (Enpess) em 2010, realizado na Universidade do Estado do Rio de Janeiro (UERJ).

transformação societária ambicionada pelas mesmas. Desse modo, entende-se por partido um instrumento que expressa uma ideologia política e organizativa e que pode contribuir para a constituição da consciência de classe e para formulação de um projeto societário.

No caso brasileiro, os partidos passam por uma história marcada por períodos de ditadura e de redemocratização da sociedade, na qual a luta pela Reforma Sanitária, nos anos 1980, aparece como elemento aglutinador de propostas presentes nas pautas dos partidos. Entretanto, ao adentrar a década de 1990, muitas dessas propostas e pautas vão sendo redimensionadas até o ponto de serem, em grande medida, flexibilizadas.

Este artigo traz para discussão alguns dos principais resultados da pesquisa intitulada "Partidos Políticos e Saúde", inserido no projeto "Saúde, Serviço Social e Movimentos Sociais",[1] e decorre do estudo e de análises bibliográficas e documentais dos partidos selecionados para a pesquisa, nos dois mandatos do governo Lula.[2]

Esta pesquisa busca identificar o lugar da saúde nas propostas dos partidos políticos, tendo como eixos de análise: a concepção dos partidos sobre Saúde, Sistema Único de Saúde, Controle Social, Financiamento, Relação Público-Privado, Privatizações, e principais bandeiras de luta e as recentes mobilizações realizadas em defesa da saúde.

Os partidos políticos selecionados para a pesquisa foram quatorze, quais sejam: PCB, PPS, PCdoB, PSTU, PSOL, PMDB, DEM, PSDB, PDT, PSB, PT, PV, PRB e PCO pelo protagonismo que tiveram e tem nas lutas ou pela sua representatividade. A pesquisa tem como procedimentos metodológicos a análise dos Estatutos, Programas e Delibe-

---

1. A investigação está sendo desenvolvida pelos projetos "Saúde, Serviço Social e Movimentos Sociais" e "Políticas Públicas de Saúde" da Faculdade de Serviço Social da Universidade do Estado do Rio de Janeiro, coordenados pela Professora Maria Inês Souza Bravo e financiados pelo CNPq, Faperj e UERJ.

2. Participaram da pesquisa além das autoras: Elaine Junger Pelaez, Naitê Gomes, Joelma Carvalho, Ivone Santos, Tatiana Brettas, Érica Cristina Oliveira dos Santos e Natália Perdomo dos Santos.

rações/Resoluções congressuais dos partidos, informações contidas em seus sítios oficiais, estudo de bibliografia pertinente sobre a temática, bem como entrevistas com representantes dos Partidos referidos.[3] Pretende-se contribuir para o debate de um tema de fundamental importância, mas ao mesmo tempo tão negligenciado pela academia.

Sendo assim, o artigo apresenta uma reflexão, ainda que inicial, acerca da concepção de Partido Político, seguida de um breve resgate histórico dos partidos políticos e as lutas sociais no Brasil no período que vai desde a distensão política até a atualidade; passando em seguida para o debate em torno dos partidos políticos e a saúde, apontando as tensões existentes, pontuando algumas considerações, ainda que preliminares.

1. Os partidos políticos no Brasil

1.1 Concepção de partido político

Pretende-se situar a concepção de partido político que baliza este trabalho, entendendo o desafio de, em poucas linhas, expressar um debate repleto de nuances, mesmo no domínio da esquerda. Para tanto, realizamos um breve resgate das análises feitas por Braz (2006), e contidas no Manifesto do Partido Comunista, acerca das elaborações de Marx e Engels sobre partido político revolucionário.

O texto de Braz sinaliza os partidos operário-socialistas como a primeira forma clássica de partido político, sendo o restante dos partidos derivados dele — inclusive os liberais — muitos em contraste a ele ou mesmo referenciando-o (Cerroni apud Braz, 2006). O período das revoluções sociais, como diz o autor, trouxe uma visibilidade sociopolítica às contradições existentes na sociedade de domínio burguês, além de permitir a socialização "[...] dos instrumentos políticos de ação coletiva que fariam da consciência social acerca das desigualdades

---

3. As entrevistas foram realizadas no ano de 2009.

estruturais e de suas causas [...] um elemento fundamental para a busca da emancipação" (Braz, 2006, p. 17-18).

O partido de matriz socialista, nesse contexto, ficou intrinsecamente conectado à luta revolucionária pela emancipação político-social. Este partido, desenvolvido através do movimento proletário ao longo dos séculos XIX e XX, foi protagonista de todos "[...] os processos revolucionários que resultaram no derrubamento do poder de classe da burguesia e na constituição de algum tipo de Estado proletário [...]" (Braz, 2006, p. 18).

Neste sentido, o Manifesto que é um texto teórico-político, expressou um processo de maturação da ordem burguesa, sendo publicado pela primeira vez em 1848. Esboçado, segundo Netto (1998), em três níveis constitutivos: a perspectiva de classe, a análise teórica e a proposta política. Assim, a elaboração teórica do Manifesto é a própria autoconsciência de classe, o que mostra que a teoria é um elemento imprescindível para a emancipação política do proletariado. E essa organização do proletariado em classe é seguida pela organização em partido político, que remonta no decurso da história operária, nas lutas realizadas seja nas *trade unions*, cartismo e ludismo.

O termo *partido* foi usado por Marx e Engels de maneira genérica para referir-se a um grupo constituído de membros organizados em torno de objetivos de classe. Nos anos 1950, referiam-se ao termo partido para indicar a Liga dos Comunistas. Mas este não passou de um episódio na história do partido (Braz, 2006). O que não inviabilizou a utilização do termo para experiências posteriores.

O Manifesto registra a explicitação da crise já iniciada nos marcos da sociabilidade burguesa, ou seja, onde esta já apontava os seus limites. E na qual o proletariado entrava em cena e, com isso, sua perspectiva de classe, firmando-se como sujeito histórico revolucionário. Ou seja, o Manifesto, em verdade, registra as tendências já apontadas naquele dado momento.

É no Manifesto que são sinalizadas as balizas nas quais se assentam o Partido Político para Marx e Engels, vinculando-o ao Internacionalismo e ao caráter público do partido como princípios centrais, apesar de não haver neste documento nenhum "modelo" de partido político a ser seguido, senão algumas diretrizes gerais. Sendo assim, Braz (2006, p. 22) informa que:

> O partido é, pois o instrumento de classe que vincula a teoria à prática política do proletariado, que dirige e orienta as massas, apresentando-lhes seus objetivos estratégicos com os quais tenta convencê-las a lograr conduzi-las no processo revolucionário; esse processo pode se dar num lapso de tempo curto — podendo, portanto, resultar numa abrupta derrubada das classes dominantes, na destruição de seus aparelhos de dominação (fundamentalmente o Estado e seus diversos aparatos político-institucionais e repressivos) e na tomada do poder — ou, num largo período histórico no qual a luta pela transformação social se realiza processualmente e materializa-se em avanços graduais efetivados por reformas sociais na própria estrutura da sociedade.

Entretanto, o que se observa é uma crise da esquerda, do instrumento partido político, que tem bases nas transformações societárias ocorridas desde meados da década de 1960, mais que se assevera com o fim do "socialismo real", do avanço do neoliberalismo com todas suas consequências funestas, como o individualismo, desmobilização coletiva presente no desinteresse pelas formas de participação política e que tem impactos profundos nos partidos políticos revolucionários.

E, a despeito do descenso na organização dos trabalhadores, e do momento contrarrevolucionário vivenciado atualmente, afirma-se, de acordo com Braz (2006), a importância do partido político enquanto um instrumento político de mediação universal das lutas da classe trabalhadora.

No que se refere à relação entre os partidos políticos e a luta pela saúde, observa-se dificuldades para a concretização da saúde como direito de todos e responsabilidade do Estado, como proposto pela Reforma Sanitária. A pesquisa trabalha com a tese de que tal situação ocorre porque as lutas sociais contemporâneas possuem um caráter *particularista* em detrimento de seus conteúdos universais. E tal quadro é estimulado por correntes oriundas do interior da ordem burguesa.

Neste contexto, a discussão de políticas de cunho universalista, como a luta pela saúde pública, vem na contramão da ordem vigente. E, portanto, para avançar na concretização do direito à saúde, destaca-se como importante via de luta, a ação dos partidos políticos e movimentos sociais no contexto de reestruturação produtiva e de mudança na relação Estado–sociedade, a fim de constituir lutas contra-hegemônicas que avancem na perspectiva de consolidação dos ganhos constitucionais, e da democratização ao acesso aos direitos sociais.

1.2 Partidos políticos e as lutas sociais no Brasil: da distensão política ao século XXI[4]

Utilizando como ponto de partida para a análise as referências situadas em Bravo (2007), temos de 1974 a 1979 o período denominado de distensão política; seguido pela abertura política que vai de 1979 a 1985, que culmina com a transição democrática entre 1985 a 1990. Desta última conjuntura em diante, já sob o restabelecimento da democracia formal no país, vive-se um período que, se por um lado, constitui-se pela primeira vez no Brasil uma Constituição denominada por alguns de cidadã que garante alguns direitos sociais, por outro, observa-se a partir dos anos 1990 um processo massivo de desconstrução desses direitos, seja por parte dos sujeitos políticos envolvidos na cena política que antes se julgavam representantes da classe trabalhadora, seja pelos ataques midiáticos à seguridade social, numa conjuntura prenhe de contradições sociais.

Antes de tratar dos períodos citados, é preciso que se diga que a ditadura militar no Brasil, ou melhor, a ditadura do "grande capital", como evidenciou Ianni (1981), criou condições político, jurídicas, econômicas e sociais sob as quais a burguesia aumentou exponencialmen-

---

4. Algumas das sistematizações apresentadas neste item foram retiradas da dissertação intitulada *Fazer mais e melhor com o pouco que eu tenho*: um estudo da política nacional de humanização implementada em Manaus. Defendida em setembro de 2009, no Programa de Pós-Graduação em Serviço Social da UERJ por Tainá Souza Conceição.

te seus ganhos, a partir da exploração dos trabalhadores, aumentando a taxa e a massa de mais-valia. Assim, desde que se instaurou a ditadura as condições de pauperização da classe trabalhadora foram agravadas.

> A superexploração da classe operária surge no cotidiano da vida do trabalhador em termos de escassez, ou precariedade, de recursos para alimentação, vestuário, habitação, saúde, educação, transporte e outros elementos que entram na composição das condições sociais de existência da classe. Ao lado do excesso de trabalho, e da baixa remuneração, surgem o cansaço, o esgotamento de energias, a doença. Na base de tudo, no entanto, na base das condições de existência da classe operária, estão a jornada de trabalho muito intensa ou muito extensa. (Ianni, 1981, p. 81)

Esse esforço desaguou, como se sabe, em 1970, no chamado "milagre econômico", efeito da "modernização conservadora", feita à custa da privatização dos fundos públicos, endividamento externo, superexploração da força de trabalho, resultando, nos termos de Ianni (1981), em uma extração de mais-valia extraordinária da classe trabalhadora.

Assim, a economia política na ditadura apresentava de acordo com Ianni (1981) três características incisivas: 1) o planejamento econômico estatal "modernizado", a fim de garantir a estabilidade social e política, necessárias ao desenvolvimento "seguro" do capital financeiro nacional e estrangeiro; 2) a "violência estatal", por meio da técnica política e econômica, a serviço do capital, operando sobre as forças produtivas, com intuito de controlar a classe operária e garantindo uma taxa extraordinária de mais-valia; e 3) através da articulação do aparelho estatal com a grande burguesia financeira. O capital financeiro passou a influenciar a "fisionomia e os movimentos do Estado brasileiro".

A ditadura burguesa tinha como estratégia principal "imobilizar os protagonistas sociopolíticos habilitados a resistir a esse processo", como os partidos políticos, sindicatos, movimentos sociais e toda e qualquer força progressista da sociedade, exigindo a desarticulação destes (Bravo, 2007). Todavia, a partir de 1974 dá-se o período chamado de *distensão política*, momento no qual nota-se a fragilidade e as contradições do autoritarismo militar, principalmente com o fim do milagre brasileiro e na qual se tornam expostas as mazelas sofridas pela população decorridas da contradição desse regime. Desta forma, são expressadas essas insatisfações durante o mesmo ano com as eleições para o Legislativo, momento em que o povo votou no MDB (Movimento Democrático Brasileiro), sigla que aglutinou votos de protesto e que apontam um processo de ampliação e aprofundamento da resistência democrática.

Pode-se identificar neste período um sistema bipartidal, com dois partidos legais, a Arena (Aliança Renovadora Nacional) e o MDB (Movimento Democrático Brasileiro) que figuravam no cenário político. Este último, com apoio do PCB (Partido Comunista Brasileiro) e algumas outras correntes de esquerda que à época estavam na clandestinidade, colocou em cena debates sobre problemas da conjuntura nacional, expressando a oposição à ditadura vigente. Com o crescimento do MDB, principalmente nas grandes capitais, e a deslegitimação da Arena, no pleito de 1976, a saída posta foi a extinção da Arena.

O processo caracterizado de *abertura política* visava a "recomposição de um bloco sociopolítico", a fim de assegurar a institucionalização perene da autocracia burguesa, afinal "a 'abertura' não almejava entregar o poder à oposição democrática, mas realizar alguns itens de sua plataforma, a fim de conquistar maioria eleitoral para a ala civil do regime, sem que os interesses dominantes fossem afetados" (Bravo, 2007, p. 60). Entretanto, esses intentos foram abalados pela crise econômica, resultante do excessivo endividamento, que culmina com o Brasil recorrendo ao Fundo Monetário Internacional (FMI), em 1982, e pelo expressivo aumento da participação popular no cenário político.

Nesse contexto, em 1979, é votado um projeto de reformulação partidária, no qual são extintos tanto o Arena quanto o MDB e são criados outros seis partidos: o PMDB (diretamente do MDB), o PDS (Partido Democrata Social) (da Arena), o PP (Partido Popular) (resultado da divisão com os conservadores do MDB), o PTB e PDT (trabalhistas) e o PT (que surge das bases sindicais, em 1981). Entretanto, essa estratégia já não era suficiente, pois diante de uma situação econômica grave, índices elevados de inflação, consequências sociais de toda ordem recaíam sobre os trabalhadores, principalmente os assalariados, e fragilizava ainda mais o regime ditatorial que perdia gradualmente legitimidade, devido, de um lado, a crise econômica, com o fim do milagre brasileiro, e pelo enfraquecimento do PDS.

Diante dessa situação, o movimento por eleições diretas emergia na sociedade civil sendo organizada pelo PMDB uma Proposta de Emenda Constitucional que, posteriormente, foi negada, mas que abriu caminho para articulação de forças para o aprofundamento da luta democrática, por meio da Aliança Democrática. Esta foi formalmente constituída pelo PMDB e PFL, de modo que sua base congregava posições político-ideológicas heterogêneas, mas que significou com a vitória de Tancredo Neves uma ruptura formal com o período ditatorial, abrindo caminho para o processo de transição democrática.

Ao final desse período, o que se observou foi uma crise de hegemonia. Aos poucos, os trabalhadores e setores progressistas da sociedade se reorganizaram e ganharam força no cenário nacional. A situação de desemprego, superexploração da classe trabalhadora, aliada aos problemas econômicos pelos quais o país passava como a inflação, foi um fermento importante para a retomada da luta pela redemocratização do país.

Essa crise de hegemonia é observada ao passo em que a ditadura vai perdendo a credibilidade, mesmo entre os setores que a apoiavam, como setores da Igreja Católica, da classe média e militares. E, ao longo da década de 1970, espraiando-se para a década seguinte, cada vez em maior escala, amplos setores da população organizam-se com o intuito de construir uma nova sociedade (Ianni, 1981).

O período que se segue é o de *transição democrática*, conhecido também como "Nova República", ou como "transição transada", por Florestan Fernandes (1985) e é marcado pela doença e morte de Tancredo Neves. José Sarney que o substituiu, enfrentou divergências internas nas alianças estabelecidas, além disso, não tinha o perfil democrático necessário para a implementação dos compromissos firmados. De modo que a Nova República "foi resultante de uma negociação 'pelo alto' entre os dirigentes do bloco autoritário e a principal força partidária de oposição" (Bravo, 2007, p. 74).

No plano econômico, nos idos de 1987, as medidas de ajuste da economia não estavam obtendo resultado esperado. O Plano Cruzado estava fracassado e a inflação contra-atacava fazendo deteriorar as contas públicas, aumentando a dívida externa e gerando desaquecimento econômico (Behring, 2003). Ao mesmo tempo, no plano político, o PMDB vai perdendo espaço no governo Sarney, a partir deste momento, até distanciar-se totalmente, resultando na dissolução da Aliança Democrática, de modo que o governo passa a ser sustentado pelo "Centrão" — PFL e PDS, resultando num "giro conservador" a partir de 1988.

O grupo do PMDB que se afasta do governo vai enfatizar a Assembleia Nacional Constituinte, juntamente com outros partidos mais a esquerda como PT, PDT, PCdoB, PCB que foi o *lócus* dos principais acontecimentos políticos de luta pela democratização.

Outro elemento importante neste cenário é o crescimento eleitoral expressivo do PT, resultante da organização dos trabalhadores naquele período e dos anseios por uma nova sociedade que aglutinou nomes importantes da esquerda brasileira como Florestan Fernandes, Carlos Nelson Coutinho entre outros. Ao mesmo tempo, vê-se o surgimento de novos partidos, tais como o PPS, em 1992, resultando de divisão interna do PCB; o PSTU em 1994 de dissidências do PT e, em 1995, o PCB foi refundado.

Ao adentrar na década de 1990, com o reordenamento das relações entre o centro e a periferia, de ajustamento global, mostrava persistente o cenário econômico de aumento da dívida pública, queda de investimento no setor público, recomposição e a modernização da indústria, e a inflação. Cenário esse que aplicou uma "dura pedagogia da inflação" (Oliveira apud Behring, 2003), de modo que "esse será o fermento para a possibilidade histórica da hegemonia neoliberal; paralisado pelo baixo nível de investimento privado e público; sem solução consistente para o problema do endividamento; e com uma situação social graviíssima (Behring, 2003, p. 137).

> As políticas de ajuste, ocorridas na década de 80, depois da crise da dívida externa de 1982, fazem parte de um movimento de ajuste global que se inicia com a crise do padrão monetário internacional e os choques de petróleo da década de 1970, ao lado do processo simultâneo de reordenamento das relações entre o centro hegemônico do capitalismo e os demais países do mundo capitalista. Passa também por uma derrota política do chamado "socialismo real" e desemboca numa generalização das políticas neoliberais em todos os países periféricos, começando pela América Latina, passando pela África e estendendo-se ao Leste Europeu e aos países que surgiram com a desintegração da União Soviética. (Tavares e Fiori apud Mota, 2000, p. 64)

Neste sentido, Mota (2000, p. 93) chama atenção e afirma que o que foi se gestando na década de 1980 é uma cultura dessa nova ordem que "exige desqualificação do significado histórico dos projetos de democratização do capital e da socialização da riqueza socialmente produzida como alternativas 'à' ordem e/ou na ordem do capital". Essa é uma tendência capitaneada pela burguesia internacional que nega os mecanismos anticíclicos, outrora vistos como a solução para os males do sistema capitalista, e constrói novos mecanismos de ajustes econômicos, promovendo contrarreformas neoliberais e desregulamentando mercados.

Neste contexto, ganha as eleições Fernando Collor de Mello que disputou as eleições com Luiz Inácio Lula da Silva. O governo de Collor apresenta e inicia as primeiras medidas do receituário neoliberal, como a chamada Reforma Estrutural, que contemplava um menu de privatizações, redução das tarifas aduaneiras, abertura comercial, entre outros (Behring, 2003).

O governo seguinte foi presidido pelo sociólogo da USP Fernando Henrique Cardoso vinculado ao PSDB que sai vitorioso do pleito eleitoral com Lula. Nesse governo, é ampliado e aprofundado o pacote de reformas já iniciadas no governo Collor de Mello, como forma de "enfrentar a crise". Obteve como principais resultados: a consolidação do Plano Real, a flexibilização das relações de trabalho, a desregulamentação dos mercados financeiros e o aprofundamento do processo de privatização. Nesse sentido, o discurso veiculado pelas elites políticas e econômicas brasileiras é — assim como foi na ditadura — o "do crescimento econômico, da inserção do Brasil na economia internacional e da necessidade de redefinição do papel do Estado" (Mota, 2000, p. 100).

O que importa — tanto quanto foi o discurso mistificador de outrora — *é fazer crer que a crise afeta a todos da mesma maneira, e, portanto, requer sacrifícios de todos*. Além disso, é fomentado no interior da sociedade a cultura das práticas autônomas, isto é, por fora do Estado, presente no discurso e ações das ONGs (Organizações Não Governamentais), fazendo crer que as ações realizadas via Estado são menos eficazes, enquanto as da iniciativa privada seriam, por sua vez, dotadas de maior eficácia, cultivando-se uma prática de "apoliticismo e voluntarismo" (Mota, 2000).

Após oito anos de mandato, encerra-se o período FHC que vinha de uma grave crise econômica e inicia-se a disputa eleitoral entre Luiz Inácio Lula da Silva (PT) e José Serra (PSDB). O temor dos agentes do mercado era a candidatura de um político de "esquerda" devido às medidas que este poderia tomar. Assim, Lula que já vinha de três eleições fracassadas, escreve a *Carta aos brasileiros*, ou seja, um compromisso com o mercado de cumprimento de todas as metas e obrigações do governo anterior, além de aliar-se a setores e partidos que outrora combatia. Desde logo, a situação tornou-se desconfortável, pois a esquerda que votara em Lula já não mais sabia o que esperar de seu governo, ou melhor, já sabia que não poderia esperar uma ruptura com os antecessores.

Diante dessa conjuntura deve-se ressaltar a insatisfação de um grupo de militantes, principalmente oriundos da tendência Convergência Socialista do PT, e a criação, após sua expulsão daquele partido, do Movimento Pró-Partido Socialista dos Trabalhadores Unificados no início da década de 1990. Em agosto de 1993, é aprovado o registro provisório do PSTU e, em 1994, é realizado o primeiro congresso do Partido.

Nesse processo, o PT "passou de uma hegemonia proletária para uma hegemonia pequeno-burguesa", nos termos de Iasi (2006). Badaró (2009) a esse respeito dirá que a partir do início dos anos 1990 o partido assume uma estratégia centrada no marketing eleitoral, como é prova a campanha de 2002, assim

> A opção do PT por aderir a essa estratégia e praticamente abandonar qualquer outra via de mobilização social para efetivar seu programa político indica que o partido passou a priorizar uma mobilização de bases eleitorais para um programa de governo, em detrimento da mobilização de bases sociais para um projeto de transformação. (Badaró, 2009, p. 119)

Sader (2009, p. 69) vai dizer que a "eleição de Lula é resultante, em primeiro lugar, da força acumulada ao longo da resistência à ditadura e, em segundo, da oposição ao neoliberalismo já durante a redemocratização, na década de 1990". Seu governo mostrou-se, desde logo, em muitos aspectos, como de continuidade com o de Fernando Henrique Cardoso. Assistiu-se a Reforma da Previdência e Universitária, a manutenção da Desvinculação das Receitas da União (DRU), a tentativa de Reforma Tributária.

As insatisfações surgem por parte dos movimentos sociais que se organizaram e acreditaram na mudança advinda da eleição de Lula à presidência. Se, desde o início do primeiro mandato já havia descontentamentos de diversos movimentos sociais e sujeitos políticos frente ao posicionamento do PT e suas alianças com os partidos políticos de direita é, no final dos anos 2000, que a rejeição se intensifica atingindo negativamente as mobilizações existentes no país levando-as, em muitos casos, ao pessimismo e a um processo de refluxo. Em 2003, com o desfecho e aprovação da Reforma da Previdência e da Reforma Universitária ocorre uma divisão no PT por conta da divergência de alguns parlamentares diante da votação no Congresso Nacional. A partir deste episódio, os que se posicionaram contra aos projetos aprovados, divergem do PT construindo assim a corrente "Esquerda Socialista

Democrática", objetivando a construção de um novo partido quando também encontram o apoio de um grupo dissidente do PSTU. E é a partir destas divergências entre o partido e militantes que surge o PSOL[5] (Partido Socialismo e Liberdade), em 2004.

Em 2006, durante as eleições organiza-se uma Frente de Esquerda constituída pelos seguintes partidos: PCB, PSTU e PSOL no apoio à candidatura de Heloísa Helena que não venceu o pleito sendo disputado no segundo turno por Lula e Geraldo Alckmin, com Lula sendo eleito.

É durante esse período que o processo de privatização das políticas públicas se agrava, principalmente, na saúde, com desdobramentos para as demais áreas como a educação; exemplo disso é o projeto de "Fundações de Direto Privado", que tem sua apresentação ao Congresso em 2007 e é reapresentado em 2009, sendo construída e defendida pelo PT.

Assim, notamos o retrocesso na luta construída na década de 1980. Os novos rumos tomados pelo PT acabam por fragilizar a luta dos trabalhadores, que tinham no partido um de seus representantes. Dessa forma, o PT atualmente se posiciona na defesa do projeto privatista e se "omite" diante dos ataques ao SUS e aos princípios da Constituição Federal. Os partidos que tiveram sua importância na articulação e posicionamento durante o processo Constituinte atualmente não apresentam uma agenda de lutas unificada, o que influencia e resulta na desarticulação e derrota das lutas sociais da classe trabalhadora.

Nota-se que o segundo mandato do governo Lula dá continuidade ao sucateamento do Estado em favor da abertura ao capital financeiro e fortalecimento da iniciativa privada, consolidando assim o que Bravo (2007) apresenta como disputa entre dois projetos na saúde, Projeto Privatista × Projeto de Reforma Sanitária. Mas este é assunto do próximo tópico, na qual será realizada a análise dos partidos e sua relação com a saúde.

---

5. Sobre a constituição do PSOL conferir artigo de Badaró (2009).

2. Partidos políticos e a luta pela saúde

Antes de apresentar os resultados preliminares da pesquisa, entendemos que não há como abordar a relação entre partidos políticos e a luta pela saúde sem tratarmos, mesmo que sumariamente, de dois processos importantes para as análises que estamos construindo: a construção do SUS na década de 1980, e a disputa entre os dois projetos — o projeto da reforma sanitária e o projeto privatista — apontados por Bravo (2007) no cenário pós-Constituição de 1988 e que conformam a atual política de saúde.

O primeiro nos reporta aos idos dos anos 1980, período em que a grande efervescência política dos sujeitos históricos comprometidos com a causa dos trabalhadores e com anseios por uma sociedade democrática faz estremecer e derruir as bases da ditadura. A saúde é, nesse momento histórico, uma das bandeiras que aglutinam forças progressistas em torno desse ideal. Esse período é marcado por avanços significativos para a política de saúde, especialmente a partir da 8ª Conferência Nacional de Saúde, em 1986, que serviu posteriormente como base para a elaboração do Sistema Único de Saúde (SUS), inscrito na Constituição Federal de 1988.

As Leis ns. 8.080/90 e 8.142/90 são a base para a criação do SUS, que tem como princípios norteadores a democratização e universalização do acesso, integralidade e equidade das ações, qualidade dos serviços prestados, o controle social, por meio da participação social nos Conselhos e Conferências de Saúde.

A despeito das conquistas constitucionais, e a da compreensão de que dentre todas as políticas sociais a saúde seja uma das mais inclusivas, por ser garantido o acesso universal, como "dever do Estado e direito do cidadão", tem-se, desde sua elaboração, vivenciado dificuldades para sua plena implementação, num claro processo de desmonte de direitos.

Dessa disputa de projetos, observa-se, ao longo dos anos, a hegemonia do projeto articulado ao mercado. De modo que afirmação do ideário neoliberal no Brasil sob as políticas sociais tem se configurado em sucateamento da seguridade social,[6] a despeito do avanço político resultante dos anos 1980 do século passado. Assim, ao adentrar na década de 1990, temos o primeiro momento de ruptura com o projeto democrático, já no governo Collor de Mello que, sob justificativa de forte impacto da crise econômica, reduz os gastos na área social impedindo a implantação do SUS, via emendas constitucionais, e "demonstrando pouca disposição de implementar o conceito de seguridade social preconizado na Constituição" (Behring, 2003, p. 154). Após o *impeachment*, segue-se o governo de Itamar Franco, marcado pelo processo de recomposição da articulação política conservadora e, que tem no então Ministro da Fazenda, Fernando Henrique Cardoso, as credenciais necessárias para a recomposição da hegemonia burguesa no país.

Nos oito anos do governo de Fernando Henrique Cardoso, o ideário neoliberal que já vinha sendo paulatinamente implementado no país desde o governo Collor de Mello, é aprofundado e fortalecido, dos quais são exemplos os processos de privatização, as contrarreformas da previdência, a criminalização dos movimentos sociais, o truculento enfrentamento à greve dos petroleiros, identificando como inimigo número um do "sindicalismo combativo e reivindicativo" (Antunes, 2005). É também no governo Fernando Henrique Cardoso que se iniciam a utilização de mecanismos como a DRU (Desvinculação de Receitas da União) e do superávit primário.

A seguridade social enfrenta enormes dificuldades que se dão devido às parcas iniciativas de descentralização e financiamento, já observando-se a prioridade da área econômica em detrimento da área social. No caso da saúde, em específico, temos a consolidação da contrarreforma do Estado, pautada nos marcos da política de Bresser Pereira, a partir dos documentos do Plano Diretor da Reforma do Estado do Mare, que propõem projetos de privatização e terceirização

---

6. Compreendendo todos os direitos previstos no artigo 6º da Constituição Federal de 1988, conforme inscrita na Carta de Maceió, elaborada e aprovada pelos participantes do XXIX Encontro Nacional CFESS/CRESS, realizado em Alagoas, no ano 2000.

da saúde, por meio das Organizações Sociais (OSs) ao compreender que serviços como saúde, educação, pesquisa e outros não são responsabilidades exclusivas do Estado.

Behring (2003, p. 172) vai apontar que, para Bresser Pereira, a situação de "crise fiscal" que se espalha pela América Latina aprofundada na crise da dívida externa, conjuntamente com as práticas de populismo econômico,[7] vai demandar a "disciplina fiscal, a privatização e a liberalização comercial". O que não significaria, no entanto, de acordo com o autor de uma reforma neoliberal, mas de uma *proposta social-liberal*, na qual o Estado permanece como responsável pela área social, mas com forte credo no mercado, de quem pode contratar serviços, inclusive na área social.

Diante dessas considerações, Bresser vai afirmar que as causas da crise residem no Estado desenvolvimentista, comunista e no *Welfare State*, desconsiderando, todavia, o caráter singular de cada uma dessas experiências. Contudo, a esse Estado caracterizado de social-liberal caberá o "papel de coordenador suplementar", uma vez que a crise seria resultante da inadimplência fiscal do Estado, na exacerbação de sua função de regulador e na rigidez e ineficiência do serviço público. Caberia então reformar este Estado, torná-lo governável, resgatando sua habilidade financeira e administrativa. Para isso, é imperativo a garantia de taxas de poupança e investimentos apropriadas, com eficiente alocação de recursos e distribuição de renda mais equitativa. Nesse Estado social-liberal "o lugar da política social é deslocado: serviços de saúde e educação, dentre outros, serão contratados e executados por organizações públicas não estatais competitivas" (Behring, 2003, p. 173).

Diante desse movimento engendra-se um processo de redefinição do papel do Estado, em que ele continua sendo um "realocador de recursos", garantindo a ordem interna e segurança externa, e transfe-

---

7. Segundo Behring "O populismo econômico, numa definição sumária, caracterizar-se-ia por políticas macroeconômicas na América Latina, que mantêm o ativismo do Estado no desenvolvimento, bem como acena para a redistribuição de renda no curto prazo, mas sem sustentação ao longo prazo, a exemplo do Plano Cruzado" (2003, p. 172).

rindo ao setor privado atividades que podem ser reguladas pelo mercado, e de outro lado descentralizando para o "setor público não estatal", serviços que não envolvem o exercício específico do Estado, como educação, saúde, pesquisa científica e cultura, denominado de publicização.[8] Trata-se do que é chamado de diminuição do papel do Estado, mas que é duramente criticado por setores e intelectuais críticos de esquerda, que mostram que na verdade o que existe é um "Estado mínimo para o social é máximo para o capital", como sinaliza Oliveira (1998, p. 44):

> Trata-se de uma verdadeira regressão, pois o que é tentado é a manutenção do fundo público como pressuposto *apenas* para o capital: não se trata, como o discurso da direita pretende difundir, de reduzir o Estado em todas as arenas, mas apenas naquelas onde a institucionalização da alteridade se opõe a uma progressão do tipo "mal infinito" do capital.

Nessa proposta, a eficiência do setor público é um dos pontos centrais, encaminhada por uma perspectiva gerencial em detrimento da gestão burocrática e que tem como horizonte a flexibilização e a descentralização das decisões. Assim, a transição democrática, que teve como um de seus resultantes a Constituição de 1988, é vista como um retrocesso, imbuída de um novo populismo patrimonialista que marca aquele período no país (Behring, 2003).

Os governos Lula dão continuidade a esse processo e consolida as contrarreformas neoliberais. Mantém a política econômica do governo anterior e intensifica as políticas sociais de caráter focalizado e segmentado. Além disso, mantém a DRU e o Superávit Primário, que, aliás, sob este governo obtém os maiores índices. Não é preciso dizer que tais medidas contribuem para o desfinanciamento da seguridade social, e em especial da política de saúde. Outro fator que tem se constituído um desafio para o financiamento da saúde é a implementação

---

8. "Trata-se da produção de serviços competitivos ou não exclusivos do Estado, estabelecendo-se parcerias com a sociedade para o financiamento e controle social de sua execução. O Estado reduz a prestação direta de serviços, mantendo-se como regulador e provedor" (Behring, 2003, p. 179).

da EC n. 29, criada em 2000 com o objetivo de vincular recursos para a saúde, definindo percentuais mínimos para cada esfera da federação. Mesmo com o avanço da proposta, alguns pontos permaneceram polêmicos e estimularam a discussão entre várias entidades e movimentos sociais da saúde, como, por exemplo, *a base de cálculo para a vinculação* e o conceito de *despesa em saúde*.

Constata-se que o financiamento federal da saúde não tem sido suficiente para dar conta da expansão do acesso e qualidade dos serviços ofertados, gerando, ao longo do processo, questões a serem pensadas, como a estrutura, o acesso, a qualidade e a integralidade dos serviços oferecidos, a formação profissional, dentre outras. E como tem se posicionado os partidos nesse contexto? Esta é a questão que procura-se responder a seguir.

Como havíamos anunciado anteriormente, os partidos selecionados para a pesquisa são: PCB, PCdoB, PSOL, PSTU, PT, PDT, PPS, PMDB, PSB, PSDB, DEM, PV, PRB e PCO. As análises feitas partem de pesquisa bibliográfica e documental nos últimos Estatutos, Programas e Resoluções Congressuais dos referidos Partidos Políticos, bem como de informações contidas em seus sítios oficiais.

Como já foi sinalizado, no movimento pela democratização e universalização da saúde participaram a sociedade civil organizada, determinadas categorias profissionais, intelectuais, professores e também partidos políticos. A Assembleia Constituinte foi formada por várias tendências. Que se em certa medida avançam com relação ao que tange ao capítulo da Ordem Social, em outros permanece como é o caso da Tributação que continuou regressiva. Dessa forma, como os partidos políticos se colocam diante dessas questões? *No que concerne ao direito à saúde* todos os partidos, com exceção do PPS (por falta de menção) são unânimes em afirmar o direito à saúde como pública e dever do Estado, mesmo que de modo genérico.

Quanto à *concepção de saúde e o Sistema Único de Saúde,* nem todos apresentam claramente uma concepção de saúde, o PCB o faz claramente, afirmando ser "garantia da vida, com a caracterização do acesso à saúde pública, gratuita e de qualidade como um direito; estatização do sistema privado de saúde e expansão da rede pública, com garantia de acesso a todos os níveis". Com relação ao SUS, todos dizem defender a universalidade da política, sendo responsabilidade do Estado, bem como a importância do princípio de descentralização, a fim de propiciar uma desconcentração do poder do Estado.

No que se refere a privatização e terceirização, os partidos de esquerda ou do centro como: PCB, PCdoB, PSOL, PSTU, PCO, PT, PDT, PMDB são contrários à privatização e terceirização, embora a atual gestão federal não tenha interferido nas ações que a gestão anterior tomou em direção à privatização ostensiva das empresas estatais e apresenta outras propostas de gestão privatizante como as Parcerias Público-Privadas. O PDT sugere privatizações nos moldes franceses e italianos, com organizações de caráter misto, público e privado que liderem experiências produtivas pioneiras em associação com grupos de empresas privadas. Já o PPS, o PSDB e o DEM não são contrários as privatizações e terceirizações em caso de empresas nacionais. O PV em seu programa apoia as Organizações Sociais (OSs). O que se mostra contraditório, ao passo que defendem o direito à saúde como direito do cidadão e dever do Estado.

No cenário atual, onde vemos novos modelos de gestão do serviço público ganhando cada vez mais espaço como as Organizações Sociais (OS) e as Fundações Estatais de Direito Privado (FEDP) (Projeto de Lei Complementar n. 92/2007),[9] apresentado no segundo governo Lula. Nos sítios dos partidos DEM, PSOL e PCB vemos posicionamento contrário ao Projeto das Fundações. O PSB converge com o PT na defesa da efetivação das FEDP. Os sítios dos demais partidos não manifestam posição favorável ou contrária ao Projeto, limitando-se a, no máximo, citá-lo em reportagens.

Quanto ao financiamento da Saúde, a maioria dos Partidos posiciona-se em favor da efetivação da Emenda n. 29[10] (DEM, PSB, PSDB,

---

9. Segundo o PLP n. 92/2007, de autoria do Poder Executivo, "poderá, mediante lei específica, ser instituída ou autorizada a instituição de fundação sem fins lucrativos, integrante da administração pública indireta, com personalidade jurídica de direito público ou privado, nesse último caso, para o desempenho de atividade estatal que não seja exclusiva de Estado".

10. A Emenda Constitucional n. 29, de 2000, estabelece a vinculação de recursos nas três esferas de governo para um processo de financiamento mais estável do SUS (15% da verba

PCdoB). O PSOL acrescenta o debate fazendo duras críticas à manutenção da DRU.[11] Já o PT coloca-se contrário ao fim da CPMF,[12] propondo contornar o desfinanciamento da Saúde a partir de Reforma Tributária. O PSB ainda corrobora com a Carta de Brasília quando coloca que é necessário garantir "uma política de investimentos e alocação de recursos e de custeio, garantindo que as ações estratégicas da área de saúde sejam direcionadas a todos os municípios, incluindo os de pequeno porte. O investimento em saúde tem que levar em consideração as três esferas de governo". O PDT indica em seu programa de partido a proposta de diversificar as bases de contribuição para a Seguridade Social, com redução da participação de contribuição dos empregados, aumento das formas de contribuição pelo faturamento líquido, acompanhados de mecanismos aperfeiçoados de combate a sonegação.

Quanto à participação e controle social, o PCB, PCdoB, PT, PDT, PPS, apontam a perspectiva de participação popular e controle social na saúde. Entretanto, o governo do PT tem mostrado o contrário. Prevalece uma despolitização no tocante à participação e ao controle social. A instância máxima de participação e controle social, como é o caso do Conselho Nacional de Saúde (CNS) é desconsiderada como no caso da apresentação do Programa Mais Saúde, lançado em dezembro de

---

municipal, 12% da estadual e 10% da federal), além de regulamentar a progressividade do Imposto Predial e Territorial Urbano (IPTU), de reforçar o papel do controle e fiscalização dos Conselhos de Saúde e de prever sanções para o caso de descumprimento dos limites mínimos de aplicação em saúde.

11. A Desvinculação de Recursos da União foi proposta pelo Poder Executivo em 1994. Foi criado inicialmente como Fundo Social de Emergência, posteriormente denominado Fundo de Estabilização Fiscal que vigorou até 31 de dezembro de 1999. A atual denominação é utilizada desde 2000, quando o Projeto foi reformulado. A DRU desvincula 20% da receita tributária da União, dando ao governo federal mais liberdade para distribuir os recursos do Orçamento entre os programas que julgar prioritários. Segundo o governo, a DRU é responsável por cerca de 60% do total dos recursos que a União tem liberdade de gastar.

12. A Contribuição Provisória sobre a Movimentação ou Transmissão de Valores e de Créditos e Direitos de Natureza Financeira (CPMF) foi um tributo brasileiro com contribuição destinada ao custeio da saúde pública, da previdência social e do Fundo de Combate e Erradicação da Pobreza. Sua esfera de aplicação foi federal e vigorou de 1997 a 2007, quando o Senado rejeitou a proposta do governo federal de prorrogação da CPMF até 2011, bem como todas as suas ofertas seguintes de modificações da CPMF.

2007, sem análise do mesmo e a posição do ministro em não acatar a decisão da 13ª Conferência Nacional de Saúde contrária às Fundações de Direito Privado. O PV enfatiza a participação, por meio de mecanismos de democracia direta. O PCO e PRB dão ênfase à plena vigência do regime democrático, representativo e republicano, sem, no entanto, fazer uma referencia direta à saúde.

O que a pesquisa apontou até agora é um distanciamento das questões relativas à saúde nos programas políticos dos partidos políticos, que são tangenciadas no debate. Observa-se também uma ausência dos discursos e propostas da Reforma Sanitária que englobem questões como: universalização; caráter público; sistema nacional; participação popular na saúde. Além disso, a Constituição Federal de 1988 é pouco relacionada ao SUS e à Política de Saúde, havendo um descolamento das questões tratadas isoladamente.

Ressalta-se que não se identificou nenhum partido na atualidade, com protagonismo para o fortalecimento do Projeto de Reforma Sanitária como o realizado pelo PCB, nos anos 1980. Os partidos que tiveram destaque no processo da Constituinte e defenderam a bandeira da Reforma Sanitária se afastaram de suas proposições, a partir dos anos 1990.

No que se refere ao governo Lula e os seus partidos aliados, que tiveram protagonismo na Reforma Sanitária, têm apresentado propostas de flexibilização do projeto, aproximando-se das perspectivas da Terceira Via (PT, PSB, PMDB).

Considerações finais

Como afirmou-se desde o início, entende-se que os estudos sobre Partidos Políticos são de extrema relevância para as análises sobre as lutas pela saúde, por entender seu papel estratégico na construção de um Projeto societário. Projeto este que deve-se fundar nas bases do proposto no Projeto de Reforma Sanitária, ou seja, na construção de uma nova sociabilidade entre os homens e mulheres.

Ao abordar a temática partidos políticos, ancorou-se numa perspectiva revolucionária, que entende o mesmo, como um instrumento de organização, orientado por uma consciência de classe, figurada na classe trabalhadora. E que, apesar dos limites e desafios postos atualmente, ainda constitui-se como instrumento primordial para a mediação dos interesses da classe.

No que tange os partidos políticos brasileiros, observa-se, a partir de um breve resgate histórico, as mudanças ocorridas, devido ao processo ditatorial seguido pelo período de redemocratização do país e da onda neoliberal que a sucedeu. Estas diferentes realidades permearam o debate, as fusões e os rumos dos partidos políticos no país.

É neste contexto que são analisados os documentos, programas e resoluções congressuais dos partidos em questão que indicam que mesmo os partidos de "esquerda" encontram dificuldades organizativas na ação por direitos e políticas sociais. E, no que se refere às lutas pela saúde há uma intenção de retomada das bandeiras defendidas pela Reforma Sanitária nos anos 1980.

Referências bibliográficas

ANTUNES, Ricardo. *A desertificação neoliberal no Brasil (Collor, FHC e Lula)*. 2. ed. Campinas: Autores Associados, 2005.

BADARÓ, Marcelo. O PSOL em sua trajetória recente: um novo PT? In: BADARÓ, Marcelo. *Reorganizando em meio ao refluxo*: ensaios de intervenção sobre a classe trabalhadora no Brasil atual. Rio de Janeiro: Vício de Leitura, 2009.

BEHRING, Elaine. *Brasil em contrarreforma*: desestruturação do Estado e perda de direitos. São Paulo: Cortez, 2003.

BOSCHETTI, Ivanete. Seguridade Social na América Latina. In: BOSCHETTI, Ivanete et al. (Orgs.). *Política social no capitalismo*: tendências contemporâneas. São Paulo: Cortez, 2008.

BRAVO, Maria Inês de Souza. *Serviço social e reforma sanitária*: lutas sociais e práticas profissionais. São Paulo: Cortez, 2007.

SAÚDE, SERVIÇO SOCIAL, MOVIMENTOS SOCIAIS E CONSELHOS

_____ et al. *Partidos políticos e saúde*. Projeto Semic. Rio de Janeiro: UERJ, 2009. (Mimeo.)

BRAZ, Marcelo. *Partido proletário e revolução*: sua problemática no século XX. Tese (Doutorado) — Escola de Serviço Social/Universidade Federal do Rio de Janeiro, Rio de Janeiro, 2006.

CONCEIÇÃO, Tainá Souza. *"Fazer mais e melhor com o pouco que eu tenho"*: um estudo da política nacional de humanização implementada em Manaus. Dissertação (Doutorado) — Programa de Pós-Graduação em Serviço Social da UERJ, Rio de Janeiro, 2009.

DEM. *Estatuto do Democratas*, 2007. Disponível em: <http://www.dem.org. br/download/Estatuto_Democratas.pdf>. Acesso em: 10 ago. 2010.

FERNANDES, Florestan. *Nova república?* Rio de Janeiro: Jorge Zahar, 1985.

IANNI, Octavio. *A ditadura do grande capital.* Rio de Janeiro: Civilização Brasileira, 1981.

IASI, Mauro. *As metamorfoses da consciência de classe*: o PT entre a negação e o consentimento. São Paulo: Expressão Popular, 2006.

MARX, K.; ENGELS, F. *Manifesto do Partido Comunista*. 2. ed. São Paulo: Cortez, 1998.

MOTA, Ana Elizabete. *Cultura da crise e seguridade social*: um estudo sobre as tendências da previdência e da assistência social brasileira nos anos 80 e 90. 2. ed. São Paulo: Cortez, 2000.

NETTO, José Paulo. Prólogo. In: MARX, K. ENGELS, F. *Manifesto do Partido Comunista*. 2. ed. São Paulo: Cortez, 1998.

PCB. *Programa do PCB para as eleições 2010*, 2010. Disponível em: <http://pcb. org.br/portal/index.php?option=com_content&view=article&id=1783>. Acesso em: 14 jul. 2010.

PCdoB. *5º Plano Nacional de Estruturação Partidária*, 2004. Disponível em: <http://www.pcdob.org.br/documento.php?id_documento_arquivo=172>. Acesso em: 9 ago. 2011.

PCO. *Anteprojeto de estatutos do Partido da Causa Operária*, 2003. Disponível em: <http://www.pco.org.br/pco/estatuto.htm>. Acesso em: 9 ago. 2011.

PDT. *Estatuto do Partido*, 2006. Disponível em: <http://www.pdt.org.br/partido/estatuto.htm>. Acesso em: 10 ago. 2010.

PMDB. *Estatuto do PMDB*, 2007. Disponível em: <http://pmdbpr.org.br/2009/index.php?option=com_content&view=article&id=74&Itemid=74>. Acesso em: 9 ago. 2011.

PPS. *Estatuto do PPS*, 2006. Disponível em: <http://portal.pps.org.br/helper/show/105732#>. Acesso em: 9 ago. 2011.

PRB. *Estatuto do Partido*, 2007. Disponível em: <http://www.prb10rs.org.br/estatuto.php>. Acesso em: 9 ago. 2011.

PSB. *Capítulo I — Do partido, sede, princípios básicos e finalidades*, 2005. Disponível em: <http://www.psbnacional.org.br/index.php/content/view/137/Captulo_I.html>. Acesso em: 10 ago. 2010.

PSDB. *Estatuto*, 2007. Disponível em: <http://www.pmdb.org.br/estatuto.php>. Acesso em: 10 ago. 2010.

PSOL. *Programa do PSOL*, 2007. Disponível em: <http://psol50.org.br/partido/programa/>. Acesso em: 9 ago. 2011.

PSTU. *Um pouco de nossa história*, 2009. Disponível em: http://www.pstu.org.br/partido_historia.asp>. Acesso em: 10 ago. 2010.

PT. *Estatuto do PT*, 2007. Disponível em: <http://www.pt.org.br/index.php?/downloads/categoria/estatuto_do_pt>. Acesso em: 9 ago. 2011.

PV. *Estatuto do Partido*, 2005. Disponível em: <http://www.pv.org.br/download/estatuto_web.pdf>. Acesso em: 9 ago. 2011.

SADER, Emir. *A nova toupeira*. São Paulo: Boitempo, 2009.

7

Saúde e luta sindical:
entre a reforma sanitária e o projeto de saúde privatista*

Maria Inês Souza Bravo
Morena Gomes Marques

Apresentação

Este artigo pretende analisar o potencial das centrais sindicais na atual conjuntura brasileira, de refluxo do movimento sindical e segmentação da classe trabalhadora, e suas principais lutas com relação à saúde. A presente pesquisa é resultado da investigação realizada pelo projeto "Saúde, Serviço Social e Movimentos Sociais",[1] que aponta como necessária a interlocução entre os sujeitos políticos coletivos e a saúde, bem como as políticas sociais públicas, diante do importante

---

* Este texto é uma versão revista e ampliada pelas autoras do artigo "As Centrais Sindicais e a luta por saúde: algumas reflexões". In: MARCONSIN, C.; MARQUES, M. C. S. (Orgs.); FORTI, V.; GUERRA, Y. (Coords.). *Trabalho e direitos*: conquistas e retrocessos em debate. Rio de Janeiro: Lumen Juris, 2010.

1. O projeto é coordenado pela professora doutora Maria Inês Souza Bravo, sendo financiado pelo CNPq, Faperj e UERJ.

papel desta na mediação do conflito capital × trabalho e das contrar-reformas em curso.

O texto vai abordar os seguintes eixos: o histórico das centrais sindicais no Brasil; as condições atuais do capitalismo e seus impactos no movimento sindical; a repercussão das condições sócio-históricas na luta por saúde; a relação contemporânea entre as centrais sindicais e a saúde, e a sua atuação na esfera do controle social.[2]

1. Breve histórico das Centrais Sindicais no Brasil

O processo de formação e construção do movimento sindical brasileiro e de suas principais referências organizativas — as Centrais Sindicais — nasce atrelado a um amplo referencial político-ideológico anarco-sindicalista e socialista, que caracterizou historicamente a composição da classe trabalhadora no país.

Apesar de muitos autores considerarem o final do século XIX como o período de formação da classe operária brasileira, dado o surgimento das sociedades de socorro e auxílio-mútuo, que origina-ram organizações como a Liga Operária (1870) e a União Operária (1880), é apenas no início do século XX que surgem as primeiras tentativas de construção de entidades sindicais nacionais, com a função de unificar as lutas e representar o conjunto da classe traba-lhadora. O primeiro Congresso Operário Brasileiro[3] ocorre em 1906, no Rio de Janeiro, e é responsável por criar o primeiro instrumento unificador da luta operária no Brasil — a Confederação Operária Brasileira (COB), de viés anarco-sindicalista e com influência da Pri-

---

2. Participaram da pesquisa, além das autoras: Janaína Bilate, Maria Cristina Braga, Raquel Andrade Trindade, Mariana Maciel, Marlana Santos, Zélia Lima Gebrath, Fernanda Batista Souza, Marisa Dias Costa Chagas, Lyvia Seabra, Natália Perdomo e Janaína Jane.

3. As principais deliberações do I Congresso Operário foram a luta pelas 8 horas de traba-lho diário; a criação da COB; o incentivo às mulheres para criarem suas organizações e partici-parem dos sindicatos; e a orientação para que as organizações operárias passassem a se chamar, todas, sindicatos (Giannotti, 2007, p. 73).

meira Internacional (AIT). Dentre suas principais bandeiras destacavam-se: o antimilitarismo, o anticapitalismo, o internacionalismo proletário, o combate à alienação religiosa e a resistência à arbitrariedade policial. Posteriormente, entre os anos de 1929 e 1935, surgem outras entidades nacionais: a Confederação Geral dos Trabalhadores do Brasil (CGTB) e a Confederação Sindical Unitária Brasileira (CSUB), de viés socialista.

Importa destacar, que as tendências de maior repercussão no movimento operário — a anarco-sindicalista, contrária à luta propriamente política face a prioridade pelas reivindicações econômicas de ação direta dentro do âmbito fabril; e a socialista-reformista, que buscava a transformação gradativa da sociedade capitalista, utilizando-se da organização parlamentar e partidária — nasceram e se constituíram da luta pelos direitos fundamentais do trabalho. Ambas, tinham em comum o repúdio a tendência "reformista-amarela" — cooptada e privilegiada pelo Estado republicano oligárquico — precursora do sindicalismo "pelego" no Brasil, visto a sua afinidade, obediência e subordinação ao governo (Antunes, 1980, p. 48-51).

A era Vargas, a partir de 1930, institucionaliza e universaliza a tendência "reformista-amarela" através da criação do Ministério do Trabalho, Indústria e Comércio (MTIC), que representa o principal instrumento de controle legal das classes subalternas[4] no âmbito sindical. Os Decretos-leis n. 19.770 (1931), 24.694 (1934) e 1.402 (1939) dão forma ao sindicalismo oficial, neutralizando a militância comunista e anarquista; hierarquizando a estrutura sindical de cima para baixo; aprovando o "sistema tutelar" de colaboração do sindicato com o Estado, sua fiscalização e controle. Essa legislação de caráter fascista, viciada de paternalismo estatal, proíbe o direito de greve, controla o estatuto, a economia, as finanças e as eleições sindicais. Por fim, em

---

4. Utilizamos este conceito na perspectiva de Antonio Gramsci, e suas considerações sobre a categoria. Subalternidade é compreendida aqui como "parte do mundo dos dominados, dos submetidos à exploração e à exclusão social, econômica e política. Supõe, como complementar, o exercício do domínio ou da direção através de relações político-sociais em que predominam os interesses dos que detêm o poder econômico ou de decisão política" (Yazbek, 1993, p. 18).

1943 através da Consolidação das Leis Trabalhistas (CLT) tem-se legitimada a estrutura sindical atrelada ao Estado, que apenas vai ser publicamente contestada com o "novo sindicalismo" na década de 1970.[5] Para Giannotti (2007, p. 131) o Estado atuava como o "pai de todos" e o sindicato seria obrigado a zelar pela conciliação de classes e harmonia entre capital e trabalho.

As centrais existentes, em especial a CSUB, articuladas ao movimento geral, promovem resistências ao modelo de organização sindical imposto. Apesar das limitações e dificuldades para o surgimento de novas centrais sindicais, o movimento permanece com uma política de resistência a estrutura sindical vertical e constrói fóruns próprios durante as décadas de 1940 e 1950, tal como o Movimento Unificador dos Trabalhadores (MUT) e o Congresso Sindical dos Trabalhadores do Brasil, que origina, em 1946, a Confederação Geral dos Trabalhadores. No período prévio ao recrudescimento do modelo autocrático burguês, nos anos 1960, vivencia-se a fundação de duas novas centrais: o Comando Geral dos Trabalhadores (CGT), enquanto instrumento de combate ao "peleguismo"; e a Confederação Nacional dos Trabalhadores na Agricultura (Contag), expressão da atuação do PCB no campo e do crescimento dos sindicatos de trabalhadores rurais na luta pela Reforma Agrária.

O golpe militar de 1964 e os seus instrumentos políticos de controle da classe trabalhadora (atos institucionais; fechamento de partidos políticos; intervenções em centrais e sindicatos[6]; proibição de greves) somados à política trabalhista de pauperização das condições de vida e trabalho (arrocho salarial; demissão em massa; fim da estabilidade no emprego e a criação do Fundo de Garantia por Tempo de Serviço

---

5. É necessário sinalizar que algumas entidades sindicais anarquistas, socialistas e comunistas se organizaram para resistir a implementação e avanço do sindicalismo "oficial" neste período histórico. Dentre estas organizações, destacaram-se: a Federação Operária de São Paulo (anarco-sindicalista); a Coligação dos Sindicatos Proletários (socialista); e a Federação Sindical Regional no Rio de Janeiro e em São Paulo (comunista).

6. Apenas no ano de 1965 ocorreram 452 intervenções em sindicatos e 49 em federações e confederações. Até 1970 o número de intervenções sindicais chegou ao número 652 (Giannotti, 2007, p. 185).

SAÚDE, SERVIÇO SOCIAL, MOVIMENTOS SOCIAIS E CONSELHOS

— FGTS) ocasionam, ao final da década de 1970, uma "crise" de legitimidade do regime autocrático, de fundo econômico, social e político, que constitui o "'caldo de cultura' de onde emergem forças latentes, duramente reprimidas até então, e o 'novo sindicalismo' é, por certo, uma das mais expressivas" (Tumolo, 2008, p. 112).

O "novo sindicalismo", que se constrói a partir do movimento grevista de 1977 e 1979,[7] tendo como nascedouro as mobilizações de São Bernardo/SP, vai dar início a um modelo distinto de sindicalismo, independente, classista e de massas, que nega a sua conformação tradicional, o "sindicalismo oficial". Paralelamente ao surgimento desta "nova" organização sindical, destaca-se outra força emergente, as "oposições sindicais", críticas a ação por dentro da estrutura sindical e que privilegiavam o organismo de base, em especial os comitês e comissões de fábrica.

A Central Única dos Trabalhadores (CUT) é criada em 1983, no I Congresso Nacional da Classe Trabalhadora (Conclat), após um breve período de construção, expressa nos Enclats e Ceclats, em nível estadual e nacional a partir de 1981. A maioria dos estudiosos do movimento sindical no país reconhecem a formação desta Central como "uma das mais (senão a mais) profícuas e importantes experiências do movimento operário-sindical no Brasil, tornando-se a principal referência sindical na atualidade" (Tumolo, 2008, p. 110). A CUT será formada principalmente por três forças sociais: o novo sindicalismo, as oposições sindicais e o sindicalismo rural. Seus princípios vinculam-se ao sindicalismo classista; enraizado na base; autônomo do Estado e de partidos políticos; democrático e anticapitalista; e sua missão se expressa no "lutar pela emancipação dos trabalhadores como obra dos próprios trabalhadores, tendo como perspectiva a construção da sociedade socialista" (Estatuto da CUT, cap. II "Dos Compromissos Fundamentais", artigo 4°, item II, Compromissos, 1999).

---

7. A luta pela reposição salarial que se inicia em 1977, e onde se encontra o fenômeno motivador da construção do "novo sindicalismo" no Brasil, ocorre em função da publicação do Banco Mundial "acerca da falsificação dos índices do aumento do custo de vida feito pelo ministro Antonio Delfim Neto, da ordem de 34%" (Abramides, 1995, p. 71).

Neste mesmo período histórico, foram construídas outras Centrais Sindicais: a União Sindical Independente (USI), formada por empregadores, sobretudo comerciários; a Confederação Geral do Trabalho (CGT), dissidência de setores do PCB que compunham a Comissão Pró-CUT; a Central Geral dos Trabalhadores (CGT), produto de uma cisão da Confederação anterior, formada por integrantes do PMDB, do antigo MR-8 e do PV; e, no início da década de 1990, a Força Sindical (FS). Esta última central traz para o período contemporâneo a reatualização da concepção do sindicalismo "pelego", presente no denominado "sindicalismo de resultados". Segundo esta concepção, em tempos de hegemonia neoliberal, reestruturação produtiva e desemprego estrutural, a atuação sindical deve ser corporativista e objetiva, por *melhores condições de trabalho, melhores salários e de defesa da dignidade do trabalhador,* mesmo que para isso seja necessário flexibilizar o papel do Estado, através das privatizações, e o da força de trabalho, por meio da precarização de seus vínculos empregatícios. Nesta perspectiva, o sindicato é compreendido enquanto parte da reprodução capitalista, necessário a sua renovação, sendo "necessárias empresas lucrativas para vender melhor, a um preço maior a força de trabalho; quanto mais lucro, mais resultados os trabalhadores poderão ter" (Giannotti, 2002, p. 54). No início dos anos 1990, a CUT e a Força Sindical representam as duas grandes Centrais Sindicais no cenário político nacional, com interesses claramente distintos.

É a partir desta década, mais visivelmente na segunda metade dos anos 1990, que se percebe objetivamente o desencadeamento de mudanças no modo de produção capitalista que, aliadas a outros fatores, rebatem na esfera do trabalho e na organização da classe trabalhadora, como abordaremos no próximo item.

2. Condições atuais do capitalismo e seus impactos no movimento sindical

As transformações societárias em curso, no último quartel do século XX, ocasionaram profundas alterações na composição e orga-

SAÚDE, SERVIÇO SOCIAL, MOVIMENTOS SOCIAIS E CONSELHOS

nização da classe trabalhadora. A exaustão de um determinado modelo de acumulação capitalista, o fordista-keynesiano, expressa apenas o processo de reajustes e reconversões do padrão capitalista contemporâneo, que para enfrentar as crises cíclicas inerentes ao seu modo de produção, impulsiona transformações societárias, "recorrendo a outro regime de acumulação, 'flexível', que implica, necessariamente, um correspondente modo de regulação" (Netto, 1996, p. 90).

Este novo modelo de acumulação, dito "flexível", como denomina Harvey (1992), concerne a um período de reestruturação econômica, reajustamento social e político, com refrações na totalidade da vida social, nos processos de trabalho, nos mercados de trabalho, nos produtos e padrões de consumo. Caracteriza-se por taxas altamente intensificadas de inovação comercial, devido à chamada "economia de escopo" e sua aceleração do ritmo de criação do produto e redução de seu tempo de giro; de inovação tecnológica, com crescente informatização do processo de automação, uso de novas tecnologias (robótica), "modernização" do processo produtivo e rearticulação organizacional. No que diz respeito à reorganização do mundo do trabalho, observa-se o surgimento de setores de produção inteiramente novos, a hipertrofia das atividades do capital financeiro, a produção segmentada, horizontalizada, descentralizada, a dispersão e a mobilidade geográfica das unidades produtivas. Segundo Antunes (1999, p. 32), este distinto modelo de regulação supõe uma "nova organização do trabalho", característica de um novo ordenamento social pactuado entre capital, trabalho e Estado.

Constata-se, no âmbito do trabalho, uma profunda ofensiva do capital, que conserva e acentua os padrões anteriores de exploração. O novo padrão econômico e social corresponde a uma maior vulnerabilidade da classe trabalhadora, à desregulamentação de conquistas sociais, à imposição de regimes e contratos de trabalho mais flexíveis, ao enfraquecimento e o solapamento de sua organização classista (Idem, 1999, p. 41). As "metamorfoses no mundo do trabalho" têm se caracterizado por três movimentos concomitantes e complementares: a desproletarização do trabalho industrial, enquanto redução da classe trabalhadora tradicional empregada pelo capital produtivo, com acentuada tendência ao assalariamento e o trabalho autônomo; a subproletarização, correspondente ao crescente uso do trabalho em tempo parcial, temporário ou subcontratado, aliado ao aumento das disparidades no interior do conjunto dos trabalhadores[8]; e o desemprego estrutural, como uma manifestação da dita "revolução informacional" em curso, o que *tem implicado uma extraordinária economia de trabalho vivo, elevando brutalmente a composição orgânica do capital,* trazendo como consequência o "crescimento exponencial da força de trabalho excedentária em face dos interesses do capital" (Netto, 1996, p. 92).

Somam-se a tais mudanças os rebatimentos políticos da derrocada das experiências socialistas e comunistas lideradas pela ex-URSS, a queda do Muro de Berlim em 1989 e o avanço das políticas neoliberais — desregulamentação do trabalho em relação às normas legais vigentes, regressão dos direitos conquistados e ausência de proteção social — diante da "crise" das experiências de *Welfare State* nos países europeus. Torna-se, nesta conjuntura, um "lugar-comum" o clima de adversidade e hostilidade contra a esquerda, especialmente ao sindicalismo combativo e aos movimentos sociais de inspiração socialista. O impacto destas transformações na vida dos trabalhadores materializa-se em significativos limites a sua organização, sobretudo, no seu viés classista. Nesta perspectiva, Antunes (1999) sinaliza para uma intensa "crise" do movimento sindical, diante da dificuldade deste movimento incorporar os denominados subproletariados, dado o crescimento de uma política corporativista, de burocratização, institucionalização e afastamento dos movimentos sociais autônomos.[9]

---

8. Harvey assinala para uma "estrutura do mercado de trabalho em condições de acumulação flexível", caracterizada de modo genérico por dois grupos de trabalhadores: o "centro" e a "periferia". O "centro" é composto por trabalhadores em tempo integral, superqualificados, com vínculos empregatícios estáveis, boas condições de crescimento e uma polivalente formação profissional. O segundo grupo, que cresce de forma desproporcional com relação ao primeiro, seria formado por trabalhadores com habilidades facilmente disponíveis, com pouca ou nenhuma especialização e menos acesso a oportunidades de carreira, na condição de uma "força de trabalho que entra facilmente e é demitida sem custos quando as coisas ficam ruins" (Harvey, 1992, p. 143-44).

9. Mattos (2005, p. 243) ressalta alguns fatores para o "refluxo" e "crise" do movimento sindical tradicional: propostas de "trabalho participativo", de colaboração entre capital e traba-

No Brasil, a partir dos anos 1990, este processo de "crise" do movimento dos trabalhadores, em especial do "novo" sindicalismo[10] torna-se visível, concomitante a um processo de "refluxo" organizativo vivenciado em escala internacional. Múltiplos determinantes ocasionaram sua inflexão, como os desdobramentos do processo de reestruturação produtiva; a eleição de governos neoliberais (Collor em 1989; FHC em 1995 e 1999 e o "transformismo" do PT em 2002); a permanência da estrutura sindical corporativa na legislação brasileira (unicidade sindical, monopólio de representação, poder normativo da Justiça, imposto sindical); e opções políticas das direções sindicais, com uma aproximação crescente ao sindicalismo social-democrata dos países centrais (Mattos, 2005).

Uma das expressões do refluxo dos movimentos combativos de esquerda expressa-se no retorno da assistência como estratégia de ação de parte considerável do movimento sindical. A execução de serviços por sindicatos e suas respectivas centrais, em um cenário de contrarreformas, com a retirada do caráter universalista dos direitos sociais e realização de políticas sociais focalizadas, demonstra uma reatualização de velhas práticas, essencialmente corporativistas e tradicionais, reacendendo na memória o período varguista, pondo em cheque a autonomia sindical e sua autenticidade. Segundo Alves (2000, p. 23), este fenômeno está vinculado ao avanço e preservação da burocracia na estrutura sindical, diante do acesso pelas centrais sindicais aos fundos públicos estatais, como o Fundo de Amparo ao Trabalhador (FAT). Esse cariz assistencialista é visualizado através dos sindicatos gerenciadores de serviços que atuam, sobretudo, nas respectivas áreas:

---

lho; transferências de polos produtivos para áreas de menor atividade sindical; crescente desregulamentação do mercado de trabalho e consequente encolhimento de setores estruturantes do sindicalismo operário típico (como os metalúrgicos), o que refletiu em uma fragmentação das organizações e diminuição da filiação sindical, em várias partes do mundo.

10. O "novo sindicalismo" que se constrói a partir do movimento grevista de 1977 e 1979, tendo como nascedouro as mobilizações de São Bernardo/SP, vai dar início a um modelo distinto de sindicalismo, independente, classista e de massas, que nega a sua conformação tradicional, o "sindicalismo oficial". Paralelamente ao surgimento desta "nova" organização sindical, destaca-se outra força emergente, as "oposições sindicais", críticas a ação por dentro da estrutura sindical e que privilegiavam o organismo de base, em especial os comitês e comissões de fábrica.

jurídica; médica e odontológica; de atividades esportivas, culturais e sociais; de educação e formação sindical; e de serviços de assistência social[11] (Brasil, 2010).

A CUT torna-se o instrumento mais ilustrativo desta "crise", diante de sua "virada" política e afastamento das posturas combativas do "novo" sindicalismo. Para autores como Giannotti (2007), Mattos (2005) e Boito Jr. (1999), a fase "heróica" desta Central, nos seus aspectos movimentista, libertário, socialista e conflitivo haviam se encerrado em 1988, no III Concut, o último congresso de massa da classe trabalhadora no país. O IV Concut,[12] em 1990, é o espaço político desta "transição" de um "sindicalismo defensivo", do "não", de *postura reivindicativa e de valorização da ação grevista* para um "sindicalismo propositivo", do "sim", *de elaboração de propostas a serem apresentadas e negociadas em fóruns tripartites que reunissem os sindicalistas, o governo e o empresariado* (Boito Jr., 1999, p. 131).[13]

Apesar do redesenho estratégico e político da CUT estar sinalizado desde a virada dos anos 1980 aos 1990, com o crescimento de sua burocratização e institucionalização, a eleição de Luiz Inácio Lula da

---

11. Estas "novas práticas", imbuídas de uma caracterização "cidadã", têm atuado em sentido complementar à minimização do Estado, como também oferecem saídas aos problemas de sustentação financeira da estrutura sindical. Nesta perspectiva, a participação na apropriação de recursos públicos cumpre a função de adaptar a força de trabalho às "novas exigências mercadológicas e tecnológicas", e formar líderes sindicais aptos a essas ideias; enquanto outros serviços servem de atrativo à manutenção de filiados, dada à queda nos indicadores de sindicalização.

12. A partir do IV Concut, Tumolo (2008, p. 121) sinaliza para a exacerbação de divergências entre as correntes internas da Central Sindical, que levariam à formação de uma polaridade: de um lado, a tendência Articulação, junto à Nova Esquerda, a Vertente Socialista, a Força Socialista e a Unidade Sindical. Do outro, as outras tendências originadas das "oposições sindicais": a CUT pela Base, a Corrente Sindical Classista, a Convergência Socialista e outros grupos menores.

13. Esta opção levou a entidade sindical a uma perda de identidade política e ideológica, desvalorizando a luta de massas, com o abandono de um norte revolucionário, de concepções socialistas, anticapitalistas, com a permanente incapacidade de dar respostas ao projeto neoliberal. Seguindo orientações de sua direção, a Articulação Sindical, a CUT aproxima-se cada vez mais de uma postura social-democrata, afinada com sua filiação à CIOSL (Confederação Internacional das Organizações Sindicais Livres), realizando com esta confederação cursos de capacitação e formação sindical. A estratégia adotada é caracterizada, por muitos autores, como defensiva, economicista e fragmentada corporativamente, ou seja, uma estratégia de adaptação à nova ordem.

Silva, em 2002, vai ter influência direta em exacerbar tais elementos. Um dos principais aspectos é a cooptação político-institucional de parcela importante das direções sindicais, exemplo claro na ocupação de sindicalistas na administração pública federal;[14] e na aliança entre central e governo nas propostas das contrarreformas, como visto na da previdência[15], sindical e universitária. A CUT vai definir-se como um "braço auxiliar de um governo que aplica reformas neoliberais e retira direitos dos trabalhadores" (Mattos, 2005, p. 255). Filgueiras e Gonçalves (2007, p. 188) comparam a subserviência desta Central a uma tradição stalinista "fora do lugar", de organicidade entre governo, partido, neste caso o PT, e sindicato, em que o aparelhamento estatal transforma as organizações de massa em "correias de transmissão" do governo.

Diante desta reconfiguração do movimento sindical, vivencia-se, a partir dos anos 2000, o surgimento de um significativo número de novas centrais sindicais, de um lado a UGT, a NCST, e a CSP, com direção não diferente das existentes, de outro a Intersindical, a CSP — Conlutas e a CTB, de perspectiva classista. A União Geral dos Trabalhadores (UGT), criada em 2005, é formada por segmentos da Força Sindical, da Central Geral dos Trabalhadores do Brasil (CGTB), da Social Democracia Sindical (SDS), da Central Autônoma de Trabalhadores (CAT) e de outras confederações e sindicatos, sob os princípios do "sindicalismo cidadão, ético e inovador", com vistas à construção de um projeto social pacífico, justo e democrático, centrado no ser humano, capaz de oferecer respostas e propostas aos problemas nacionais. A Nova Central Sindical de Trabalhadores (NCST), construí-

---

14. Luiz Marinho, homem de confiança do governo Lula, tornou-se presidente da CUT em 2003. Este sairia do cargo para ocupar o Ministério do Trabalho (2005) e, depois, o da Previdência Social (2007).

15. A proposta de Reforma Previdenciária, referendada pelo Conselho de Desenvolvimento Econômico Social (CDES), em 2004, ocasiona uma ampla reação no funcionalismo público, com uma greve nacional dos servidores federais. Entretanto, a CUT posicionou-se publicamente em oposição à greve e, apresentando críticas apenas pontuais à contrarreforma previdenciária, "apoiava sua concepção geral de instituir um teto dos proventos e criar um espaço para as 'aposentadorias complementares' para os fundos de pensão privados, em substituição dos direitos dos servidores à aposentadoria integral" (Mattos, 2005, p. 255).

da em 2005, por sindicatos e confederações oriundas do Fórum Nacional do Trabalho (FNT), tem como principal bandeira um "Brasil com emprego, desenvolvimento econômico e juros baixos", além de princípios como a paz mundial, a valorização mundial do trabalho (promovendo a humanização do modo de produção e de distribuição de bens e riquezas), a liberdade e democracia, a cidadania, a saúde pública e outros. A Central Sindical de Profissionais (CSP), fundada em 2008, assemelha-se politicamente às centrais anteriores, possuindo como norte o "bem comum", a promoção da justiça e da paz social. As três centrais destacadas apresentam afinidades em seus objetivos e princípios, principalmente na perspectiva de construção de uma "paz social", a-histórica, descolada de uma sociedade de classes, mas centrada na formação de uma sociedade de "ambiente cooperativo, estável e pacífico" (VV.AA., 2010a).

As outras centrais sindicais constituem-se enquanto uma cisão da CUT, com o "objetivo de construir novos instrumentos de organização, menos comprometidos com a lógica de conciliação e colaboração" (Mattos, 2005, p. 255). A CSP — Conlutas — Central Sindical e Popular — surgiu como desdobramento da tentativa frustrada de unificação da antiga Conlutas[16] com a Intersindical, setores independentes do movimento sindical e movimentos sociais.[17] Sua fundação ocorreu no

---

16. A Conlutas (Coordenação Nacional de Lutas) foi uma coordenação aberta à participação de qualquer entidade sindical, organização popular, estudantil ou movimento social, interessado em somar-se à luta contra as reformas neoliberais do Estado. A coordenação, nascida como desdobramento do Encontro Nacional Sindical, que aconteceu em março de 2004 em Luziânia (GO), e fundada em 2006, no Congresso Nacional dos Trabalhadores, realizado em Sumaré/SP, teve por motivadores centrais as lutas contra as reformas previdenciária e sindical.

17. A tentativa de aglutinar em uma mesma central sindical, os setores mais radicalizados e próximos ao projeto do "novo sindicalismo" — a Conlutas e a Intersindical — não se efetivou no Conclat, nos dias 5 e 6 de junho de 2010, na cidade de Santos/SP. Apesar do intenso debate e mobilizações realizadas no período pré-Conclat, resultante na presença de 3.150 delegados, além de ouvintes e participantes da esquerda internacional, alguns aspectos na pauta política do encontro impossibilitaram tal feito. Entre os principais elementos de discenso no movimento sindical, encontravam-se o nome da nova central e a sua composição política. No primeiro, havia uma resistência de amplos setores à incorporação do nome da Conlutas como parte do nome da nova central (a proposta de uma "CSP-Conlutas"), dado que o caráter "inédito" e "agregador" da nova entidade deveria tanto incorporar como superar o que a antecedia; no segundo, alguns

Congresso Nacional da Classe Trabalhadora (Conclat) ocorrido na cidade de Santos, São Paulo, em junho de 2010. Esta central posiciona-se como uma alternativa de luta aos trabalhadores brasileiros, com independência de classe e socialista e têm por composição majoritária o PSTU (Partido Socialista dos Trabalhadores Unificados), setores do PSOL (Partido Socialismo e Liberdade), o MTST (Movimento dos Trabalhadores Sem Teto), o MUST (Movimento Urbano dos Sem Teto) e outras organizações do movimento popular urbano. A Intersindical foi fundada em 2006, logo após o 9º Concut realizado em junho do mesmo ano. O seu objetivo seria o de organizar e mobilizar os trabalhadores do campo e da cidade para o conflito de classe, ao considerar que "a resistência e a disputa interna dentro da CUT não seriam suficientes para o enfrentamento do atual momento de fragmentação do conjunto do movimento e dos ataques constantes exercidos pelo capital" (VV.AA., 2010b). Em 2010, no período prévio ao Conclat, ocorre uma cisão no interior da entidade que origina duas "intersindicais": o "Instrumento de Luta e Organização da Classe Trabalhadora" com hegemonia do PCB; e o "Instrumento de luta, unidade da classe e de construção de uma central" com participação massiva do PSOL. A divisão no interior do instrumento se dá pela discordância entre os dois partidos quanto a viabilidade ou não da construção de uma central unificada entre o movimento sindical combativo. A CTB (Central dos Trabalhadores e Trabalhadoras do Brasil) constituída em 2007, é fruto da saída da Corrente Sindical Classista (CSC) da CUT, dado o seu isolamento diante da hegemonia política da Articulação Sindical, e tem por setores hegemônicos o PCdoB, o PSB e o PDT. Esta central que se denomina "classista, unitária, democrática, plural, de luta e de massas", teria como norte "a bandeira da valorização do trabalho e do socialismo do século XXI" (VV.AA., 2010a).

A emergência destas novas centrais ocorre não apenas pelo desgaste vivenciado no interior da CUT por seu setor combativo contrário à perspectiva do "sindicalismo propositivo", mas, sobretudo, pela não

---

segmentos posicionaram-se contrários à participação do movimento estudantil e outras organizações que não as sindicais na estrutura política e representativa da nova central.

autonomia desta Central ao governo e seu consequente imobilismo diante da hegemonia neoliberal no país. Apesar da CSP — Conlutas, Intersindical e CTB fazerem clara referência ao projeto societário contra-hegemônico da classe trabalhadora, resgatando princípios do novo sindicalismo, sua não unificação em um único instrumento político demonstra tanto uma fragmentação no movimento sindical combativo, como a fragilidade de sua atuação na conjuntura neoliberal.

3. Repercussão das condições sócio-históricas na política de saúde

Neste contexto adverso, sinalizado no item anterior, pretende-se identificar as lutas por saúde nos anos 1980 e os impasses vivenciados a partir dos anos 1990 para a implantação do Sistema Único de Saúde (SUS) nos moldes proposto pelo movimento sanitário e previsto na Constituição Federal brasileira de 1988.

Na contramão do que ocorre nos países centrais, no Brasil, durante a década de 1980, no processo de redemocratização do país, a sociedade civil promoveu intenso debate sobre a saúde. O impulso para a realização dessa discussão foi dado pelo movimento sanitário que surgiu no final da década de 1970, e tinha como referência os princípios contidos na "Reforma Sanitária Italiana". Parcela da intelectualidade inserida nas universidades e profissionais da área da saúde foram os sujeitos que primeiro defenderam, no Brasil, um novo projeto que valorizasse o sistema público. Em comum, esse grupo apresentava a ideia de que a saúde, pelo seu conceito ampliado, significava melhores condições de vida e de trabalho. Havia, também, a intenção de mobilizar a sociedade para discutir e participar na elaboração de uma política de saúde que fosse a base para uma mudança societária. Outros segmentos da sociedade foram incorporados à luta da saúde como os movimentos populares de saúde, o sindical, o feminista, as Comunidades Eclesiais de Base e alguns parlamentares, que passaram a fazer parte da mobilização, que buscava, naquele momento, fazer frente ao Estado ditatorial instalado em 1964 e produzir mudanças na sociedade brasileira.

SAÚDE, SERVIÇO SOCIAL, MOVIMENTOS SOCIAIS E CONSELHOS

No calor dos anos 1980, a ditadura de 1964 vivia seu ocaso e assim surgia espaço para o processo de redemocratização no país. É nessa conjuntura que se realiza a 8ª Conferência Nacional de Saúde que, mais tarde, foi considerado o marco histórico para as transformações empreendidas na área da saúde e que estão expressas na Constituição Federal de 1988. No sentido de alcançar seus propósitos, o movimento sanitário, articulado aos movimentos sociais, utilizou a 8ª Conferência como espaço para apresentar suas propostas e sintetizar a compreensão da saúde como direito do cidadão e dever do Estado, garantindo a universalidade do acesso e a descentralização, a integralidade das ações e a participação popular. Essa abordagem foi determinante para que a questão saúde ultrapassasse a análise setorial e enfatizasse a necessidade de outras reformas sociais como fundamental para viabilizar a intersetorialidade e a concepção de saúde em sua totalidade.

Entretanto, o cenário político brasileiro, a partir dos anos 1990, tem provocado mudanças centrais na política de saúde. O êxito da ideologia neoliberal resultou em retrocesso para as conquistas populares dos anos 1980. Apesar dos instrumentos legais que organizam e orientam o SUS, a sua realidade é muito diferente do SUS constitucional. A proposta inscrita na Carta de 1988 de universalidade de acesso reduziu o sistema de atenção à saúde a parcela da população antes marginalizada. Entretanto, apesar de ser um avanço, a universalidade vem sendo traduzida por um viés excludente. Isto porque os valores solidários, coletivos e universais, propostos pelo movimento sanitário estão sendo substituídos pelos valores individualistas, corporativos e focalistas, fortalecendo o projeto voltado para o mercado e consolidando o SUS apenas para os mais pobres (Bravo, 2006, p. 78).

No âmbito da realocação de recursos, ocorre o desfinanciamento da seguridade social, em especial da saúde, em um cenário de regressão de direitos sociais e de destruição das conquistas históricas dos trabalhadores, na direção da valorização do mercado e do capital. É o estágio do capitalismo, orientado pelo Consenso de Washington, de ajustes das políticas sociais, da economia e da forma de sociabilidade permeadas por uma lógica pragmática e produtivista. Nesta direção, os frutos do trabalho coletivo são monopolizados pela mistificação inerente ao capital. A conjuntura favorece a crescente desigualdade social enquanto são destituídos os direitos sociais, políticos e civis. O pensamento neoliberal colocou propostas de intervenção nas expressões da "questão social" no patamar da solidariedade moral, de iniciativas individuais e privadas, retirando seu caráter essencialmente político, social e econômico. As políticas públicas são minimizadas dando lugar às micropolíticas de caráter local na contramão da perspectiva regional e nacional.

Bravo (2001, p. 30-31) aponta que estão em pauta dois projetos para a saúde no Brasil. São eles: "o projeto da Reforma Sanitária e o projeto de saúde articulada ao mercado ou privatista" que possuem premissas antagônicas. O primeiro compreende a saúde como direito social e dever do Estado; e o segundo como prática mercantilista — visto no avanço da privatização através organizações sociais e fundações estatais de direito privado — na defesa do Estado mínimo para as questões sociais e máximo para o capital. Nesse confronto, o SUS vem se efetivando como espaço de disputa política para os dois projetos. Por um lado, é nele que se materializa a luta por uma política de acesso universal. Por outro, na medida em que a dotação de verba pública para a saúde vem sendo restringida ano após ano, é reduzida a sua capacidade em promover o acesso universal. Salienta-se que, por suas características, o SUS se conforma como a única alternativa das classes pauperizadas para ter acesso à saúde. O que se infere é que o projeto privatista, em articulação ao Estado, vem se sobrepondo ao Projeto da Reforma Sanitária e garantindo sua hegemonia a partir da década de 1990.

No movimento sindical é marcante a adesão dos trabalhadores, através de parcerias desenvolvidas pelos sindicatos com as empresas e planos privados de saúde. Já os partidos de esquerda, sendo alguns desses protagonistas na elaboração da Constituição Federal Brasileira de 1988 e na defesa da seguridade social, pouco atuam na mobilização da sociedade para sua transformação, salvo o PCB e os partidos mais

SAÚDE, SERVIÇO SOCIAL, MOVIMENTOS SOCIAIS E CONSELHOS 213

novos, tais como o PSOL e PSTU. O Partido dos Trabalhadores e a base aliada assumem o discurso do governo e respaldam suas práticas no desmonte da seguridade social.

4. O movimento sindical na atualidade e as lutas por saúde

Neste item serão apresentados os resultados preliminares da investigação realizada com as centrais sindicais, focando a sua interface com a saúde[18].

Na atualidade, existem dez centrais, sendo duas criadas nos anos 1980 — a CUT (1986) e a CGTB (1983) — e oito a partir dos anos 1990 e 2000 — a Força Sindical (1991), a NCST (2005), a CSP — Conlutas (2010), a Intersindical (2006), a CTB (2007), a UGT (2007), a CSP (2008) e a UST (2008)[19].

Realizar esta pesquisa tem sido um grande desafio, visto que, em momentos de recuo dos movimentos sociais classistas amplia-se a fragmentação dos sujeitos coletivos, expressão da diversidade de centrais sindicais existentes hoje no país e da dificuldade de levantar material sobre as mesmas, diante da pouca visibilidade e disponibilidade que possuem. Estes limites impossibilitaram o diálogo com todas as centrais, tornando-se possível recolher informações diretamente com representações sindicais apenas da UGT, Intersindical, CUT, NCST, CTB e CSP — Conlutas.[20]

---

18. Nesta pesquisa participaram também da coleta de informações Marlana Rego Monteiro e Natália Perdomo, integrantes do Projeto Políticas Públicas de Saúde/UERJ.

19. Das sete centrais sindicais, criadas a partir de 2005, uma foi resultado da dissidência com a Força Sindical (UGT), uma estimulada pelas Confederações e Federações (NCST) e três por divergências com a CUT, em face de sua articulação com o governo Lula. A Intersindical ainda não está registrada como central e sindical. A CSP e a UST não são regularizadas e não se teve acesso a melhores informações, por insuficiência de dados em seus endereços eletrônicos e indisponibilidade de seus representantes.

20. A pesquisa utiliza como procedimentos metodológicos a análise bibliográfica e documental, a observação participante em Fóruns em que as Centrais se fazem presentes, a consulta aos seus últimos congressos e a realização de entrevistas semi-estruturadas.

Os resultados apresentados vão enfocar a avaliação da política de saúde e principais lutas; a organização interna das centrais para análise da saúde; a concepção e participação nos conselhos de saúde.

Apesar de apenas a CUT ter participado do processo constituinte, todas as centrais entrevistadas afirmam que lutam pela defesa do SUS constitucional. Contudo, a concepção de SUS e a operacionalização de sua defesa são pouco explicitados por algumas entidades, enquanto outras apresentam concepções claramente antagônicas entre si. Exemplo visto nas respostas da NCST, UGT e Intersindical, quando questionadas sobre o conhecimento da proposta do SUS e a avaliação de sua implementação nos anos 1990:

> O SUS é importante, mas precisa se aperfeiçoar. O SUS tem uma trajetória difícil para exercer seu papel. Alguns estados têm estrutura física para atender. A redução do Estado inviabiliza prédios, máquinas [...], a situação é caótica. O SUS não funciona. Entidades paralelas, ONGs principalmente, parlamentares, criando centros sociais inviabilizam o SUS, captam recursos para os seus centros. Os sindicatos enveredaram pelo mesmo caminho, passaram a exercer função assistencialista. O papel era cobrar e não criar novas estruturas. (NCST)
> [...] Tem hora que acho que o SUS tem que acabar, tem hora que acho que tem que continuar. São complicados os repasses de verbas. [...] Dez anos depois não vemos avanços. Estamos repensando... (UGT)
> A avaliação que a gente faz é que devemos lutar pelo SUS. Na lei é muito progressista. É tudo que a sociedade podia esperar, mas há uma grande diferença entre o que está na lei e o que de fato acontece. Estamos sempre dispostos a estar na luta pela implementação da saúde universal. (Intersindical)

O debate apresentado demonstra não apenas a denúncia da precarização da política pública de saúde, mas a incapacidade de parte do movimento sindical de identificar os condicionantes de sua "crise". Com exceção da Intersindical, CSP — Conlutas e CTB, que relacionam a retração do SUS a condicionantes de maior alcance (reestruturação do capital, neoliberalismo e Reforma do Estado), as demais centrais entrevistadas atribuem a redução do SUS a um problema de gestão,

SAÚDE, SERVIÇO SOCIAL, MOVIMENTOS SOCIAIS E CONSELHOS

corrupção, fraudes, pouca transparência, malversação do fundo público e, no caso da UGT, apenas naturaliza seus limites. Diante da dificuldade, e/ou da não vontade política de oferecer respostas de resistência ao desmonte neoliberal, dado o processo de institucionalização e burocratização sindical, visualiza-se estratégias de intervenção em "novos" espaços de atuação, no que se refere a "fazer convênios, planos de saúde e incentivar as categorias a colocar cláusulas de saúde nos acordos coletivos" (UGT).

Identifica-se uma dificuldade das centrais sindicais em operacionalizarem respostas ao que consideram por SUS universal, diante da preservação da clássica organização corporativista, deslocada da totalidade dos trabalhadores, sobretudo, daqueles excluídos do mercado formal do trabalho. O que condiciona, num mesmo movimento, a importância da reversão da "crise" do movimento sindical, "da sua enorme dificuldade de responder ao novo desenho que a classe passou a ter, em responder a sua heterogeneidade" (Mattos, 2005, p. 226), posta a necessidade de inclusão das reivindicações de empregados, subempregados e desempregados, que são hoje os usuários do sistema público de saúde. Tais limites, fazem-se notórios nas bandeiras pela saúde pública elegidas como prioritárias, hegemonicamente centradas na defesa da saúde do trabalhador, as quais envolvem a organização nos locais de trabalho e nas instituições de saúde, através da criação da comissão do Benzeno; lutas contra o mercúrio; jato de areia e amianto; regulamentação da NR-13 e LER-DORT.

No que diz respeito ao tema "privatização da saúde", todas as centrais entrevistadas, com exceção da UGT, posicionaram-se contrárias a sua privatização, sobretudo, no que se refere à implementação das "Fundações Estatais de Direito Privado" e Organizações sociais. Entretanto, é a CSP — Conlutas e a Intersindical que apresentaram maior acúmulo teórico e de resistência política sobre o tema, reconhecendo a privatização como parte da contrarreforma do Estado.[21] Nes-

---

21. Ressalta-se, entretanto, que o movimento mais contundente e contrário a esta proposta, identificado em diversos fóruns, seminários e conferências têm sido da Intersindical, CSP — Conlutas e CUT. As duas primeiras assinam diversos materiais e notas públicas, questionando

te sentido, essas entidades junto ao Fórum Nacional de Lutas contra a PLP n. 92/2007 em seu "manifesto à sociedade brasileira", fazem algumas considerações sobre o tema:

> O projeto de Lei Complementar PLP n. 92/2007, que está tramitando no Congresso Nacional, autoriza o poder público a instituir em várias áreas essenciais dos serviços públicos, as Fundações Estatais de Direito Privado. Se transformado em Lei, cria nova forma jurídico-institucional que permitirá a privatização de serviços essenciais, tais como: saúde, assistência social, educação, pesquisa, cultura, desporto, ciência e tecnologia, meio ambiente, previdência complementar do servidor público, comunicação social e promoção do turismo nacional. Dessa forma, o governo faz com que o Estado se exclua da responsabilidade social garantida na Constituição Federal. Essa proposta vem encontrando resistência crescente tanto no movimento sindical, quanto nos movimentos sociais, bem como na sociedade brasileira como um todo que percebendo a gravidade dessa ameaça, se manifesta na defesa dos direitos sociais garantidos na Constituição Federal. (Manifesto à Sociedade Brasileira, 2009)

A luta contra o PLP n. 92/2007 levou tais entidades sindicais a uma maior aliança com os movimentos sociais de luta pela saúde. No Rio de Janeiro, um avanço importante desta articulação têm se dado através do Fórum de Defesa dos Serviços Públicos e Contra as Fundações de Direito Privado,[22] do Movimento Unificado dos Servidores

---

esta proposta e integram a Frente Nacional contra a Privatização da Saúde, juntamente com outras entidades.

22. O Fórum surgiu em novembro de 2007, como espaço composto por centrais sindicais, sindicatos, partidos políticos e mandatos parlamentares, representantes dos conselhos municipais e estadual de saúde, projetos de pesquisa e extensão universitária das universidades públicas, bem como outras entidades e movimentos sociais. Este foi o caminho encontrado pelo movimento para intervir no processo de tramitação do Projeto de Lei que autoriza a criação de Fundações Estatais de Direito Privado na Saúde, para gerir 24 hospitais. A principal ação de resistência articulada e organizada conjuntamente pelas entidades que compunham o fórum consistiu no *Ato Político Contra as Fundações Estatais de Direito Privado e em Defesa da Saúde Pública*, realizado no dia 7 de abril de 2008, na Alerj, que contou com a participação de cerca de seiscentos participantes de diversas forças políticas.

Públicos Estaduais (Muspe)[23] e do Fórum de Saúde.[24] Em outros estados, também tem sido articulado fóruns em defesa da saúde pública como no Ceará, Pernambuco, Alagoas, Maranhão, Rio Grande do Norte, Maceió, Rio Grande do Sul, Santa Catarina, Paraná, Brasília, São Paulo, Mato Grosso e Goiás.

A luta em comum dos Fóruns de Saúde conduziu à criação da *Frente Nacional contra a Privatização da Saúde*, no I Seminário Nacional de Saúde, no Rio de Janeiro em 2010. Participam desta frente a CUT, CTB, CSP — Conlutas e Intersindical, com destaque para as duas últimas que fizeram-se orgânicas em toda a sua construção. É a luta pela ADIn n. 1.923/98 (Ação Direta de Inconstitucionalidade, contrária à Lei n. 9.637/98 que cria as Organizações Sociais — [OSs])[25] que exigiu, no período atual, uma postura mais contundente do movimento sindical quanto à mercantilização da saúde. A participação de inúmeros setores nessa campanha — movimentos sociais, fóruns de saúde, sindicatos, partidos políticos, projetos universitários, entidades e conselhos profissionais — ocasionou uma maior pressão e consequente visibilidade sobre as opções realizadas pelas centrais, dada a sua importância material, política e territorial para o fortalecimento desse novo instrumento.

Constata-se que, além das opções essencialmente políticas e de classe, muitas das dificuldades encontradas pelo movimento sindical

---

23. O Fórum de Defesa dos Serviços Públicos e Contra as Fundações de Direito Privado, no segundo semestre de 2008, desdobrou-se no Movimento Unificado dos Servidores Públicos Estaduais (Muspe) a fim de unificar a luta dos servidores públicos estaduais com a proposta de ampliar para os demais servidores: federais e municipais.

24. Em janeiro de 2009, foi criado o Fórum de Saúde para dar seguimento a luta dos sujeitos sociais em defesa da saúde pública que se reúne mensalmente, na última terça-feira na UERJ. Este mecanismo não pretende fragmentar as ações efetivadas pelo Muspe, mas articulá-las e ser um espaço de debate com relação à saúde junto com os movimentos sociais e a academia.

25. A campanha pela procedência da ADIn n. 1.923/98 possui até o primeiro semestre de 2011 um abaixo-assinado com cerca de 5.700 signatários; uma Carta aos ministros do STF com 317 assinaturas de entidades; e a elaboração do documento "Contra Fatos não há Argumentos que sustentem as Organizações Sociais no Brasil", o qual demonstra com fatos ocorridos nos estados e municípios brasileiros que já implantaram as OSs como modelo de gestão de serviços públicos, os prejuízos trazidos por essas à sociedade, aos trabalhadores e ao erário público, confirmando que não existem argumentos capazes de sustentar a defesa jurídica ou econômica das mesmas.

no âmbito da saúde é produto da pouca ou, na maioria das vezes, ausente formação política e debate sobre o tema. Exemplo visto na própria Intersindical, que apesar de demonstrar interesse e organização nas lutas de saúde também sofre das mesmas restrições, dado que o seu "grau de intervenção na saúde é mínimo" (sic), apesar de "possuir perspectiva de expandir a discussão de saúde, considerando que as bases dos sindicatos estão impulsionando esta discussão, ela ainda padece de relevância" (sic). Para esta entidade, o maior limite é conjuntural, pois a saúde "deve ser uma discussão permanente. Contudo, é impossibilitada pelo contexto de subalternização das condições de vida e trabalho que conduzem "a uma situação dos sindicatos apagarem incêndio" (sic). Tais limitações não seriam exclusivas a esta organização, mas seriam compartilhadas pela CUT, através da redução de seu coletivo de saúde; como também pela ausência de lutas na área de saúde pela NCST e UGT.

No que se refere à organização interna, ou seja, como as centrais se constituem para as ações em saúde, destaca-se que sete tem algum setor específico para a temática: a CUT, com duas secretarias, de políticas sociais e saúde do trabalhador; a CSP — Conlutas, com dois setoriais, de saúde e saúde do trabalhador (CSP — Conlutas); a NCST, através da diretoria de saúde do trabalhador; a UGT com uma secretaria de saúde; a Força Sindical através de uma secretaria de Saúde e Segurança; a CTB através de uma secretaria de políticas sociais; e a Intersindical por meio de um GT de políticas sociais. Chama a atenção a dificuldade de parte considerável das centrais assumirem o debate da saúde enquanto Sistema Único de Saúde, e as implicações que o mesmo requer em tempos neoliberais. A saúde fica, muitas vezes, relegada ou à sombra do debate da saúde do trabalhador; quando não é "dissolvida" no amplo, plural e diverso tema das políticas sociais, que envolvem a exemplo da CUT, "os setores de educação, saúde e previdência, habitação e solo urbano, alimentação, meio ambiente e ecologia, comunicação, transportes, direitos da criança e do adolescente, direitos humanos e movimentos sociais". Considerando-se também, que apesar destas entidades incorporarem a temática da saúde em sua

SAÚDE, SERVIÇO SOCIAL, MOVIMENTOS SOCIAIS E CONSELHOS 219

estrutura, esta cumpre um papel ainda secundário na pauta das centrais e suas direções, prejudicada pela estratégia defensiva, economicista e fragmentada corporativamente, adotada na luta pelos direitos e políticas sociais, em que necessidades salariais, de cargos e carreira se sobrepõe a lutas mais gerais.

5. As centrais sindicais e o controle social

As posições das centrais sindicais com relação ao Controle social na área da saúde evidenciam um importante indicador do que designam enquanto "público" e "direito social", necessário de participação e controle. Se as suas entrevistas e publicações ocasionavam dúvidas quanto a opção entre o púbico e o privado, ou até mesmo entre o mix público-privado (vide a privatização através fundações estatais de direito privado e organizações sociais), as estratégias prioritárias de atuação em controle social elucidam muitas dessas dúvidas. Para tanto, trabalharemos neste item dois momentos: a concepção e participação das mesmas nos conselhos de saúde e a relação com a Agência Nacional de Saúde Suplementar (ANS).

Compreendemos os conselhos de políticas e direitos a partir da perspectiva gramsciana, como espaços contraditórios, que possibilitam a socialização do poder centrado no Estado burguês e na sua elite econômica. A socialização do poder — efetivada pela articulação entre mecanismos de representação indireta com os organismos populares de democracia de base (Coutinho, 1992) — torna-se passo fundamental para o fortalecimento do processo democrático e do resgate da noção estratégica de cidadania, hoje descaracterizada pelo aparato ideológico neoliberal. Como analisa Bravo (2006), o fortalecimento da estrutura, dinâmica e potencial de intervenção dos conselhos, requer esforços para superação de uma cultura política construída ao longo da história brasileira, com características patrimonialistas, populistas e de cooptação das bases populares.

Das seis centrais entrevistadas, cinco consideram os conselhos de saúde importantes espaços de participação, mas ressaltam muitas críticas, e, entre elas, o questionamento da necessidade de ocupação desses espaços. Das centrais que indicam sua importância, CUT, NCST, UGT, CTB e Intersindical, as duas últimas salientam que somente a participação nos conselhos não é suficiente e que é preciso o fortalecimento da luta pela base popular. As cinco concordam que o espaço precisa ser politizado e apontam críticas quanto ao planejamento das ações e organização interna, burocratização, manipulação e autoritarismo dos gestores. Destaca-se ainda a NCST, que ressalta a ineficiência dos conselhos de saúde em comparação a outros conselhos, sem, contudo explicitar seu conceito de eficiência. Com relação à participação nesses espaços, apenas a CUT, a NCST, CGTB e a Força Sindical participam do Conselho Nacional de Saúde (CNS).[26]

Apenas a CSP — Conlutas não considera os conselhos de saúde um espaço prioritário para atuação política. Segundo sua análise, os espaços atrelados ao governo tendem a se burocratizar e a esvaziar a luta efetiva:

> O que é prioritário é o investimento nos espaços autônomos da classe. A própria experiência das ações integradoras com o Estado mostrou que essa absorção tende a burocratizar e esvaziar a luta. É muito mais válido investir na luta através do fórum do que no conselho. (CSP — Conlutas)

No intuito de compreender a posição da CSP — Conlutas e as críticas realizadas pelas demais centrais salienta-se que a participação social no âmbito da sociedade civil está atrelada a um processo permanente de construção da democracia. Coutinho (2006) resgata que a democracia é hoje reivindicada por quase toda corrente ideológica, mas nem sempre foi assim. A incorporação da democracia é um processo recente que data da segunda metade do século XX. Por esta razão, à luz de Lukács, é sempre mais adequado falar em "democratização", por ser um processo "que se expressa essencialmente numa crescente

---

26. A CUT participa também de diversos conselhos estaduais de saúde e alguns municipais.

SAÚDE, SERVIÇO SOCIAL, MOVIMENTOS SOCIAIS E CONSELHOS 221

socialização da participação política" (Idem, p. 21). Logo, a concepção de participação e o modo como vem sendo socializada tem sido igualmente restrita e esvaziada da sua função histórica. A real participação social caminha no sentido da chamada publicização do Estado, que só pode realizar-se por intermédio da disputa e ocupação dos espaços de luta política no âmbito estatal e da sociedade civil, tais como os conselhos de políticas e de direito.

Concomitante ao esvaziamento das esferas públicas de controle social — os conselhos de saúde a nível municipal, estadual e, em menor medida, nacional — observa-se uma inserção significativa das centrais sindicais no âmbito da ANS. Essa, compreendida como uma "agência reguladora", vincula-se ao Ministério da Saúde e é a atual responsável pelo setor suplementar ao SUS — o mercado de planos de saúde no Brasil. A participação orgânica de segmentos do movimento sindical neste espaço demonstra uma opção política pela regulação, convertida em "participacionismo" apolítico e integrativo, em detrimento do controle popular. Na própria definição da agência, a "regulação pode ser entendida como um conjunto de medidas e ações do Governo que envolvem a criação de normas, o controle e a fiscalização de segmentos de mercado explorados por empresas para assegurar o interesse público".

O interesse público citado, no entendimento de parte do movimento sindical, é o interesse daqueles trabalhadores formalmente empregados e sindicalizados, que requerem acesso aos serviços de saúde e para tanto, devem tê-lo garantidos pelo seu empregador, disponibilizando a menor contribuição possível; ou no máximo, a inserção de aposentados e recém-demitidos sem justa-causa. As lutas passam a ser na maior cobertura da saúde privada aos trabalhadores celetistas; na fixação de um baixo limite para reajuste nos planos de saúde; e na ampliação a baixo custo para os segmentos demitidos, aposentados e com idade mais elevada:

> As centrais sindicais se reuniram com o diretor da Agência Nacional de Saúde (ANS), Maurício Ceschin, para resolver a situação dos aposenta-

dos e trabalhadores demitidos que usam os planos de saúde, disse Arnaldo Gonçalves, secretário nacional de Saúde e Segurança da Força Sindical. Eles reivindicam à Agência que retome o conteúdo da legislação que rege o assunto. Os sindicalistas entregaram um documento à ANS no qual observam que a proposta da nova Resolução Normativa da Agência, ao regulamentar os artigos ns. 30 e 31, da Lei n. 9.656/98, estabelece restrições que dificultam a continuidade dos aposentados e demitidos nos planos de saúde coletivos privados e parece atender exclusivamente aos interesses das operadoras "que muito gostariam de ter apenas a população mais jovem como beneficiária". (*Fonte*: Assessoria de Imprensa da Força Sindical, 28 jun. 2011)

A participação das centrais sindicais é remetida à luta pela efetivação do "direito ao consumidor" na esfera privada da saúde. Para tanto, o controle sai do âmbito público e universal e é travestido de "regulação" sobre a prestação de serviços assistenciais, caractere típico da burocratização sindical em tempos neoliberais e de redução do Estado. No âmbito da ANS, a participação se efetiva na "Câmara de Consulta da Agência", responsável por regular os convênios médicos, da qual participam as operadoras, prestadoras de serviços e de usuários. A Força sindical, em conjunto com outras centrais, atua na Câmara como representante dos usuários, influenciando as deliberações da ANS, já que este espaço é limitado ao caráter consultivo. A relação entre o movimento sindical e o setor privado torna-se, nada mais, que uma "parceria" pela cidadania, sendo esta última de nítido viés restritivo:

O "Encontro com as Centrais Sindicais 2010" está sendo realizado [...], em São Paulo. Será feita uma avaliação dos trabalhos deste ano e serão planejadas as atividades para 2011 do programa "Parceiros da Cidadania". O Programa foi concebido para promover a integração entre os trabalhos desenvolvidos pela ANS, os Órgãos Públicos integrantes do Sistema Nacional de Defesa do Consumidor e as centrais sindicais. Participam os representantes da ANS (Agência Nacional de Saúde Suplementar), as centrais sindicais, o Dieese (Departamento Intersindical de

SAÚDE, SERVIÇO SOCIAL, MOVIMENTOS SOCIAIS E CONSELHOS

Estatísticas e Estudos Socioeconômicos) e o Diesat (Departamento Intersindical de Estudos e Pesquisas de Saúde e dos Ambientes de Trabalho).
As atividades previstas na execução do Programa visam o aperfeiçoamento e racionalização das atividades dos Parceiros, no que diz respeito ao atendimento de consumidores de planos de saúde, através da
harmonização de entendimentos e do fortalecimento do papel institucional de cada uma das entidades parceiras, no âmbito de suas respectivas atribuições e competências. (*Fonte*: Assessoria de Imprensa da
Força Sindical, 14 dez. 2010)

Diante do exposto, é importante destacar que o cenário qualifica-
do como de "redução" ou mesmo "frustração" dos movimentos sociais
diante das possibilidades de atuação nos conselhos de saúde, tem que
ser analisado sob o contexto de recuo e institucionalização sindical,
onde a saída hegemônica tem se dado nas estratégias corporativistas.
A atuação de algumas centrais sindicais na ANS, e a pouca ou não
prioridade de intervenção nos conselhos não é apenas um dado da não
viabilidade e/ou cooptação desses últimos, mas do crescimento da
assistencialização do movimento sindical, que para manter-se estruturalmente abre mão de instrumentos clássicos — mobilização, greves
e passeatas — e investe na prestação de serviços, através de uma crescente prática complementar ao Estado e conciliadora com o mercado.

Considerações finais

A atual organização das centrais sindicais e a pluralidade de entidades existentes — CUT, Força Sindical, UGT, CTB, NCST, CSP, UST,
CSP — Conlutas e Intersindicais — demonstram um retrato da disputa entre distintos projetos societários no plano sindical e suas refrações
na saúde, entre a resistência e defesa a um modelo privatista. A emergência de novas centrais sindicais nos anos 2000 traz uma reconfiguração para o movimento sindical: de um lado centrais explicitamente
criadas pelo setor empregador, neocorporativas, atreladas à política

de captação de recursos públicos; e de outro, a formação de novas entidades sindicais, cisões da CUT, possuindo como norte valores do "novo" sindicalismo, no seu viés classista, autônomo e combativo.

Para a saúde, diante da ofensiva neoliberal de mercantilização das políticas sociais, essa polarização e fragmentação do movimento sindical traz prejudiciais rebatimentos. O principal agravante deste contexto é a fragilização das resistências à privatização do SUS, diante do crescimento da assistencialização do movimento sindical, através de convênios e planos de saúde realizados por sindicatos e a participação na estrutura reguladora da ANS; a perda de centralidade da CUT como principal instrumento da classe trabalhadora diante da sua crescente burocratização e institucionalização; e, por fim, a formação da CTB, Intersindical e CSP — Conlutas, que apesar de se autoafirmarem defensoras de um projeto societário anticapitalista, não estão unificadas em um mesmo instrumento político.

A atual configuração das lutas no âmbito do trabalho demonstram, cada vez mais, uma articulação mais nítida entre as centrais. A construção de uma "Agenda Unitária da Classe Trabalhadora", que têm por principal reivindicação a socialização dos "frutos do desenvolvimento econômico" na forma de melhores salários, condições de trabalho e direitos sociais, conduziu à uma coligação entre a Força Sindical, a CTB, a NCST, UGT e CGTB nos anos 2011 e 2012. E, em sentido contrário, as manifestações na área da saúde, educação e lutas urbanas através de fóruns e comitês populares, de enfrentamento à política neoliberal do Estado, possibilitaram a maior aproximação entre a CSP — Conlutas e a Intersindical. Por fim, a CUT, que apesar de manter-se em diálogo com todos os setores do movimento sindical, em especial a primeira coligação, detêm um considerável isolamento das referidas centrais, atuando a partir de campanhas próprias.

Ainda não é possível verificar claramente os impactos desta reorganização sindical na saúde, mas pode-se fazer dois apontamentos: no primeiro, reconhece-se o setor atuante no bloco "Força Sindical, CTB, NCST, UGT e CGTB" como prejudicial, visto que é hoje a Força Sindical a entidade mais próxima e orgânica à ANS e a "agenda unitária"

SAÚDE, SERVIÇO SOCIAL, MOVIMENTOS SOCIAIS E CONSELHOS

protagonizada pela mesma não faz menção ao SUS; no segundo, identificamos a CSP — Conlutas e as duas Intersindicais como as maiores aliadas na luta pela saúde pública e universal, haja vista a atuação das mesmas nos fóruns de saúde e na Frente Nacional contra Privatização da Saúde. No que diz respeito à CUT, acreditamos haver nesta entidade um processo interno de disputas entre distintas concepções de saúde, fazendo-se presente em seu interior um considerável setor sanitarista, a exemplo do ex-presidente do Conselho Nacional de Saúde Francisco Batista Júnior.

Para tanto, um dos desafios neste contexto, de fragmentação das lutas sociais, é a mobilização e organização dos movimentos sociais, partidos e intelectuais de esquerda na luta contra-hegemônica. O movimento sindical pode ter um protagonismo importante ao transpor as lutas corporativas e passar para as lutas ético-políticas. Pois, conforme afirma Escorel (1989) a saúde é um componente fundamental da democracia e da cidadania, tanto por ser determinada por um conjunto de direitos, como também por ser elemento revolucionário e de consenso. O potencial revolucionário consiste no fato da saúde formar um campo privilegiado da luta de classes, em que se chocam as concepções de vida das diferentes classes sociais. No debate sindical, a saúde pode contribuir como um valor largamente compartilhado e como espaço de um direito que pode unir um conjunto de forças para lutar por sua conquista.

Referências bibliográficas

ALVES, G. *O novo [e precário] mundo do trabalho*. São Paulo: Boitempo, 2000. (Col. Mundo do Trabalho.)

ANTUNES, R. *Adeus ao trabalho?* Ensaio sobre as metamorfoses e a centralidade do mundo do trabalho. São Paulo: Cortez, 1999.

_____. *O que é sindicalismo?* São Paulo: Brasiliense, 1980.

BOITO JR, A. *Política neoliberal e sindicalismo no Brasil*. São Paulo: Xamã, 1999.

BRASIL. Pesquisa Sindical, IBGE. Disponível em: <http://www.ibge.gov.br/home/estatistica/pesquisas/default.shtm>. Acesso em: mar. 2010.

BRAVO, M. I. S. A política de saúde no Brasil: trajetória histórica. In: _____; MATOS, M.; ARAÚJO, P. (Orgs.). *Capacitação para conselheiros de saúde*. Rio de Janeiro: UERJ/Depext/Nape, 2001.

_____. Desafios atuais no controle social no Sistema Único de Saúde (SUS). *Serviço Social & Sociedade*, Cortez, n. 88, 2006.

COUTINHO, C. N. *Gramsci*: um estudo sobre seu pensamento político. Rio de Janeiro: Civilização Brasileira, 1999.

_____. *Contra a corrente*: ensaios sobre democracia e socialismo. 2. ed. São Paulo: Cortez, 2008.

ESCOREL, S. *Reviravolta na saúde*: origem e articulação do movimento sanitário. Dissertação (Mestrado) — ENSP/Fiocruz, Rio de Janeiro,1987. (Mimeo.)

FILGUEIRAS, L.; GONÇALVES, R. *A economia política no governo Lula*. Rio de Janeiro: Contraponto, 2007.

GIANNOTTI, V. *Força Sindical*: a central neoliberal de Medeiros a Paulinho. Rio de Janeiro: Mauad, 2002.

_____. *História das lutas dos trabalhadores no Brasil*. Rio de Janeiro: Mauad X, 2007.

HARVEY, D. *Sociedade civil e espaços públicos no Brasil*. São Paulo: Paz e Terra, 2002.

_____. *A condição pós-moderna*. São Paulo: Loyola, 1992.

MATTOS, M. B. Novas bases para o protagonismo sindical na América Latina: o caso brasileiro. In: LEHER, R. SETÚBAL, M. *Pensamento crítico e movimentos sociais*: diálogos para uma nova práxis. São Paulo: Cortez, 2005.

NETTO, J. P. Transformações societárias e serviço social: notas para uma análise prospectiva da profissão no Brasil. *Serviço Social & Sociedade*, São Paulo, n. 50, 1996.

TUMOLO, P. S. *Da contestação à conformação*: a formação sindical da CUT e a reestruturação capitalista. São Paulo: Unicamp, 2008.

SAÚDE, SERVIÇO SOCIAL, MOVIMENTOS SOCIAIS E CONSELHOS

VV.AA. *Carta de princípios*: Nova Central Sindical de Trabalhadores (NCST). Disponível em: <www.ncst.org.br>. Acesso em: mar. 2010a.

_____. *1º Manifesto Intersindical*. Disponível em: <http://www.intersindical. org.br/resolucoes.php.htm>. Acesso em: mar. 2010b.

YAZBEK, M. C. *Classes subalternas e assistência social*. São Paulo: Cortez, 1993.

Sites consultados:

http://www.fsindical.org.br

http://www.ugt.org.br

http://www.ncst.org.br

http://www.intersindical.org.br

http://cspconlutas.org.br

http://www.cut.org.br

http://portalctb.org.br/site

http://www.cgtb.org.br/cgtb

http://www.cspbrasil.org.br

http://www.ust.org.br

8
Organização político-sindical dos assistentes sociais:
uma breve análise

Maria Inês Souza Bravo
Altineia Maria Neves
Maria Cristina Braga
Mariana Maciel do Nascimento Oliveira

Introdução

Atualmente são aproximadamente 110.000 assistentes sociais no Brasil[1] atuando em diferentes campos de trabalho. Há um forte crescimento do mercado profissional, fruto de vários fatores, dentre eles a descentralização das políticas públicas para o âmbito municipal. No entanto, se o mercado está se ampliando, este trabalho nunca esteve tão precarizado como se apresenta no quadro atual, refletindo uma conjuntura desfavorável ao trabalho e aos direitos sociais historicamente conquistados. É nessa direção que a preocupação com o traba-

---

1. Dados do CFESS. Disponíveis em: <http://www.cfess.org.br/estrutura_frentes.php>. Acesso em: 24 abr. 2012.

lho do assistente social vem ganhando atenção nos últimos anos no Brasil e, com ele, a retomada do debate sobre a sua organização político-sindical.

A presente pesquisa "Movimento Sindical: a atuação política dos assistentes sociais",[2] tem como objetivo principal a análise sobre a atual participação política dos assistentes sociais nas organizações sindicais da classe trabalhadora, e toma por referência as preocupações que vêm marcando recentemente a agenda de debate da categoria. Busca-se entender, assim, o que hoje está sendo colocado quanto aos rumos da organização da classe trabalhadora no Brasil, quanto às condições de trabalho dos assistentes sociais e sua inserção nas lutas mais gerais.

Essa perspectiva investigativa surge inicialmente do desdobramento de outra investigação realizada pela equipe de pesquisadores do projeto em tela, cujo objeto de estudo foi as centrais sindicais e suas lutas pela saúde pública-estatal.[3] Nesse sentido, busca-se investigar o nível de participação dos assistentes sociais no movimento sindical e o que ocasionou o movimento de reabertura dos sindicatos de assistentes sociais em alguns estados do país nos últimos dez anos. Isso remete a duas preocupações: uma em relação ao debate acerca da organização sindical por ramo e/ou categoria; e a outra em relação à sua contribuição à classe trabalhadora, ou seja, se os assistentes sociais estão inseridos no movimento sindical e se esses profissionais valorizam este espaço de organização.

Esta investigação, que ainda está em andamento, tem por referência os seguintes procedimentos teórico-metodológicos: a) levantamento bibliográfico específico do tema, considerando principalmente os

---

2. A Pesquisa "Movimento Sindical: a atuação política dos assistentes sociais" é uma realização dos Projetos Políticas Públicas de Saúde e Saúde, Serviço Social e Movimentos Sociais, vinculados à Faculdade de Serviço Social da UERJ, sob a coordenação geral da professora doutora Maria Inês Souza Bravo, financiados pelo CNPq, Faperj e UERJ. Participam da pesquisa além das autoras: Bruna Santana da Silva, Maíra Carvalho da Silva, Mohabiana Jacuru Theonilo, Naitê Guedes Gomes.

3. A síntese desta pesquisa encontra-se no artigo "Saúde e luta sindical: entre a reforma sanitária e o projeto de saude privatista" desta coletânea.

autores que se situam no campo da teoria crítica e sua produção acerca das transformações contemporâneas vividas pela classe trabalhadora; b) aplicação de questionário com questões abertas e fechadas divididas em dois blocos: um relativo ao perfil e condições de trabalho dos assistentes sociais e outro acerca da participação dos profissionais de Serviço Social em sindicato e em outras entidades organizativas; c) análise do material coletado em dois blocos temáticos, primeiramente tratar-se-á sobre o perfil dos sujeitos da pesquisa e sobre as suas condições de trabalho e, na segunda parte, sobre a participação no movimento sindical, e a inserção política dos assistentes sociais em outros espaços de organização política da classe trabalhadora; d) devolução da pesquisa com o compromisso de retornar aos participantes os resultados obtidos.

A aplicação dos questionários ocorreu em três momentos distintos, totalizando 180 formulários utilizados na coleta de dados. O primeiro momento foi o Seminário "Parâmetros de atuação do Assistente Social na Saúde", realizado em 17 de dezembro de 2009, onde foram coletados 43 formulários.[4] O segundo momento foi o I Seminário "Organização Sindical dos Assistentes Sociais do Rio de Janeiro", ocorrido no dia 9 de julho de 2010, quando foram devolvidos 63 formulários.[5] O terceiro momento da pesquisa foi a Plenária específica sobre "Organização Político-Sindical da Classe Trabalhadora e Serviço Social" durante o XIII Congresso Brasileiro de Assistentes Sociais (CBAS), ocorrido em Brasília, no período de 31/7 a 6/8/2010, sendo recolhidos 74 formulários.[6]

---

4. Os resultados deste primeiro momento foram sistematizados e apresentados na Dissertação de Mestrado de Mariana Maciel do Nascimento Oliveira, intitulada "Movimento Sindical e Serviço Social: uma análise a partir das transformações societárias e a saúde como espaço de disputas", defendida na UERJ, em 2010, sob a orientação de Maria Inês Souza Bravo.

5. Os resultados desta investigação foram apresentados no II Seminário "Organização Sindical dos Assistentes Sociais do Rio de Janeiro", ocorrido em 6 de maio de 2011, evento que integrou a programação do mês do assistente social do CRESS 7ª Região neste respectivo ano, cujo conteúdo também foi disponibilizado para a Revista Em Foco n. 7 — setembro de 2011, edição que é dedicada ao tema "Organização Político-Sindical dos Assistentes Sociais".

6. Os dados dessa última aplicação ainda estão sendo sistematizados e os resultados serão apresentados em publicações posteriores dos Projetos "Políticas Pública de Saúde" e "Saúde e Serviço Social e Movimentos Sociais".

SAÚDE, SERVIÇO SOCIAL, MOVIMENTOS SOCIAIS E CONSELHOS

Serão apresentados neste artigo apenas alguns resultados da pesquisa aplicada no *Seminário sobre Organização Sindical dos Assistentes Sociais do Rio de Janeiro*, evento realizado pelo "Movimento pró-organização sindical dos assistentes sociais do Rio de Janeiro",[7] com apoio do Conselho Regional de Serviço Social (CRESS) 7ª Região e da Faculdade de Serviço Social da UERJ. Este evento contou com 220 participantes (total apurado tendo por base as fichas de inscrição), dos quais 149 eram Assistentes Sociais, 59 estudantes (graduação e pós-graduação) e 12 profissionais de outras áreas como Biologia, História, Psicologia, Jornalismo e Enfermagem.

A perspectiva que determinou a realização desse seminário fundamentou-se na necessidade de se retomar, de forma *clara e plural*, o debate sobre a organização sindical dos assistentes sociais; por se tratar de uma temática extremamente polêmica e que ultrapassa os limites do Serviço Social enquanto profissão, pois a organização da classe trabalhadora e dos assistentes sociais brasileiros traz à tona diferentes concepções e projetos legitimamente em disputa.[8]

---

7. O processo de construção do Movimento pró-organização sindical dos assistentes sociais do Rio de Janeiro iniciou-se em dezembro de 2009, quando diversos profissionais de Serviço Social se reuniram na Sede do CRESS 7ª Região com a preocupação de retomar o debate sobre o que hoje está sendo colocado quanto aos rumos da organização da classe trabalhadora no Brasil e como o Serviço Social se insere nessas lutas através de seus agentes profissionais. Outra preocupação imediata era em relação à mobilização de profissionais da base, com apoio do Saserj, no processo de judicialização da anuidade junto ao CRESS 7ª Região. Dentre as estratégias traçadas pelos profissionais para o enfrentamento de tais questões, foi pensada uma comissão tirada na reunião ampliada ocorrida no CRESS, no dia 12/3/2010 para operacionalizar as propostas do Movimento. Duas atividades foram programadas para realização imediata. A primeira seria uma enquete a ser aplicada entre os profissionais, durante o mês de maio, nas atividades comemorativas pelo Dia do Assistente Social, proposta iniciada, mas não concluída. E a segunda atividade, realização de um Seminário voltado para o debate sobre a organização sindical da categoria, proposta efetivada no evento realizado em 9/7/2010.

8. O Seminário foi organizado com duas mesas temáticas. A primeira debateu o tema "Histórico da organização dos trabalhadores", que teve o papel de fazer uma breve retomada histórica e proporcionar o debate teórico das concepções que norteiam a organização sindical na atualidade. Já a segunda mesa, sob o tema "Sindicato por ramo e por categoria: formas de organização sindical", teve por objetivo apontar a realidade atual, remetendo à apreciação das experiências em curso de quatro diferentes categorias que foram representadas por seus respectivos sindicatos. Para o primeiro debate contou-se com os palestrantes Valério Acary (historiador,

O envolvimento do Projeto Políticas Públicas de Saúde da Faculdade de Serviço Social/UERJ neste evento ocorreu a partir da aproximação de alguns de seus integrantes, inicialmente no Movimento Pró-organização sindical dos Assistentes Sociais do Rio de Janeiro e, depois, compondo a Comissão organizadora dos Seminários. A equipe do Projeto que vinha participando inicialmente do Movimento, desde sua primeira articulação, também teve representação nessa comissão que trabalhou na realização do primeiro seminário ocorrido em 9/7/2010. A comissão permaneceu em atividade tendo sido ampliada para o II Seminário que deu continuidade ao debate iniciado no primeiro. A ideia é continuar criando espaços coletivos de discussão para ampliar e fortalecer não apenas o debate, mas a própria organização sindical dos assistentes sociais.

Esta reflexão aborda as novas configurações do trabalho e sua incidência nos espaços ocupacionais do assistente social e encerra-se com breves notas sobre os desafios contemporâneos no que concerne à organização político-sindical dos agentes dessa profissão.

1. As novas configurações do trabalho na sociedade capitalista e as condições de trabalho dos assistentes sociais

A classe trabalhadora vivencia hoje perdas históricas de direitos e de acesso aos bens materiais e culturais. Situações como desemprego, a inserção precária no universo do trabalho, políticas sociais que combinam focalização e seletividade, além de processos intensos de mercantilização da saúde e da educação revelam o modo ativo e político do Estado se colocar em defesa dos interesses do capital em detrimen-

---

professor do IFECT-SP), Bia Abramides (assistente social, professora da PUC-SP) e Regina Marconi (assistente social/Secretaria de Habitação-RJ). Na segunda mesa, representando a organização sindical por categoria, o Seminário contou com Margareth Alves Dallaruvera (assistente social, presidente da Fenas) e Cínthia Teixeira (Sindicato dos Nutricionistas) e representando a organização sindical por ramo, com Márcia Canena (assistente social, ex-diretora do SindJustiça-RJ) e Maristela Farias (Sindsprev-RJ).

to do atendimento às necessidades humanas. Portanto, as implicações da crise do capital, verdadeiramente *estrutural*, nos termos de Mészáros (2002), é o de uma crise que afeta o sistema do capital global em todos os seus aspectos e em todas as suas dimensões fundamentais. Desde a década de 1970 que vem sendo potencializado o processo das contradições intrínsecas à dinâmica da acumulação capitalista, sendo observáveis na atualidade os efeitos da crise do capital deste período. Essa conjuntura remete à preocupação com o trabalho do assistente social e coloca o desafio de situá-lo como trabalhador assalariado que não está isento da dinâmica dos processos sociais contemporâneos que determinam a sua configuração técnico-profissional e tem claras implicações em suas competências e atribuições, bem como nas suas condições de trabalho. De acordo com Alencar e Granemann,

> as consequências das profundas alterações nas condições de trabalho, na forma de contrato da força de trabalho ocupada e na "gestão" da força de trabalho excedente determinam e atingem o trabalho do assistente social e a forma de contratação de sua força de trabalho, pois não há possibilidade de o trato da "questão social" ser aviltada e de, ao mesmo tempo, existirem condições generosas interferindo nesse processo. (Alencar e Granemann, 2009, p. 162)

As autoras defendem a hipótese de que "políticas sociais" aviltadas para a classe trabalhadora impõem o rebaixamento do contrato e das condições do trabalho profissional mediador/executor dessas políticas" (ibidem). Desse modo, pode-se afirmar que na dinâmica histórica e conjuntural, não estão desconectadas as questões do trabalho, as contrarreformas do Estado e a redução de direitos sociais da classe trabalhadora. Considerando, assim, essa conjuntura, no primeiro bloco de questões da pesquisa, que trata sobre o "perfil e as condições de trabalho" dos assistentes sociais, busca-se refletir tanto sobre o mercado de trabalho no período em curso como acerca da intensificação do processo de precarização das condições de trabalho.

Em relação à trajetória profissional dos participantes desta etapa da pesquisa, de acordo com os dados coletados, 43% dos participantes têm até cinco anos de formação; 18% têm entre cinco e dez anos de conclusão da graduação; 16% situam-se entre dez e quinze e 23% estão acima dos quinze anos de formados. Portanto, a maioria dos participantes da pesquisa, são jovens profissionais, pois têm até 10 anos de trajetória profissional, já que somam 61%.

Com relação à inserção no mercado de trabalho, conforme demonstrado no gráfico 1, 77% estão inseridos no mercado de trabalho como assistentes sociais; 20% se declararam estudantes e/ou estão desempregados, isso inclui os bolsistas e os que se declararam voluntários;[9] já 3% não informaram sobre sua condição atual no mercado de trabalho.

Gráfico 1
Inserção no mercado de trabalho como assistente social

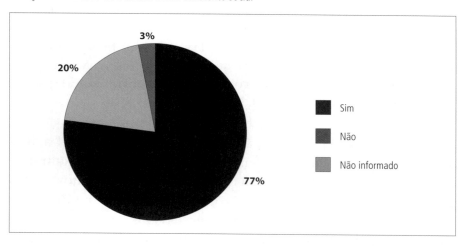

Fonte: Pesquisa: "Movimento Sindical: a atuação política dos assistentes sociais". Projeto "Saúde, Serviço Social e Movimentos Sociais". Faculdade de Serviço Social-UERJ, 2010.

---

9. Mesmo com o processo de renovação do Serviço Social brasileiro, iniciado no final da década de 1970, ainda há, na atualidade, reflexos do trabalho voluntário fomentado ideologicamente sob os pressupostos históricos da caridade na gênese da profissão no Brasil e, em sua vertente atual, esse trabalho voluntário no Serviço Social expressa-se como fenômeno integrante da precarização do mercado de trabalho para os assistentes sociais.

SAÚDE, SERVIÇO SOCIAL, MOVIMENTOS SOCIAIS E CONSELHOS

Desses 77% que se declararam inseridos no mercado de trabalho, a maioria atua em áreas da seguridade social sendo: 24% na saúde, 14% na assistência social e 1% na previdência social. A política de saúde destaca-se por concentrar historicamente o maior número de profissionais, realidade que vem sendo alterada desde a implantação do SUAS no país em 2004, bem como pelo avanço do processo de assistencialização das políticas sociais que vem dando centralidade à política de assistência social (Motta e Amaral, 2008; Rodrigues, 2007). Portanto, na soma das três políticas que compõem seu tripé, a seguridade social (39%) tem prevalência enquanto campo de trabalho para os assistentes sociais, o que é uma tendência nacional; seguida da educação (18%), docência (10%) e com percentuais menores seguem as áreas sociojurídica, habitação, empresa e entidade da categoria (CRESS). É importante observar que o movimento sindical aparece neste contexto para uma profissão que aponta a assessoria sindical como área de trabalho.

Sobre as instituições empregadoras sinalizadas pelos participantes da pesquisa, destaca-se a prefeitura da cidade do Rio de Janeiro (PCRJ) como maior empregadora (26%). Isso tem a ver com o protagonismo dos profissionais dessa Prefeitura na retomada do debate sobre a organização sindical da categoria no Rio de Janeiro culminando com uma presença marcante no evento; seguidos dos 13% para as instituições do ensino público; 10% para as unidades de saúde, especialmente hospitais públicos; 9% para Organizações Não Governamentais e Organizações Sociais; e, com percentuais menores, as instituições do ensino privado (3%), Corpo de Bombeiros (3%), sindicatos (3%). Sendo que 14% para "outras" que se referem às demais instituições com pencentuais menores e 19% não responderam a esta questão. Se somarmos o percentual da PCRJ, aos do Ensino Público, Hospitais/Unidades de Saúde e Corpo de Bombeiros, concluiremos que 53% das instituições empregadoras dos sujeitos da pesquisa são da esfera pública.

Enfim, conforme os dados do gráfico 2 que se referem à natureza das instituições empregadoras, 70% são oriundas do setor público, 11% do setor privado; 5% não identificaram claramente o tipo de instituição a qual estão vinculados e 14% não responderam a essa questão.

Gráfico 2
Natureza das instituições empregadoras

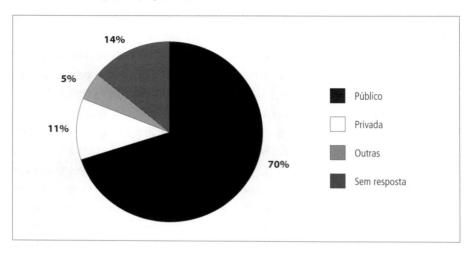

Fonte: Pesquisa: "Movimento Sindical: a atuação política dos assistentes sociais". Projeto "Saúde, Serviço Social e Movimentos Sociais". Faculdade de Serviço Social-UERJ, 2010.

Portanto, majoritariamente, esses assistentes sociais se inscrevem profissionalmente no setor público, em suas diferentes instâncias: municipal, estadual e federal, confirmando a prevalência do Estado como o maior empregador dos assistentes sociais (CFESS, 2005).

Entre os entrevistados destaca-se um quantitativo significativo de profissionais inseridos na Prefeitura da Cidade do Rio de Janeiro (PCRJ) que estão hoje na linha de frente na retomada do debate sobre a organização sindical no Rio de Janeiro. Alguns aspectos são fundamentais na luta política desses profissionais, pois se trata de uma mesma rede que concentra um grande número de assistentes sociais;[10] que nas re-

10. Desde que foi criado o Sistema Municipal de Assistência Social (SIMAS) pela Prefeitura da Cidade do Rio de Janeiro em 2001, está em curso "um processo de assistencialização da Seguridade Social e do Serviço Social" (Rodrigues, 2007). De fato, na prefeitura carioca, praticamente todos os profissionais de Serviço Social são ligados administrativamente à Secretaria de Assistência Social (mesmo aqueles que atuam na área da saúde), quando o assistente social

SAÚDE, SERVIÇO SOCIAL, MOVIMENTOS SOCIAIS E CONSELHOS

lações e condições de trabalho têm a seu favor o fato de possuírem vínculo estatutário enquanto servidores públicos, o que lhes permite maior capacidade de mobilização e a possibilidade de gozar de uma relativa autonomia para realizar sua organização. Este setor público tem relação direta com o vínculo que garante estabilidade e, logo, a possibilidade e autonomia para maior organização política, o que gera maior mobilização política.

Quanto à vinculação empregatícia, 58% dos participantes desta etapa da pesquisa estão sob o regime jurídico único (RJU),[11] o que é coerente com a resposta anterior, já que a maioria está no serviço público; 25% são celetistas cujo vínculo se materializa na carteira de trabalho (CLT); 13% estão desempregados e 4% são autônomos. Esse resultado está diretamente relacionado à vinculação profissional com a esfera pública. Os participantes também mencionaram outras modalidades de vínculos tais como: bolsistas, já que alguns são estudantes de pós-graduação; contrato, não sendo, porém, detalhada a natureza deste contrato e alguns situaram o trabalho voluntário nesta categoria de vínculo empregatício.

A preocupação com o trabalho dos assistentes sociais tem sido muito forte nesses últimos anos e, de acordo com Alencar e Granemann (op. cit.), vem ganhando fôlego renovado face às novas determinações históricas da sociedade contemporânea.[12] A aprovação do projeto de

---

também é reconhecido como um dos profissionais da política de saúde, mantendo sua lotação apenas os assistentes sociais da Educação. É importante enfatizar tanto a posição dos assistentes sociais lotados na Secretaria Municipal de Saúde que empreenderam um movimento de resistência quanto ao CRESS 7ª Região que, em nota pública, se manifestou contra esse processo reconhecendo nele a presença da tese endogenista (Idem ibidem, p. 110-113). Ainda em relação a tais dilemas, na centralidade que vem se colocando nessa política, "instala-se uma fase na qual a Assistência Social, mais do que uma política de proteção social, se constitui num mito social", pois "o Estado capitalista amplia o campo de ação da Assistência Social ao mesmo tempo em que limita o acesso à saúde e à previdência social públicas" (Motta, 2008, p. 141).

11. A Lei n. 8.112, de 11/12/1990 institui o regime jurídico dos servidores públicos civis da União, das autarquias, inclusive as em regime especial, e das fundações públicas federais.

12. Alencar e Granemann (2009) fazem um resumo muito interessante dos últimos congressos brasileiros no que diz respeito a essa preocupação com as condições de trabalho dos assistentes sociais, concluindo que essas condições pioraram nas décadas de 1990 e de 2000 e seguiram

Lei da Câmara (PLC n. 152/08), fixa em 30 horas semanais a jornada de trabalho dos assistentes sociais, defendida pelos Conselhos Federal e Regionais – conjunto CFESS/CRESS. É importante destacar que, ao trabalharem viabilizando direitos, frente a situações por vezes dramáticas e graves que atingem parcelas significativas da população brasileira, os assistentes sociais, depois dos policiais e professores, são uma das categorias mais expostas ao stress e riscos para a saúde.[13] Nota-se que esta Lei foi um grande impulsionador da mobilização da categoria na atualidade e a inscreveu na história das relações de trabalho do Brasil, visto que remetia às suas condições concretas de trabalho.[14] No entanto, uma vez aprovada, nova etapa de mobilização e luta se inicia frente às reações e resistência dos seus respectivos empregadores. Ao partir-se do pressuposto de que *políticas públicas só se faz com condições de trabalho*, concorda-se que é fundamental que se faça o debate com relação às questões, demandas e polêmicas contemporâneas que atravessam o Serviço Social e seu "fazer" profissional, e rebatem em seus diversos campos de trabalho no Brasil. Pois, como bem situa Fontes (2010), a tendência atual de expansão do capital que se revela incontrolável, expressa a concentração de recursos sociais e a recriação permanente das expropriações sociais. É nesse contexto que situamos as

---

igual tendência auferida em estudos de outras categorias profissionais, em particular, a classe trabalhadora como um todo.

13. O texto que fundamentou a iniciativa do autor do Projeto Lei da Câmara (PLC n. 152/2008) argumentava que "os assistentes sociais integram uma categoria cujo trabalho leva rapidamente à fadiga física, mental e emocional. São profissionais que atuam junto a pessoas que passam pelos mais diversos problemas, seja em hospitais, presídios, clínicas, centros de reabilitação ou outras entidades destinadas ao acolhimento e à reinserção da pessoa na sociedade" (Jornal do Senado, 4 de agosto de 2010). E ainda, os assistentes sociais são profissionais "que apresentam alto grau de contato interpessoal, ficam mais expostos aos agentes nocivos da atividade e têm sua saúde física e mental, assim como sua qualidade de vida e profissional, mais afetadas, já que interagem de forma muito ativa com os usuários de seus serviços". Ao lado do médico e do enfermeiro, o assistente social é o profissional que apresenta um dos maiores índices de estresse. A carga de responsabilidade depositada nesse profissional é grande... De acordo com Boschetti (*Jornal do Senado*, 4 ago. 2010), depois dos policiais e professores, os assistentes sociais são os profissionais que mais sofrem com desgastes no trabalho.

14. Algumas categorias profissionais como, por exemplo, os médicos peritos do INSS, os enfermeiros e outras profissões estão utilizando a experiência dos assistentes sociais na conquista da jornada de 30 horas para fundamentarem sua luta pelo mesmo objetivo.

SAÚDE, SERVIÇO SOCIAL, MOVIMENTOS SOCIAIS E CONSELHOS

condições de trabalho dos assistentes sociais. Isso implica a necessidade de se considerar que estes profissionais ainda enfrentam a dificuldade de reconhecerem-se como trabalhadores assalariados, agentes de uma profissão determinada pelo processo de reprodução das relações sociais na sociedade capitalista. Contudo, embora pensem a mobilização e organização popular junto aos trabalhadores e usuários de seus serviços, seu próprio processo de organização e de luta, enquanto categoria profissional, ainda tem um longo caminho a ser percorrido.

Frente às transformações operadas no universo do trabalho, nos marcos da mundialização do capital e da reestruturação produtiva, suas expressões no país e repercussões nas formas de organização dos trabalhadores, a tarefa de reverter esta realidade de trabalho é coletiva, envolvendo profissionais de outras áreas, neste protagonismo. Trabalhar em condições desfavoráveis e em situação de falta de recursos diversos nas instituições prestadoras de serviços públicos e/ou privados constitui um quadro gerador também de angústia sobre o papel profissional. Ao partir desses pressupostos, busca-se discorrer, a seguir, sobre os desafios contemporâneos no que concerne à organização político-sindical dos agentes dessa profissão.

2. Atuais contornos da organização político-sindical dos assistentes sociais na atualidade brasileira

Ao analisar o processo político-democrático construído pela classe trabalhadora no período da ditadura burguesa no Brasil, Abramides (2009) expõe que a classe trabalhadora, por meio de um novo sindicalismo e dos movimentos sociais, aparece com mais força no cenário político e econômico da época. Observa a autora que, alimentados pela conjuntura sócio-histórica do final dos anos 1970 aos anos 1980, os assistentes sociais começaram a tecer o entendimento do Serviço Social nos marcos da relação capital e trabalho e nas complexas relações entre o Estado e a sociedade, inserindo-se em três campos de militância: no apoio concreto às lutas sociais, nas lutas político-sindicais e nos partidos políticos (Abramides, op. cit., p. 91-93). De acordo com a autora, é por intermédio do segundo campo, ou seja, das lutas político-sindicais dos assistentes sociais, que se estabelece o vínculo dos assistentes sociais com os movimentos sociais de forma classista (ibidem, p. 97).[15] Para a autora,

> A compreensão das múltiplas e complexas relações do desenvolvimento das lutas sociais e do papel da organização político-sindical *dos assistentes sociais como trabalhadores e com os trabalhadores*, nessa conjuntura de grandes mobilizações sociais dos anos 1980, reconhece a dupla dimensão da inserção dos assistentes sociais nos espaços sócio-ocupacionais. (Abramides, 2009, p. 96; grifo da autora)

É nesse contexto conjuntural que os assistentes sociais entenderam que as condições de vida e de trabalho se alteram mediante processos de resistência e organização sindical da categoria. Ao analisar as reformulações no Serviço Social, a partir da reorganização do Estado e também das modificações profundas na sociedade sob o comando do grande capital internacional, Netto (1991) expõe algumas alterações cujos traços vão partir desde a alteração da sua inserção socioinstitucional do exercício profissional à sua organização profissional, pois os assistentes sociais passam a se reconhecer enquanto trabalhadores(as) que, enquanto tais, têm que se organizar para garantir melhores salários e condições de trabalho.

Com base neste contexto sócio-histórico, entramos no segundo bloco de questões da pesquisa que trata sobre a "participação em sindicato" pelos assistentes sociais na atualidade. Conforme demonstra o gráfico 3, 34% dos sujeitos da pesquisa participam de algum tipo de

---

15. A experiência de mobilização, lutas e organização de base dos assistentes sociais, de acordo com Abramides (2009), foi marcada pela Associação Profissional dos Assistentes Sociais (APAS) e os sindicatos, e no âmbito nacional pela Comissão Executiva Nacional das Entidades Sindicais e Pré-Sindicais de Assistentes Sociais (CENEAS — 1978-83) e, posteriormente, pela Associação Nacional dos Assistentes Sociais (ANAS — 1983-94). Foi com base nas Assembleias Sindicais da ANAS do período de 1987 a 1991 e das deliberações do II Congresso Nacional da CUT em 1986 que houve a deliberação pela extinção dos sindicatos da categoria e da ANAS para a inserção nos sindicatos de ramo de atividade econômica.

SAÚDE, SERVIÇO SOCIAL, MOVIMENTOS SOCIAIS E CONSELHOS 241

organização sindical e 66% não se inserem em nenhuma organização dessa natureza, lembrando que esse percentual incorpora os estudantes.

Gráfico 3
Participação em Sindicato

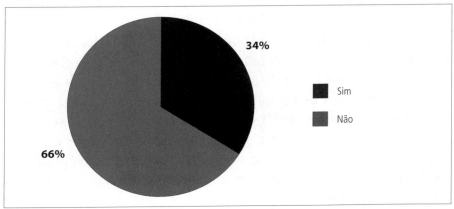

Fonte: Pesquisa: "Movimento Sindical: a atuação política dos assistentes sociais". Projeto "Saúde, Serviço Social e Movimentos Sociais". Faculdade de Serviço Social-UERJ, 2010.

Considera-se que, mesmo sendo baixo o número dos que declararam sua participação, o resultado é expressivo frente ao refluxo dos movimentos sociais[16] e considerando a pesquisa nacional do CFESS (2005) que revelou uma baixa participação dos assistentes sociais na luta sindical (10,40%).[17] Já em relação à participação dos trabalhadores

---

16. Mattos (2005), ao tratar sobre os indicadores da situação de refluxo que passou a ser vivenciada por diversas categorias profissionais e pelo sindicalismo brasileiro no início da década de 1990, analisa que os motivos desse refluxo são múltiplos e tem diversas origens. Três níveis de explicação foram destacados pelo autor: "as transformações no mundo do trabalho, decorrentes da chamada reestruturação produtiva; a permanência dos elementos centrais da estrutura sindical corporativista e as opções políticas das lideranças sindicais da CUT num quadro marcado pelos condicionantes relacionados aos dois níveis anteriores" (Idem ibidem, p. 241).

17. Em relação a participação política dos assistentes sociais no Brasil, de acordo com a pesquisa do CFESS (2005): "44,80% participa do movimento da Categoria de Assistentes Sociais; 32,18% estão inseridos em Movimentos Sociais de Mulheres, Negros e Homossexuais etc.; 12,62% possuem ligação com o Movimento Partidário; 10,40% estão inseridos no movimento sindical".

em geral nos sindicatos e nos movimentos sociais de modo geral, pode-se observar que, neste período de refluxo, o cenário de organização da classe trabalhadora é de um grande número de organizações com dez centrais sindicais e centenas de sindicatos e, mesmo com esses números, o movimento encontra-se massacrado pelas artimanhas do capital. Toda essa gama de instituições representativas aponta para a pulverização da classe trabalhadora.

Do ponto de vista das mobilizações da classe trabalhadora, tomando as greves como indicador, pode-se observar que, das quase 4.000 greves de 1989, ano de pico das mobilizações grevistas na década de 1980, passou-se a média de 700 greves anuais nos anos de 1990. Segundo Mattos (2009), o fenômeno passou a ser tão secundário que o Dieese, que sempre manteve pesquisa sobre greves, interrompeu-as no final da década de 1990, só retomando as pesquisas em 2004, onde encontrou aproximadamente 300 greves em média nos anos seguintes, até 2007. A questão que hoje se coloca aos assistentes sociais comprometidos com o projeto ético político da categoria é como continuar a garantir direitos e fortalecer a luta dos trabalhadores em meio a tantas transformações no mundo do trabalho que afetam a classe trabalhadora e os novos desafios postos ao projeto profissional.

Aos 34% que declararam participação em algum sindicato, perguntou-se qual sindicato participa. O resultado evidenciado no gráfico 4 demonstra que 17% estão em sindicatos por ramo de atividade (Asfoc, Asprev Rio, Sindisprev, Sindjustiça, Sinsafispro, Sintrasef-RJ, Sintuperj); 11% em sindicatos de docentes das universidades públicas do Estado do Rio de Janeiro (Andes, Aduff, Sintuperj, Adufrj); 9% pertencem a sindicatos de outras categorias profissionais (profissionais das áreas de Biologia, História, Psicologia, Jornalismo e Enfermagem); e os assistentes sociais ligados ao SASERJ (Sindicato dos Assistentes Sociais do Rio de Janeiro/FENAS (Federação Nacional dos Assistentes Sociais). É importante observar que os 63% que não informaram referem-se ao percentual dos que não participam do movimento sindical conforme dados do gráfico anterior.

Gráfico 4
Sindicato em que participam

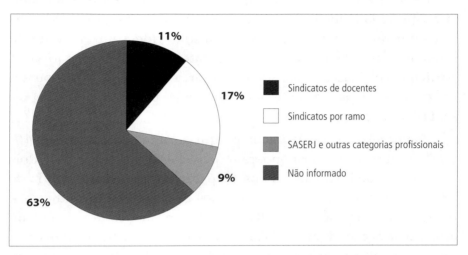

Fonte: Pesquisa: "Movimento Sindical: a atuação política dos assistentes sociais". Projeto "Saúde, Serviço Social e Movimentos Sociais". Faculdade de Serviço Social-UERJ, 2010.

Embora apareça na pesquisa o desconhecimento da experiência de organização por ramo, ao mesmo tempo, os sindicatos nos quais os assistentes sociais participantes da pesquisa se inserem são, em sua maioria, por ramo e de trabalhadores do serviço público, com número expressivo de profissionais que atuam nas associações de docentes.

A discussão atual sobre organização por ramo de atividade econômica é considerada uma questão contundente, pois remete às teses que a categoria defendeu historicamente ao considerá-la como um princípio (Abramides, 2009). Há também o debate "se elas se sustentam ainda hoje", ou seja, que mecanismo faz avançar a luta da classe trabalhadora hoje. Neste sentido, reabre a discussão: não seria a organização por categoria uma questão estratégica na atualidade? Como o sindicato por ramo lida com questões específicas de uma categoria? No debate de Abramides (idem), a respeito dos esforços político-organizativos para construção de uma nova estrutura sindical, a autora analisa que esse processo representa uma "transitoriedade inconclusa" dos sindicatos de categoria aos sindicatos por ramo de atividade econômica, devido a um conjunto de intercorrências. Isso fez com que a categoria não incorporasse a participação sindical, não refletisse acerca dela, o que resultou em novos desafios para as entidades sindicais e para o conjunto representativo da categoria.[18]

Já em relação aos dados da pesquisa sobre *desde quando participa*, dentre os que responderam, percebe-se a existência de dois grupos: os que iniciaram sua participação na metade da década de 1990 (10%), portanto, com 12 a 15 anos de trajetória no sindicato; e os que iniciaram nos anos 2000 (21%), com menos de 10 anos de atuação na organização sindical. Observa-se que existem alguns com menos de 1 ano inclusive, o que remete ao perfil deste grupo que, em sua maioria, tem até dez anos de vida profissional, bem como ao fato de os anos 2000 constituírem um período que marca a retomada da organização sindical dos assistentes sociais (Abramides, 2009). O percentual alto dos que não informaram o período em que começou a participar está relacionado ao percentual do gráfico 4 dos que não participam de sindicato.

Quanto à forma de participação no sindicato, 12% estão assumindo direções; 11% atuantes nas diversas atividades praticadas pelos sindicatos, tais como greves, assembleias, passeatas, atos públicos, reuniões, negociações internas, atos, ocupações, entre outras; 8% declararam que são apenas contribuintes/filiados; 5% estão em comissões/conselhos; 1% em assessorias; e 63% não responderam sobre sua

---

18. Nesse sentido, Abramides (2009) destaca alguns dos principais desafios ainda presentes no que se refere à organização sindical dos assistentes sociais, tais como a necessidade de "reafirmar, na atualidade, a decisão da categoria da construção por ramo de atividade econômica" (ibidem, p. 98), e "reafirmar que o caminho não é a retomada de sindicatos de categoria profissional, mas ação em sindicatos amplos que congreguem o conjunto de trabalhadores" (ibidem, p. 106). O balanço desse período, de acordo com Abramides, indica o desafio dessa nova estrutura organizativa dar conta das singularidades das diferentes categoriais, nesse sentido, as entidades da categoria têm um papel decisivo a cumprir.

forma de participação em sindicatos já que não participação. Até aqui a análise considera o percentual dos que declararam sua participação em algum sindicato.

A atenção agora, se volta ao grupo dos que não participam de sindicatos. Dentre os 66% que manifestaram não estar participando de nenhuma organização sindical, conforme demonstrado no gráfico 5 a seguir, ressalta-se como motivos que os levam a esse afastamento: 15% disseram estar aguardando a oportunidade (estão incluídos neste percentual os recém-formados, os que estão desempregados e os bolsistas de pós-graduação), argumentando inclusive que está "aguardando mudar a atual formação ou conformação dos sindicatos para poder participar", como se a instituição sindical fosse um "ser estranho" e tivesse "vida própria" que age independente dos sujeitos que o com-

Gráfico 5
Motivo da não participação do profissional no movimento sindical

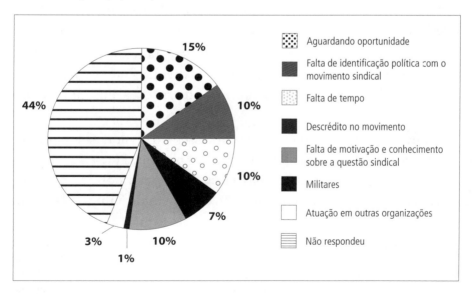

Fonte: Pesquisa: "Movimento Sindical: a atuação política dos assistentes sociais". Projeto "Saúde, Serviço Social e Movimentos Sociais". Faculdade de Serviço Social-UERJ, 2010.

põem. Espera-se, nesse sentido, que o sindicato faça pelo profissional, ou, como relatado por um profissional, "quando houver resultado quem sabe eu resolva participar".

Os 10% que manifestam a falta de identificação política com o movimento sindical enfatizam que não se sentem legitimados pelos atuais princípios e articulações políticas. Já 10% declararam falta de tempo, e citaram, por exemplo, os precários vínculos profissionais a que estão submetidos; 7% citam o descrédito no movimento e em seus representantes, a desarticulação do movimento sindical bem como a existência de uma desarticulação política, alegando certo distanciamento do sindicato/instituição com a base; 10% ressaltam a falta de motivação e de conhecimento sobre a questão sindical. Outros motivos: os assistentes sociais militares (1%) pela natureza do cargo que não permite participação em sindicatos;[19] 3% não participam no movimento sindical por atuarem em outras organizações e 44% não responderam.

Indagados se participam de alguma entidade da categoria ou de outra organização dos trabalhadores, os dados do gráfico 6 demonstram que 49% estão participando, 46% não participam e 5% não declararam.

Na forma de participação nestas entidades e movimentos, destaca-se a direção, filiação e atividades diversas, tais como assembleias, reuniões e negociações internas, atos, greves, passeatas, entre outras.

Em relação ao motivo que levou esses profissionais a pararem de participar, 5% responderam que foi por mudança de vínculo empregatício; 2% por discordância de orientação política da instituição; 2% por questões pessoais; 1% compreende a importância da

---

19. Há uma militarização da saúde no Estado, via Corpo de Bombeiros, onde é proibido se sindicalizar. Essa ação fere a Constituição Federal, que não prevê como uma das atribuições do Corpo de Bombeiros o trabalho na saúde pública e dificulta ainda mais a organização dos trabalhadores da saúde na medida em que são impossibilitados de se sindicalizarem, possibilitando que qualquer ação mais crítica possa ser considerada desafronta à hierarquia, correndo o profissional o risco de detenção.

Gráfico 6
Participação dos Assistentes Sociais em alguma entidade da categoria

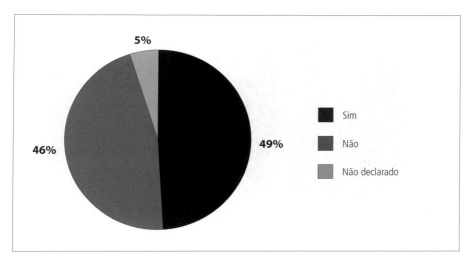

Fonte: Pesquisa: "Movimento Sindical: a atuação política dos assistentes sociais". Projeto "Saúde, Serviço Social e Movimentos Sociais". Faculdade de Serviço Social-UERJ, 2010.

alternância de direção e por isso se afastou; e 90% não responderam a esta questão.

Quanto à base dessas entidades, 24% se concentram nas entidades da própria categoria; 3% nos conselhos de política e de direitos; 3% em partidos políticos; 9% em sindicatos por ramo; 6% na Fenas e no Saserj; 3% em centrais sindicais; 1% em ONGs; 3% em movimentos sociais; 3% disseram participar de sindicatos de docentes e 45% não informaram. Percebe-se que prevalece a participação endógena ao Serviço Social ao ser somada a participação nas entidades da categoria e na Fenas/Saserj (30%), ou seja, participação muito para dentro da categoria.

Questionou-se ainda sobre a baixa participação em geral nos sindicatos e, de acordo com as respostas dos participantes da pesquisa, 90% apontam para tal, conforme demonstra o gráfico 7, a seguir.

Gráfico 7
Participação nos sindicatos

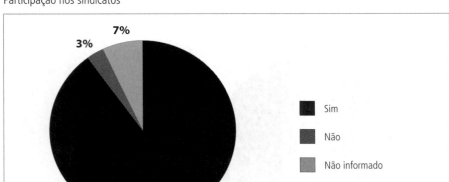

Fonte: Pesquisa: "Movimento Sindical: a atuação política dos assistentes sociais". Projeto "Saúde, Serviço Social e Movimentos Sociais". Faculdade de Serviço Social-UERJ, 2010.

O que justifica "a pouca participação nos sindicatos de forma geral" foi a indagação seguinte, cujas respostas estão sintetizadas no gráfico 8 e seu conteúdo se aproxima muito na justificativa sobre as razões para esta baixa participação, em geral, nos sindicatos.

Percebe-se que, 88% concordam que há uma baixa participação nos sindicatos e 12% não responderam a essa questão. A falta de credibilidade das organizações sindicais e de suas lideranças foi apontada por 17%; a precarização das relações de trabalho, por 15%; a conjuntura atual e o avanço da ofensiva neoliberal foram ressaltados por 15% e o refluxo das organizações dos trabalhadores (14%). Outros motivos também foram apontados, a saber: falta de consciência de classe (9%), falta de trabalho de base (14%), burocracia sindical (3%) e influência da mídia (1%).

Com relação à participação específica dos assistentes sociais em sindicatos, 85% avaliam que há uma baixa participação 3% responderam que não avaliam como baixa esta participação; e 12% não informaram, conforme demonstra o gráfico 9.

Gráfico 8
Justificativa para a baixa participação nos sindicatos

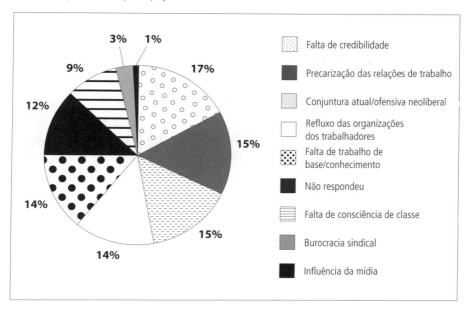

Fonte: Pesquisa: "Movimento Sindical: a atuação política dos assistentes sociais". Projeto "Saúde, Serviço Social e Movimentos Sociais". Faculdade de Serviço Social-UERJ, 2010.

Gráfico 9
Participação dos Assistentes Sociais nos sindicatos

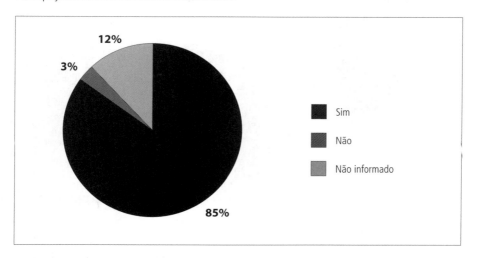

Fonte: Pesquisa: "Movimento Sindical: a atuação política dos assistentes sociais". Projeto "Saúde, Serviço Social e Movimentos Sociais". Faculdade de Serviço Social-UERJ, 2010.

A respeito das razões da baixa participação dos assistentes sociais no movimento sindical, conforme demonstrado no gráfico 10, a maior concentração das respostas está em: 20% acreditam que ela se justifica pelas mesmas razões pelas quais há uma participação reduzida nos sindicatos de modo geral; 18% a atribuem à falta de informação, de debate, de formação na categoria; 16% à desmobilização da categoria; 12%, ao descrédito do movimento sindical no interior da categoria e 11% às precárias condições de trabalho. Além de outros argumentos sem maior relevância estatística. Nesta questão, 14% não responderam. Percebe-se um quantitativo relevante que não respondeu as questões, tanto no Gráfico 9 como no Gráfico 10.

Gráfico 10
Razões para a participação reduzida dos Assistentes Sociais nos sindicatos

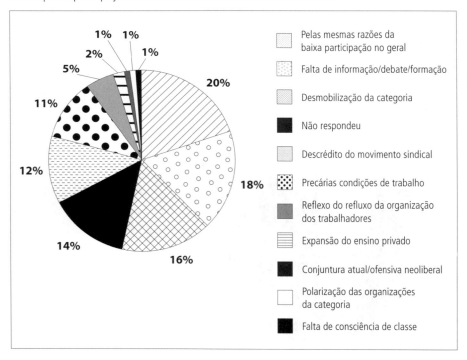

Fonte: Pesquisa: "Movimento Sindical: a atuação política dos assistentes sociais". Projeto "Saúde, Serviço Social e Movimentos Sociais". Faculdade de Serviço Social-UERJ, 2010.

Percebe-se que, se de um lado, os assistentes sociais têm a tendência de culpabilizar o sujeito individualmente pela baixa participação nas lutas sindicais, falando que o assistente social é desinteressado, desinformado e acomodado, por outro lado, há um movimento analítico macrossocial reconhecendo determinantes sócio-históricos para o refluxo das organizações dos trabalhadores na atualidade. Todas as questões que afetam a classe trabalhadora também influenciam a categoria e, portanto, os assistentes sociais não estão alheios ao movimento geral de despolitização e desmobilização existente na sociedade. Enfim, os impactos das transformações no mercado de trabalho são apontados como uma das causas da baixa participação nos sindicatos em geral, e assim também para os assistentes sociais, pois percebe-se que na medida em que vem ocorrendo a expansão do desemprego, a precarização das condições de trabalho e a desestruturação da proteção social houve um forte rebatimento nas condições de mobilização dos trabalhadores. Nesse sentido, pode-se considerar que os assistentes sociais vivem as mesmas condições que afetam o conjunto da classe trabalhadora, portanto, discutir a participação dos assistentes sociais no movimento sindical é de extrema importância na atual conjuntura.

A última questão do formulário da pesquisa era aberta e o participante poderia fazer a observação que julgasse necessária, abordando assuntos e fazendo observações livres. Em geral, as observações versaram sobre a participação em organizações sindicais, sendo destacadas questões referentes à direção cooptada dos sindicatos; os múltiplos vínculos que dificultam a participação política dos profissionais; a participação vinculada à organização dos órgãos empregadores; falta de identificação com as entidades sindicais; necessidade de fomentar a organização e o debate sindical junto à categoria; centralidade do trabalho, que não seria valorizada; a crise do capital que tem favorecido a retomada do debate sobre a organização da categoria; o último Conclat,[20]

---

20. O Congresso da Classe Trabalhadora (Conclat) realizou-se nos dias 5 e 6 de junho de 2010 em Santos-SP, tendo por tema central "Vamos unir para fortalecer a luta". Motivados para

que estimulou o debate sobre a organização da categoria. E, por fim, os profissionais que participam apenas dos eventos das entidades organizativas da categoria. Foram evidenciadas ainda, algumas questões referentes à formação e ao trabalho profissional em relação ao Serviço Social; a influência da expansão do ensino privado; a precariedade na contratação dos assistentes sociais; a ausência da história da organização sindical dos assistentes sociais na formação profissional; os debates sobre a organização sindical apontados como tendenciosos. Foi muito destacada a disputa entre entidades e sindicatos da categoria e a necessidade de construção de espaço de discussão, sendo problematizadas as diferenças de postura entre o CRESS (Conselho Regional de Serviço Social) e alguns posicionamentos do SASERJ (Sindicato dos Assistentes Sociais do Rio de Janeiro).

Historicamente, a proposta de organização e mobilização da classe trabalhadora frente à superexploração capitalista foi na perspectiva de superação desta ordem. Seu papel, enquanto sujeito coletivo, de acordo com Mattos (2009), identifica interesses comuns e opostos aos da classe burguesa. Frente à conjuntura atual, ao grau de informalidade, precariedade e desemprego da classe trabalhadora brasileira, o autor evidencia a exigência de se propor respostas imediatas para a crise com o equacionamento adequado desses problemas. (Id. Ibid., p. 45)

Nas atuais condições objetivas de trabalho em que se encontra o assistente social, indaga-se sobre o que mobiliza esta categoria profissional hoje? Quais seriam as demandas concretas que impulsionariam sua reação e mobilização? Se no movimento geral da classe trabalhadora, à medida que as desigualdades sociais vão se refletindo sobre seus segmentos e afetando sua reprodução material e a de sua família, suas reações vão sendo tecidas e em torno de questões cotidianas vão se organizando. Se há reações por parte dos assistentes sociais, quais são os determinantes de sua mobilização?

---

o debate e a deliberação sobre nova central unificada, mais de 4 mil pessoas de todo o país participaram deste evento.

SAÚDE, SERVIÇO SOCIAL, MOVIMENTOS SOCIAIS E CONSELHOS

A intenção inicial desta pesquisa era especificar as determinações da baixa participação dos assistentes sociais, pois a hipótese que comumente se tem é que estes profissionais estão super organizados e mobilizados sindicalmente em decorrência de sua formação e seu projeto ético-político profissional. Todavia, um dos grandes desafios colocados na atualidade é a necessidade de se retomar, de forma clara e plural, o debate sobre a organização sindical dos assistentes sociais. Trata-se de uma temática extremamente polêmica, e que ultrapassa os limites do Serviço Social, pois a organização da classe trabalhadora e dos assistentes sociais brasileiros traz à tona diferentes concepções e projetos, legitimamente em disputa. Ampliar as reflexões sobre os diversos elementos (históricos, teóricos e políticos) que conformam a opção por um ou outro modelo de organização sindical traduz uma forma de fortalecimento dos profissionais que, enquanto categoria profissional, precisam estar organizados para enfrentarem as ofensivas do capital.

Considerações finais

A partir das reflexões apresentadas, é possível perceber que o período em curso exige reflexões rigorosas para fazer uma leitura das contradições dessa realidade marcada pela dialética do antagonismo de classes. O contexto sócio-histórico atual interpela os profissionais de Serviço Social a um processo de organização que aponte a definição de estratégias e ações coletivas de diferentes naturezas que façam frente a esta investida neoliberal conservadora e a necessidade de reafirmar a defesa e a efetivação dos pilares do projeto ético-político profissional construídos coletivamente. Considerando, contudo, que não existe um processo de estratégias e ações coletivas pronto e inacabado, é tarefa contínua a construção de uma sociabilidade não capitalista (Mészáros, 2002).

Observando a história recente do Serviço Social brasileiro, verifica-se que uma das grandes mediações apreendidas têm sido a participação e a organização de lutas em defesa dos direitos e dos interesses do trabalho e da categoria profissional. Porém, a identificação dos seus agentes como trabalhadores que vendem sua força de trabalho e estão subjugados às mesmas condições dos demais trabalhadores assalariados, tem ainda certa dificuldade.

Os resultados desta pesquisa evidenciam a baixa participação dos profissionais em algum tipo de atividade político-sindical tal como foi visto na pesquisa nacional do CFESS (2005) sobre o perfil dos assistentes sociais do Brasil e tal como vem ocorrendo com a classe trabalhadora em geral.

A hipótese central é a de que a categoria, na atualidade, enfrenta situações cada vez mais precarizadas em suas relações e condições de trabalho, e isso é um elemento impulsionador concreto para a retomada da questão sindical como possibilidade de enfrentamento dessas condições objetivas do trabalho. Portanto, uma retomada no debate sobre a organização sindical, sem dúvida, remete à condição de trabalhador do assistente social, pois é determinante a garantia de emprego e de melhores condições nas relações de trabalho. Se é no interior da luta de classes que se inscrevem os agentes profissionais, como trabalhadores, em sua condição de assalariamento, porém os sujeitos da pesquisa apontam a dificuldade do assistente social se identificar como partícipe da classe trabalhadora, ao mesmo tempo revelando certa dificuldade no entendimento em relação à classe social e categoria profissional. A conjuntura atual demonstra que os assistentes sociais vivem as mesmas condições que afetam o conjunto da classe trabalhadora e os mesmos impactos das transformações do mercado de trabalho. Estas condições que deveriam impulsionar a mobilização são apontadas como uma das principais causas da baixa participação nos sindicatos, tanto dos trabalhadores em geral como dos assistentes sociais, gerando um movimento dialético e contraditório.

A preocupação de retomar o debate e, principalmente sobre o que hoje está sendo colocado quanto aos rumos da organização da classe trabalhadora no Brasil, de certa maneira, levanta a questão sobre como o Serviço Social, que defende um determinado projeto profissional e prevê a articulação e o fortalecimento das lutas dos trabalhadores, se insere nessas lutas através de seus agentes profissionais na atualidade. Para além de uma polarização entre a organização por ramo ou por categoria, os debates que vêm sendo travados apontam para diferentes posições sobre o tema. Coloca-se em questão que grande parte da categoria não está organizada. A hipótese que comumente se tem é que os assistentes sociais estão superorganizados. Entretanto, esta organização se evidencia nas outras entidades: Conselhos Regionais, Associações de Ensino e Pesquisa em Serviço Social e movimento estudantil. Com relação a participação sindical da categoria esta é, ainda, muito pequena, seja em sindicatos por ramo ou por categoria.

A pesquisa aponta para a necessidade de maior envolvimento da academia nesta reflexão, de se resgatar a história da organização sindical dos assistentes sociais; de investimento na produção sobre o tema que ainda é muito escassa e do enfrentamento das polêmicas quanto aos rumos das centrais sindicais que hoje disputam a hegemonia no seio do movimento sindical. O aprofundamento das polêmicas quanto aos modelos de organização sindical é fundamental, pois a questão vai além da discussão entre ramo e categoria. O debate deve ser contínuo, pois há muito a ser aprofundado e este artigo pretendeu oferecer apenas alguns elementos para a análise da questão.

Referências bibliográficas

ABRAMIDES, Maria Beatriz C. A organização político-sindical dos assistentes sociais: trajetória de lutas e desafios contemporâneos. *Serviço Social & Sociedade*, São Paulo: Cortez, n. 97, p. 85-108, jan./mar. 2009.

ALENCAR, Mônica M. T. de; GRANEMANN, Sara. Dossiê: as configurações do trabalho na sociedade capitalista — ofensiva do capital e novas determinações do trabalho profissional. *Katálysis*, Florianópolis, v. 12, n. 2, jul./dez. 2009. Disponível em: <http://www.scielo.br/pdf/rk/v12n2/05.pdf>. Acesso em: 28 jun. 2010.

CFESS. *Assistentes sociais no Brasil*: elementos para o estudo do perfil profissional. In: CFSS (Org.). PRÉDES, Rosa et al. (Col.). Brasília: CFESS, 2005.

CONSELHO REGIONAL DE SERVIÇO SOCIAL 7ª REGIÃO. Revista *Em Foco*. N. 7. Rio de Janeiro: CRESS 7ª Região, setembro de 2011.

FONTES, Virgínia. *O Brasil e o capital-imperialismo*: teoria e história. Rio de Janeiro: EPSJV, UFRJ, 2010.

IAMAMOTO, M. V. *Serviço social em tempo de capital fetiche*: capital financeiro, trabalho e questão social. 2. ed. São Paulo: Cortez, 2008.

JORNAL DO SENADO. *Jornada de 30 horas para assistentes sociais*. Brasília, 4 ago. 2010, p. 5.

MATTOS, Marcelo Badaró. Novas bases para o protagonismo sindical na América Latina: o caso brasileiro. In: LEHER, R.; SETÚBAL, M. (Orgs.). *Pensamento crítico e movimentos sociais*: diálogos para uma nova práxis. São Paulo: Cortez, 2005.

_____. *Reorganizando em meio ao refluxo*: ensaios de intervenção sobre a classe trabalhadora no Brasil atual. Rio de Janeiro: Vício de Leitura, 2009.

MÉSZÁROS, István. *Para além do capital*: rumo a uma teoria da transição. Trad. de Paulo César Castanheira e Sérgio Lessa. São Paulo/Campinas: Boitempo/ Editora da Unicamp, 2002.

MOTA, A. E.; AMARAL, A. S. do (Org.). *O mito da assistência social*: ensaios sobre Estado, política e sociedade. 2. ed. Recife: Ed. Universitária da UFPE, 2008.

NETTO, J. P. *Ditadura e serviço social*: uma análise do serviço social no Brasil pós-64. São Paulo: Cortez, 1991.

OLIVEIRA, M. M. N. *Movimento sindical e serviço social*: uma análise a partir das transformações societárias e a saúde como espaço de disputas. Dissertação (Mestrado) — Programa de Pós-Graduação em Serviço Social, UERJ, Rio de Janeiro, 2010.

RODRIGUES, Mavi. Assistencialização da seguridade e do serviço social no Rio de Janeiro: notas críticas de um retrocesso. *Serviço Social & Sociedade*, São Paulo: Cortez, n. 91, especial 2007.

9

Rádios comunitárias no Rio de Janeiro:
movimentos contra-hegemônicos de democratização das comunicações

Gustavo França Gomes
Maria Inês Souza Bravo

Apresentação

O presente artigo é resultado de pesquisa realizada no âmbito do projeto "Saúde, Serviço Social e Movimentos Sociais", coordenado pela Profa. Dra. Maria Inês Souza Bravo, na Universidade do Estado do Rio de Janeiro (UERJ).[1] A análise dos movimentos de resistência contra-hegemônica é uma das vertentes da pesquisa que procura acompanhar

---

1. Pesquisa realizada no âmbito do Programa de Pós-Graduação da Faculdade de Serviço Social da Universidade Estadual do Rio de Janeiro, com financiamento da FAPERJ, e sob a coordenação dos Profs. Drs. Maria Inês Souza Bravo e Gustavo França Gomes com a participação dos alunos da graduação Clarice Araujo Imbuzeiro, Murillo Assis Alves dos Santos e Sofia Barreto Souza.

o controle social na gestão pública, em especial na saúde, assim como a efetivação da participação popular na definição e implementação das políticas públicas.

A identificação das estratégias de potencialização da consciência crítica e de organização política dos movimentos sociais é percebida como objeto indispensável para a compreensão dos mecanismos institucionais de participação popular.

Os movimentos sociais foram fundamentais para a elaboração do projeto de Reforma Sanitária nos anos 1980. A partir de 1990, porém, estes movimentos vêm sofrendo diversas modificações, a exemplo da sua institucionalização em Organizações Não Governamentais (ONGs), cooptação e dependência do Estado através de financiamentos advindos de órgãos governamentais e de representantes do grande capital. Essas alterações têm colocado os movimentos em posição defensiva e submissos à política do governo federal. Essa fragilidade atual dos movimentos sociais foi acompanhada também da diminuição do interesse acadêmico. Percebe-se que a partir dos anos 1990, o interesse pelo estudo desta temática na área sofre consequentemente uma redução significativa.

Compartilha-se com a preocupação ressaltada por Iamamoto (2007) face ao quantitativo reduzido de investigações tendo como objeto os movimentos sociais, principalmente ao considerar a atual conjuntura brasileira, na qual se observa uma inflexão nas suas lutas e a necessidade de organização política contra a regressão no campo dos direitos sociais. É nesta direção, de fortalecer o estudo dos movimentos sociais e sua articulação com as demandas por mais direitos, que se justifica a investigação empreendida.

A retomada das ruas e praças públicas, em junho de 2013, na maior mobilização popular do Brasil, obriga também a retomada urgente dos movimentos sociais como objeto de estudo e análise. Nessa perspectiva, os movimentos de comunicação merecem atenção significativa, pois tiveram destaque na produção de vídeos, artigos, programas, imagens e reportagens sobre as manifestações que foram essenciais na organização de milhares de pessoas.

SAÚDE, SERVIÇO SOCIAL, MOVIMENTOS SOCIAIS E CONSELHOS

De forma inédita na história do Brasil, os movimentos de comunicação contra-hegemônicos conseguiram disputar a atenção dos acontecimentos com os grandes meios de comunicação empresariais que foram obrigados a se adequar a uma nova realidade.

O conhecimento sobre esses movimentos culturais pretende elucidar limites e dificuldades que hoje os impedem de serem instrumentos ainda mais eficazes de participação popular.

Nesse sentido, a pesquisa sobre as rádios comunitárias ganhou outra relevância. Foram registradas quatro experiências de rádios comunitárias que atuam no Estado do Rio de Janeiro: Rádio NB FM 98,7; Rádio Comunitária Bicuda; Rádio Maré Manguinhos e Rádio Grande Tijuca FM 105,9. A metodologia usada para a obtenção dos dados referentes a estas rádios comunitárias foi a realização de entrevistas com seus coordenadores a partir de questionários previamente elaborados pelo grupo de pesquisa integrado por alunos da graduação e pós-graduação.

Desse modo, foi possível registrar as origens dessas rádios comunitárias assim como as suas dificuldades enfrentadas cotidianamente para a manutenção de suas transmissões. Procurou-se também perceber qual a relação das rádios com a população das comunidades alcançadas pelas ondas radiofônicas emitidas e como suas demandas se revelam na programação.

Portanto, após essa apresentação, o artigo desenvolverá uma breve contextualização das rádios comunitárias no movimento mais amplo de democratização dos meios de comunicação e das informações. Posteriormente, destacamos nas experiências das quatro rádios comunitárias estudadas quais as dificuldades encontradas pelos seus coordenadores entrevistados para a manutenção e ampliação de seus objetivos.

Por fim, apresentamos algumas conclusões preliminares sobre a perspectiva das rádios comunitárias e do movimento por democratização das comunicações, procurando evidenciar como as expressões da questão social surgem na programação das rádios e em especial aquelas relacionadas às demandas por saúde.

1. Rádios comunitárias e o movimento de democratização dos meios de comunicação

O intenso desenvolvimento da tecnologia de informação verificado na última década resultou em significativas mudanças no processo de comunicação social. Essa inovação tecnológica que deveria permitir maior democracia e a efetivação do direito à comunicação comunitária, ao contrário, acaba por significar um aumento da concentração da propriedade privada dos meios de comunicação em poucos grupos particulares.

As grandes mobilizações sociais em todo o mundo nessas primeiras décadas do século XXI possuem como novidade a reivindicação por maior acesso à informação e a ampliação de canais de participação direta dos cidadãos para além daqueles previstos pelo sistema de representação política tradicional. O cidadão parece desejar não apenas receber informações de órgãos governamentais ou de grandes corporações. Ao contrário, aspira poder para conferir, contraditar, analisar e produzir suas próprias interpretações dos fatos sociais.

Nesse contexto de cidadania ativa, as rádios comunitárias surgem como um dos veículos capazes de transformar a comunidade de mero receptor de informações prontas em emissor de opinião. Não por acaso, a grande maioria das rádios comunitárias funciona em áreas marginalizadas dos grandes centros urbanos e nos pequenos municípios com menos 20 mil habitantes onde vocalizam as demandas de seus moradores:

> Embora estejam inseridas, na grande maioria das vezes, em realidades permeadas por dificuldades e poucos recursos financeiros e tecnológicos, as rádios comunitárias são, na maioria das vezes, o único canal de expressão de inúmeros e diferentes setores da população (Bahia, 2008, p. 47).

Por outro lado, nas grandes cidades, onde a radiodifusão já foi predominantemente ocupada pelas atividades comerciais e lucrativas, as rádios comunitárias vivenciam grandes dificuldades para funcionar.

SAÚDE, SERVIÇO SOCIAL, MOVIMENTOS SOCIAIS E CONSELHOS

Essas rádios que persistem em disputar seu lugar sofrem com as perseguições e a criminalização nos grandes centros urbanos.

A Lei n. 9.612/1988 define o serviço de radiodifusão comunitária no Brasil como radiodifusão sonora em frequência modulada, operada em baixa potência (25 Wats) e cobertura restrita (1 km) e outorgada a fundações e associações comunitárias, sem fins lucrativos, com sede na localização da prestação de serviço.

Entretanto, o conceito legal é muito restrito, pois não considera elementos culturais inerentes à definição de rádios comunitárias que apresentam objetivos particulares em relação às demais. Um de seus objetivos centrais é possibilitar que as demandas e as informações oriundas da comunidade, onde estão inseridas, ganhem visibilidade e projeção pública. Desse modo, as rádios comunitárias constituem movimento contra-hegemônico que pauta no debate público ideias, informações e posições políticas que não encontram em outras mídias espaço de difusão:

> É importante que se entenda que a mídia comunitária se refere a um tipo particular de comunicação na América Latina. É aquela gerada no contexto de um processo de mobilização e organização social dos segmentos excluídos (e seus aliados) da população com a finalidade de contribuir para a [sua] conscientização e organização [...] visando superar as desigualdades e instaurar mais justiça social (Peruzzo, 2003, p. 9).

São características peculiares das rádios comunitárias uma gestão coletiva e independente fundada na organização da própria comunidade que não apenas se apresenta como receptora de informações, mas torna-se também produtora de informações. Essa participação pode propiciar a produção de programas e conteúdos diferenciados em relação aos das rádios comerciais.

A radicalização da democracia na contemporaneidade necessariamente implica em estimular tais iniciativas e em reduzir as desigualdades nos meios de participação para a tomada de decisões políticas. Desse modo, a democratização das comunicações é premissa indispensável para a efetivação de um verdadeiro Estado Democrático de Direito. É nesse sentido que o direito à comunicação se incorpora gradativamente ao rol dos direitos fundamentais com previsão expressa em diversas constituições nacionais e tratados internacionais:

> O homem tem necessidade vital de se expressar, devendo-se garantir para tanto a faculdade livre e espontânea de relacionar-se dentro da comunidade (Declaração de São José, Unesco, 1976).

A defesa da democracia nas comunicações não se confunde, porém, com a liberdade de imprensa que, embora importante, é insuficiente como instrumento de promoção da participação igualitária. Para se garantir igualdade de participação nos processos decisórios, é fundamental ir além da noção liberal de liberdade de imprensa. Liberdade de expressão significa acesso aos meios de comunicação capazes de garantir a pluralidade da sociedade através da circulação de ideias diferenciadas.

Há, portanto, na comunicação comunitária, projeto mais amplo que inclui a própria reconfiguração do espaço público. As rádios comunitárias são um fenômeno global embora recebam denominações diversas como rádio rural, rádio livre, rádio pública ou outros nomes utilizados para fazer referência a tais veículos de comunicação que se colocam como meios alternativos de informação.

Segundo dados da própria Agência Nacional de Telecomunicações, existem atualmente no Brasil 3.905 rádios comunitárias licenciadas, sendo ainda 121 destas localizadas no Estado do Rio de Janeiro.[2] Esse é um número extremamente significativo considerando que, oficialmente, é maior do que a de rádios comerciais autorizadas, sejam estas FM (Frequência Modulada) ou AM (Amplitude Modulada).

Há ainda a possibilidade de se elevar substancialmente a quantidade de rádios comunitárias com atuação no território brasileiro se

---

2. Dados obtidos a partir de uma solicitação da ONG Artigo 19 baseada na recentemente aprovada Lei de Acesso à Informação. Detalhamentos em | <http://artigo19.org/centro/esferas/detail/251>. Acesso em: 3 fev. 2013.

SAÚDE, SERVIÇO SOCIAL, MOVIMENTOS SOCIAIS E CONSELHOS 263

forem incluídas aquelas não regularizadas. Estima-se que o número pode chegar a 12 mil rádios comunitárias funcionando na ilegalidade.

Apesar desse número expressivo, observa-se que a maioria das rádios comunitárias encontra muitos problemas para a manutenção das suas atividades como, por exemplo, a falta de recursos financeiros, a morosidade nos processos de outorga, além da constante repressão estatal, a baixa potência de emissão e interferências nas suas transmissões.

Com todos esses obstáculos, a existência de milhares de rádios comunitárias no Brasil demonstra a força desse movimento pela democratização dos meios de comunicação. Compreender a atuação dessas rádios é então de extrema relevância para o futuro dos movimentos culturais contra-hegemônicos cujo objetivo é a ampliação da democracia brasileira.

2. Limites e dificuldades para a atuação das rádios comunitárias no Estado do Rio de Janeiro

A presente pesquisa sobre rádios comunitárias no Rio de Janeiro aponta, em seus resultados preliminares, inúmeras dificuldades vivenciadas por aqueles sujeitos sociais que vislumbram criar canais populares de comunicação.

Esses desafios ficaram evidentes nas entrevistas realizadas com os coordenadores das rádios comunitárias que atuam no Estado do Rio de Janeiro: Rádio Comunitária Bicuda, Rádio NB FM 98,7, Rádio Grande Tijuca, Rádio Maré Manguinhos e com a Associação Mundial de Rádios Comunitárias (AMARC).

Embora se constituam como iniciativas importantes de democratização, as rádios comunitárias não encontram respaldo institucional adequado. Suas propostas de melhorias nas políticas de comunicação enfrentam inúmeros empecilhos para a adoção pelo Ministério das Comunicações e pela ANATEL além de contar com forte oposição da Associação Brasileira de Emissoras de Rádio e Televisão (ABERT).

São diversos os obstáculos para a ampliação da radiodifusão comunitária. As rádios comunitárias sofrem com as crises financeiras constantes, entraves burocráticos para legalização além da criminalização e repressão estatal. As entrevistas já realizadas com os coordenadores dessas rádios descrevem problemas comuns vivenciados na tentativa de instituir esses meios alternativos de comunicação em comunidades que já sofrem com tantos problemas sociais tais como a violência e a falta dos serviços básicos de saúde, educação e saneamento.

Em todas as rádios analisadas, verificou-se que a manutenção da transmissão e da programação depende do trabalho voluntário de sujeitos que se dedicam gratuitamente à atividade comunitária. Não há especialização técnica ou remuneração nessas rádios. Os voluntários aprendem nas adversidades a superar os problemas que se apresentam cotidianamente.

Desse modo, como destacou o coordenador da Rádio NB FM 98,7, as rádios comunitárias se tornam também locais de aprendizagem para os moradores locais:

> O pessoal que tem aqui é voluntário. Rádio comunitária você não precisa formação de jornalista ou comunicador. Rádio comunitária é voltada para a comunidade. Então, já teve aqui uma pessoa que fazia programa, operava computador e não sabia nem ler, nem assinar o nome, mas fazia. O programa era um dos melhores que a gente tinha. Estava no sangue (coordenador da Rádio NB FM 98,7).

À falta de apoio institucional soma-se o longo e árduo caminho para a obtenção da outorga de funcionamento. Quando questionado sobre quais seriam as dificuldades das rádios comunitárias, o coordenador da Rádio Grande Tijuca afirmou incisivamente que "o principal problema é a outorga. A legalização é o principal problema aqui".

Essa opinião não é exclusividade da referida rádio. Ao contrário, em todas as entrevistadas, os coordenadores das rádios comunitárias manifestaram grande contrariedade com a demora e a burocracia para legalização das atividades de radiodifusão nas comunidades:

SAÚDE, SERVIÇO SOCIAL, MOVIMENTOS SOCIAIS E CONSELHOS 265

> Nosso processo demorou 13 anos para dizer que poderia funcionar, não tinha nada, o processo estava bem feito, tem apoio de várias instituições, comércio local, associação de moradores, tudo que um processo bem feito deve ter, o da Rádio Bicuda teve. Todavia, demorou 11 anos para receber a outorga provisória e depois esperamos mais 3 anos a definitiva (coordenador da Rádio Bicuda).

> Por conta disso também a gente entrou na licitação e conseguiu a outorga em 2002. Só foi definitiva em 2004 com a aprovação do Congresso, porque rola um monte de troço, comissão disso, comissão daquilo. [...] Então, a gente tem esse trabalho (coordenador da Rádio NB FM 98,7).

Além do prazo dilatado para a concessão definitiva da outorga, as rádios comunitárias reclamam que o acompanhamento de processos tão longos e com tantas exigências necessitam de estrutura e recursos financeiros na maioria das vezes inexistentes. Desse modo, ficam favorecidas as rádios que possuem políticos como apoiadores em Brasília para pressionar e acompanhar todas as fases do procedimento burocrático até o deferimento da outorga definitiva. Estudos apontam que muitas rádios comunitárias desviam suas finalidades para servirem a interesses eleitorais ou comerciais.

Enquanto está sem a licença, a rádio encontra-se irregular e, assim, mais vulnerável às medidas repressivas do Estado. Portanto, a desburocratização e a maior celeridade do procedimento de concessão das outorgas é reivindicação fundamental do movimento. Contudo, o que se verifica, segundo a opinião dos coordenadores entrevistados, é justamente o contrário, ou seja, a criação de novas normas que tornam o licenciamento das rádios comunitárias ainda mais complicados:

> Agora, estamos com a documentação toda lá, houve uma norma complementar ridícula que saiu em outubro de 2011 que vem arrebentando com as rádios comunitárias mais uma vez. Essa norma nos atrapalhou novamente, porque estávamos com o processo pedindo a troca de endereço e essa nova norma fez outras exigências (coordenador Rádio Bicuda).

Esses obstáculos colocam as rádios comunitárias quase permanentemente em condição irregular tornando-as, assim, alvos de ações policiais. Reforça-se também o estigma da ilegalidade de suas atividades, o que afasta inclusive a participação e o apoio de mais colaboradores, como destacou o coordenador da Rádio Bicuda: "por mais que você fale, existe uma imagem que as rádios são piratas, são ilegais, que vai ter problema com a Polícia Federal".

Essa situação acaba por criar também uma resistência das próprias rádios comunitárias em buscar a legalização de suas atividades, pois o pedido de outorga em vez de favorecer o funcionamento apenas atrai a atenção da fiscalização para a rádio autora do requerimento:

> Não saiu a outorga ainda. E nem vai sair. Agora vai dar mais trabalho. Mas aí a gente prefere até ficar assim. Porque quando faz a legalização eles perturbam tanto. Perturbam tanto. A gente prefere até ficar assim... (coordenador da Rádio Grande Tijuca).

Outro problema recorrente citado pelos representantes das rádios comunitárias é a crescente criminalização das rádios e de seus dirigentes. Somente nos anos de 2011 e 2012, foram fechadas 1.638 rádios comunitárias. O movimento acusa a ANATEL de patrocinar uma repressão seletiva contra as rádios comunitárias:

> Dois dias depois a Polícia Federal chegou aqui e fechou a rádio. Eles vieram aqui e fecharam. Carregaram os equipamentos todos da rádio e aí eu vou te dizer o porquê disso, porque a Globo, uma Tupi da vida não consegue uma entrevista dessa assim [...] Nossos equipamentos ficaram lá 5 anos ou mais (coordenador Rádio Maré Manguinhos).

> Em 2002, ela foi fechada pela Polícia Federal, numa ação truculenta. Eles foram extremamente violentos. Fizeram uso de fuzil, levaram tudo o que tinha na rádio, que na época se localizava numa casa com estrutura. Levaram os equipamentos, os materiais, o livro, computadores, foi tudo apreendido (coordenador Rádio Bicuda).

A repressão policial torna-se, assim, a política pública prioritária do governo federal em relação às rádios comunitárias, que se expressa inclusive no aumento do orçamento e na compra de equipamentos voltados para a localização e o fechamento das rádios que estejam funcionando sem a outorga.

O financiamento das atividades das rádios comunitárias destaca--se também como um dos principais problemas citados nas entrevistas. A legislação brasileira é extremamente restritiva em relação às possibilidades de arrecadação de recursos financeiros. Não é permitida a vinculação de anúncios sequer dos comerciantes locais:

> O dono da quitanda não pode dizer que a batata dele custa R$ 1. Isso já é comercial. A rádio não pode ter comercial. Só pode ter apoio cultural ou chamado institucional. Então isso limita a você conseguir apoio (coordenador da Rádio NB 98,7).

A limitação é tamanha que a Rádio Bicuda recebeu notificação porque anunciava programa alimentar do governo do Estado do Rio de Janeiro em Madureira. Segundo seu coordenador, a multa de quase R$ 5.000,00 foi aplicada por causa da divulgação da seguinte promoção institucional: "restaurante popular pelo menor preço". Com isso, além da multa, a rádio ficou ameaçada pela perda da contribuição financeira que recebia do governo.

O movimento de rádios comunitárias defende então como uma das soluções o fim da proibição dos anúncios de pequenos comerciantes da comunidade através da redefinição do significado do "apoio cultural" que é permitido pela legislação. A captação de recursos é necessária para garantir minimamente o funcionamento da rádio comunitária com independência e profissionalismo.

É reivindicação do movimento também a revisão da proibição legal, a criação de redes entre as rádios comunitárias e a permissão para se transformarem em provedores de internet. Ainda na esfera política, reivindicam uma revisão das concessões de rádios para parlamentares e igrejas para diminuir o proselitismo e assistencialismo no uso desses canais de comunicação popular.

Sem recursos próprios, as rádios ficam sujeitas à disponibilidade dos voluntários e dos apoios financeiros de pessoas com interesses distintos dos moradores das comunidades. A maioria das rádios, para sustentar suas atividades, recorre a outras atividades desenvolvidas pela sua entidade mantenedora. A Rádio Núcleo Barreto, por exemplo, possui um jornal no qual pode publicar anúncios e arrecadar recursos financeiros. Igualmente, consegue dinheiro através do aluguel de salas e da promoção de cursos na sua sede.

Outra estratégia é tentar dividir os custos com aqueles interessados em ocupar algum horário na grade da programação. Desse modo, é frequente nas rádios comunitárias a apresentação de programas religiosos promovidos pelas igrejas da região. As igrejas são uma das instituições com maior inserção e organização nas comunidades e, como tal, são capazes de custear a apresentação de programas permanentes na grade das rádios comunitárias.

Para aumentar suas receitas, o movimento de comunicação propõe o estabelecimento de percentual mínimo a ser destinado para as rádios comunitárias dos recursos públicos gastos com propaganda governamental. São comuns alguns convênios entre o governo e as rádios comunitárias para inserção de comunicados e divulgação de campanhas. Contudo, os valores ainda são ínfimos principalmente se comparados aos gastos com as verbas publicitárias destinadas aos grandes meios de comunicação.

Essa medida melhoraria as condições de sustentabilidade econômica com o aumento da publicidade institucional das empresas estatais na mídia alternativa. Outra reivindicação é a isenção para as rádios comunitárias do pagamento para o ECAD dos direitos autorais. Sem tais medidas, permanecerá difícil o crescimento do número de rádios comunitárias que cumpram verdadeiramente seus objetivos de canal de comunicação das comunidades:

> É uma dificuldade a rádio comunitária não poder ter fim lucrativo. A gente tem que ter o mínimo de fundo para sobrevivência. O mínimo. Não pode ter fim lucrativo. Ninguém ganha nada. Mas tem que entrar um dinheirinho para as despesas. Ninguém quer trabalhar com rádio comunitária. A gente participa de reuniões aí. Eu participei da Natura,

participei do BNDES. Mas ninguém quer. Quando fala rádio comunitária eles acham que é uma coisa ilegal, clandestina. Não sei mais o quê. Então não querem (coordenador Rádio Grande Tijuca).

A superação dessas restrições financeiras é vital para a efetivação da comunicação nas comunidades. Não há plena liberdade de expressão e comunicação através das rádios comunitárias se não são asseguradas condições mínimas para o funcionamento das mesmas.

Além da pauta econômica, as rádios comunitárias costumam apontar também questões técnicas e políticas que atrapalham a transmissão e, consequentemente, a própria efetivação do direito à livre expressão por meio radiofônico. São queixas comuns dos coordenadores dessas rádios as constantes interferências nas suas frequências e a baixa potência de transmissão permitida pela legislação:

Tinha uma rádio que estava lá em cima do morro do Castro e ela aqui embaixo da gente pega 98,7 arrebentando porque a lei diz que a antena tem que estar 30 metros do solo. Só que essa rádio está num morro que deve ter uns 150 metros de altura acima do solo (coordenador da Rádio NB 98,7).

O coordenador desta rádio, por exemplo, defende o aumento do número de canais para operação com o estabelecimento de ao menos três frequências por município. A expansão também é um desejo do coordenador da Rádio Grande Tijuca que gostaria de poder atingir toda a comunidade do entorno do Borel. Contudo, mesmo com a localização da antena em cima da igreja, a transmissão não ultrapassa quinhentos metros porque a região é muito montanhosa. Ele tentou resolver o problema através da instalação do transmissor em cima de uma chácara, porém a posição acabou "modulando na rádio dos outros", o que o obrigou a desinstalar.

Esses problemas muitas vezes afastam os ouvintes e inviabilizam a continuação das rádios visto que, além do pouco alcance permitido, a transmissão fica prejudicada pela interferência de outras rádios comerciais, comunitárias ou mesmo estatais:

Porque existe uma lógica que não cabe no mundo das rádios comunitárias, que é exatamente outras rádios comunitárias usarem transmissão maior, porque a lei só permite uma frequência, quando uma aumenta a potência, naturalmente estará prejudicando outra. Esse é um exemplo das coisas que acontecem. Outro exemplo, hoje estamos aqui em Vaz Lobo, nosso transmissor é de baixa potência, a região é ruim, porque o Rio de Janeiro é muito montanhoso, ocorre que a rádio Cordovil está com um transmissor que no mínimo está com 300 watts e "engole" a gente de uma tal maneira (coordenador Rádio Bicuda).

Na rádio, a outorga é 105,9. A Anatel trocou a frequência. Jogou todas as rádios legalizadas para 98,7. Só que ele diz que cada rádio tem que estar afastada quatro frequências. Noventa e oito ponto sete já estava infringindo a lei porque estava duas frequências só da Rádio MEC. Então, a Anatel induziu todas as rádios a estar cometendo um crime. Se a lei diz que tem que estar afastada e você está cometendo um crime. Até por conta disso, que a gente colocou a rádio 98,5 porque na Rádio MEC o transmissor dela é de 1000 watts, porque não é um transmissor novo. Espalha. As rádios não funcionam (coordenador da Rádio NB 98,7).

Observa-se que até a transmissão de uma rádio oficial, como a rádio MEC, interfere no funcionamento das rádios comunitárias. Apesar dos prejuízos causados ao funcionamento destas, as mesmas são impedidas de reclamar pelos seus direitos visto que o termo de outorga não prevê essa medida, como destacou o coordenador da Rádio Bicuda:

A rádio MEC é ilegal, esse documento é público, por que a Polícia Federal não fecha a rádio MEC? A questão é essa, eles estão ilegais, eles atrapalham a gente, vocês não fazem ideia, não conseguimos chegar a 1 km por conta dela. O pior é que tem gente que liga pra cá dizendo que a gente está entrando na rádio MEC. Mas na verdade, a rádio MEC está entrando na nossa frequência. [...] Está lá, uma observação na outorga, não podemos reclamar de interferência na frequência (coordenador Rádio Bicuda).

Com tantos limites impostos a sua atuação, a vinculação entre a comunidade e suas rádios é afetada. Contudo, mesmo diante de tantas dificuldades, elas insistem em funcionar. A pesquisa realizada procurou identificar também como as expressões da questão social, em especial nas demandas por saúde, se revelam na relação entre comunidade e rádios comunitárias.

3. Rádios Comunitárias, saúde e perspectivas de atuação

No Brasil, as rádios comunitárias precisam estar atreladas a uma pessoa jurídica sem fins lucrativos, ou seja, na maioria dos casos integram uma organização não governamental. Portanto, seus objetivos possuem relação com as atividades de preservação do meio ambiente, de promoção à saúde e outras desenvolvidas pela ONG à qual está relacionada.

As rádios Núcleo Barreto e Bicuda, por exemplo, têm origem em organizações não governamentais que atuavam na área ambiental. Esta última surge justamente na luta socioambiental em defesa da Serra da Misericórdia e no acesso à água para os moradores da comunidade. Desse modo, participaram dos Conselhos de Meio Ambiente regional e até nacional.

A programação das rádios, em sua maioria, divide-se em programas ao vivo de iniciativa de algum morador da comunidade e aqueles programas que são gravados com antecedência e transmitidos automaticamente de acordo com a programação do computador. Os programas ao vivo propiciam maior participação direta da população, como o "Fala Comunidade" da Rádio Grande Tijuca:

> "Fala Comunidade" é um programa que está aqui. Surgiu a situação problema... Está sem água a população. Estamos aguardando a Light. A escola está sem luz. Vai ter o "Fala Comunidade" agora na sexta-feira [...]. Eu deixo aqui o microfone. Só um, mas eu posso abrir vários. Colocar vários microfones em volta dessa mesa aqui: discutir, conversar e sair denunciando tudo: falta de água, luz, esgoto. As abordagens policiais é que são um negócio complicado (Coordenador Rádio Grande Tijuca).

Existem outros registros de programas como o "Fala Comunidade" que difundem opiniões, demandas e a cultura da própria comunidade. Na Rádio Maré Manguinhos havia o programa "Maré de Memórias", no qual um morador contava a história da localidade e de seus habitantes.

Na Rádio NB 98,7, a proximidade com a escola Pedro II possibilitou a participação mais efetiva do movimento estudantil através do grêmio escolar. Os alunos produziam um programa que era transmitido pela rádio, pela web e pelos alto-falantes do interior da escola.

Em relação às políticas públicas de saúde, observou-se, nas entrevistas realizadas, que o debate sobre saúde pública aparece principalmente nas inserções de programas já produzidos pelo governo federal, como os da Radiobrás, e difundidos pelas rádios comunitárias com informações sobre gravidez, alcoolismo, dengue, vacinação, tuberculose e outras questões. Igualmente, o Ministério da Saúde utiliza-se das rádios comunitárias como meio de campanhas como, por exemplo, um projeto sobre DST e AIDS que foi financiado durante cinco anos na Rádio Bicuda.

Há também registros de alguns programas ao vivo realizados nas próprias rádios por profissionais da saúde. Na Rádio Maré Manguinhos, havia o programa "Dr. Saúde", no qual um médico, segundo o coordenador, "dava dicas, conversava e batia um papo sobre doença, verme de criança na comunidade [...]". Na Rádio Grande Tijuca, na semana da realização da entrevista, estava prevista a participação de um médico que conversaria com a comunidade sobre o programa saúde da família.

Percebe-se, portanto, que a maioria dos programas das rádios comunitárias ligados ao tema da saúde são mais informativos. Não há ainda a exploração do potencial de comunicação dessas rádios para discussão dos problemas e possíveis soluções para as deficiências das políticas públicas de saúde locais e no estímulo à participação da população no controle social do Sistema Único de Saúde. Seguem, ainda como exceção, participações como a da Rádio Núcleo Barreto no conselho de uma unidade de saúde local.

Para se transformar em instrumento usual de participação da sociedade, as rádios comunitárias precisam então superar os limites hoje impostos ao seu pleno funcionamento.

Observa-se, porém, que existem problemas comuns que são apontados por diversas rádios comunitárias como obstáculos para sua expansão e até mesmo para sua própria existência. Portanto, o desenvolvimento tecnológico para alcançar mais pessoas e possibilitar uma comunicação dialógica nas localidades às quais pertencem não significa uma melhoria nas condições das rádios comunitárias no Brasil.

A existência de um Estado democrático depende atualmente da ampliação do acesso aos meios de comunicação. Não há respeito à pluralidade e à diversidade em sociedades nas quais ideias e opiniões diferenciadas não encontram meios de difusão e circulação. Por conseguinte, o movimento de rádios comunitárias é sujeito importante não apenas na defesa da democratização das comunicações, mas do próprio Estado Democrático de Direito.

Referências bibliográficas

BRASIL. Lei n. 9.612, de 1998, que institui o Serviço de Radiodifusão Comunitária e dá outras providências. Lei n. 9.472 de 1997 — Lei Geral de Telecomunicações; Lei n. 4.117, de 1962.

BAHIA, Lílian Mourão. *Rádios comunitárias: mobilização social e cidadania na reconfiguração da esfera pública*. Belo Horizonte: Autêntica, 2008.

COSTA, Mauro Sá Rego e HERMANN JUNIOR, Wallace. Rádios Livres, rádios comunitárias, outras formas de fazer rádio e política. *Revista Lugar Comum*. Rio de Janeiro, n. 17, maio/out. 2002.

IAMAMOTO, Marilda Villela. *Serviço Social em tempo de capital fetiche. Capital financeiro, trabalho e questão social*. São Paulo: Cortez, 2007.

LAHNI, Cláudia Regina. Rádios livres e comunitárias: democracia no ar. *Revista de Estudos do Curso de Jornalismo*. Campinas, IACT, PUC-Campinas, n. 2, p. 7-18, jun. 1999.

LAHNI, Cláudia Regina. Rádios Comunitárias Autênticas: entre a Comunicação Democrática e a Perseguição. *Revista ADUSP.* São Paulo, janeiro de 2008.

LOPES, Cristiano Aguiar. *Política Pública de Radiodifusão Comunitária no Brasil: Exclusão como Estratégia de Contrarreforma.* Dissertação de Mestrado. Faculdade de Comunicação, Universidade de Brasília, Brasília, 2005. Orientador: Murilo Cesar Ramos. Disponível em: http://www.fndc.org.br/arquivos/radcomfinal.pdf. Acesso em: 24 jul. 2006.

LUZ, Dioclecio. *Trilha apaixonada e bem-humorada do que é e de como fazer rádios comunitárias, na intenção de mudar o mundo.* Brasília: Copyleft, 2004.

MALERBA, J. P. C. *Rádios comunitárias: ampliando o poder de ação.* Rio de Janeiro. Monografia Escola de Comunicação da UFRJ, 2006.

MARTÍN-BARBERO, Jesús. *Ofício de cartógrafo: travessias latino-americanas da comunicação na cultura.* São Paulo: Loyola, 2004.

MORAES, Denis de (Org.). *Por uma outra comunicação: mídia, mundialização cultural e poder.* Rio de Janeiro: Record, 2003.

PAIVA, Raquel e BARBALHO, Alexandre (Orgs.). *Comunicação e Cultura das Minorias.* São Paulo: Paulus, 2005.

PERUZZO, Cecília M. K. Mídia local e suas interfaces com a mídia comunitária. Anuário UNESCO/UMESP de comunicação regional. São Bernardo do Campo: Catedra Unesco/UMESP, 2003.

STEINBRENNER, Rosane Maria Albino. *Rádios Comunitárias na Transamazônica: desafios da comunicação comunitária em regiões de midiatização periférica.* Belém. Tese de doutorado UFP, 2011.

PARTE III

Conselhos de Política e de Direitos e Serviço Social

10

O Conselho Nacional de Saúde na atualidade:
reflexão sobre os limites e desafios*

Juliana Souza Bravo de Menezes

Introdução

Este artigo aborda o tema do controle social na área da saúde e aprofunda a discussão sobre o papel do Conselho Nacional de Saúde (CNS) na atual conjuntura, identificando os desafios para o aprofundamento e expansão da participação social em saúde, tendo como referencial os pressupostos preconizados no projeto de Reforma Sanitária.

O presente estudo analisa o papel do Conselho Nacional de Saúde (CNS) no governo Lula, identificando os limites e desafios dessa instância de participação na atualidade. Destaca-se que os conselhos de saúde são inovações na formulação de políticas públicas e meca-

---

* Este artigo é fruto de reflexões da dissertação de mestrado da autora apresentada, em maio de 2010, ao Programa de Pós-Graduação em Saúde Pública, da Escola Nacional de Saúde Pública Sérgio Arouca da Fundação Oswaldo Cruz (ENSP/Fiocruz), intitulada *Saúde, participação e controle social*: uma reflexão em torno de limites e desafios do Conselho Nacional de Saúde na atualidade, orientada pela professora doutora Ilara Hämmerli Sozzi de Moraes.

nismos de participação da sociedade nas decisões do Estado. Através de pesquisa documental, foi possível identificar a direção da agenda de proposições dessa instância deliberativa e a atuação deste Conselho frente à política nacional de saúde. Esta investigação pretende contribuir para a reflexão crítica sobre o papel dos conselhos de saúde, em especial do CNS, na democratização da relação Estado–sociedade.

Tomamos como objeto o Conselho Nacional enquanto mecanismo político formal de controle social que congrega representantes dos setores organizados da sociedade civil[1], portadores de interesses contraditórios. A proposta com a pesquisa foi identificar as principais questões que permeiam o conselho e as estratégias para enfrentar os limites impostos na atualidade.

O objetivo é aprofundar o entendimento em torno de problemas existentes no exercício do controle social no âmbito do Conselho Nacional de Saúde como parte de um esforço maior de fundamentar propostas na perspectiva de fortalecer a participação social na área da saúde, e seu papel na construção da Reforma Sanitária.

Para alcançar o objetivo, utilizou-se como procedimentos metodológicos a pesquisa bibliográfica e a pesquisa documental. Para analisar a atuação do Conselho Nacional de Saúde na atualidade foi preciso recorrer aos documentos produzidos por esse conselho como suas atas, deliberações, resoluções, recomendações e moções. O estudo desses documentos aponta a direção da agenda de proposições dessa instância deliberativa.

Foi definido como recorte temporal para analisar a documentação produzida pelo CNS, o período de 2003 a 2008, primeiro mandato do governo Lula (2003-2006) e parte do segundo mandato (2007-2008).

---

1. A concepção adotada é a de sociedade civil na perspectiva gramsciana, sendo considerada como o espaço onde se organizam os interesses em confronto, sendo o lugar onde se tornam conscientes os conflitos e contradições. É na sociedade civil que se encontram os "aparelhos privados de hegemonia" que são os partidos de massa, os sindicatos, as diferentes associações, os movimentos sociais, ou seja, tudo que resulta de uma crescente socialização da política. A sociedade civil gramsciana nada tem a ver com o que hoje se chama de "terceiro setor", pretensamente situado para além do Estado e do mercado. Esta nova concepção de sociedade civil que tem sido muito difundida é restrita, despolitizada e tem equívocos teóricos.

SAÚDE, SERVIÇO SOCIAL, MOVIMENTOS SOCIAIS E CONSELHOS

A escolha desse período se justifica por se tratar de um marco político na história do país, pois foi a primeira vez que se elegeu um representante da classe trabalhadora. Isto é, pela primeira vez venceu o projeto que não representa, em sua origem, os interesses hegemônicos das classes dominantes.

Para a realização do estudo foi necessária a construção de matrizes analíticas. A primeira matriz foi construída a partir do levantamento bibliográfico, identificando, não de forma exaustiva, o leque de problemas existentes no exercício do controle social no âmbito do Sistema Único de Saúde e as propostas sinalizadas para enfrentá-los.

A outra matriz analítica foi a partir dos documentos produzidos pelo Conselho Nacional de Saúde (atas, resoluções, recomendações, deliberações e moções), no período de 2003 a 2008, levantando os temas tratados e os problemas debatidos. Para isso elaboramos uma classificação temática dos assuntos discutidos, com base em tipologia já desenvolvida para analisar atas de reuniões em conselho municipais de saúde (Côrtes, 1999), adaptando às especificidades dos assuntos em debate no Conselho Nacional de Saúde. A classificação utilizada foi a seguinte: Financiamento; Gestão do Trabalho e Educação na Saúde; Controle Social (papel e funcionamento do conselho, conferências, plenárias de conselhos); Políticas Específicas e Programas de Saúde; Gestão em Saúde e Organização dos Serviços de Saúde; Questões Locais/Particulares. A partir desse mapeamento identificamos a relação do Conselho com o Ministro[2], as principais temáticas discutidas, os momentos em que existem coalizões e, principalmente, tensões entre os segmentos que compõem o conselho, a agenda de proposições e a atuação do CNS frente à política nacional de saúde.

Diante do estudo bibliográfico e da análise dos referidos documentos, investigamos o papel do Conselho Nacional de Saúde na ex-

---

2. Identificar a relação do CNS com o Ministro da Saúde torna-se necessária, considerando que diversos estudos sobre conselhos de saúde apontam para as tensões políticas que existem entre o segmento do gestor, em especial o Secretário de Saúde, e os demais segmentos.

pectativa de elucidar as indagações sobre as possibilidades e limites dessa instância de participação do SUS na atualidade.

1. Participação social e controle social: alguns marcos significativos

A sociedade brasileira, na década de 1980, ao mesmo tempo em que vivenciou um processo de democratização política superando o regime ditatorial instaurado em 1964, experimentou uma profunda e prolongada crise econômica que persiste até os dias atuais.

As decepções com a transição democrática ocorreram principalmente, com seu giro conservador após 1988, não se traduzindo em ganhos materiais para a massa da população.

Um aspecto importante a ser ressaltado, nesse período, foi o processo constituinte e a promulgação da Constituição de 1988, que representou, no plano jurídico, a promessa de afirmação e extensão dos direitos sociais em nosso país frente à grave crise e às demandas de enfrentamento dos enormes índices de desigualdade social.

A Constituição Federal introduziu avanços que buscaram corrigir as históricas injustiças sociais, incapazes de universalizar direitos, em função da longa tradição de privatizar a coisa pública[3]. Dentre os seus avanços assegura a inscrição de um Sistema de Seguridade Social[4] e amplia o modelo hegemônico de democracia — a *democracia represen-*

---

3. Um amplo processo de privatização da coisa pública significa "um Estado cada vez mais submetido aos interesses econômicos e políticos dominantes no cenário internacional e nacional, renunciando a dimensões importantes da soberania da nação, em nome dos interesses do grande capital financeiro de honrar os compromissos morais com as dívidas interna e externa" (Iamamoto, 2001, p. 20). Neste sentido, diversos autores, entre eles Correia (2005), apontam para a necessidade de "desprivatizar" o que é público.

4. A Seguridade Social brasileira inscrita na Constituição de 1988, no Título VIII "Da Ordem Social", "tem como base o primado do trabalho e como objetivo o bem estar e a justiça social" (Brasil, Constituição Federal, 1988, art. 193). É composta pelo tripé saúde, assistência social e previdência social, se constituindo em "um conjunto integrado de ações de iniciativa dos Poderes Públicos e da sociedade" (Brasil, Constituição Federal, 1988, art. 194). A Seguridade Social expressa a ideia de superação do conceito de seguro social ao garantir a segurança das pessoas em situação adversa, isto é, a sociedade se solidariza com o indivíduo no momento de dificul-

SAÚDE, SERVIÇO SOCIAL, MOVIMENTOS SOCIAIS E CONSELHOS 281

tativa —, que apresenta seus limites frente à sua capacidade de representação com a inclusão de novos sujeitos políticos no processo de tomada de decisão. A proposta é fortalecer uma *democracia participativa* que, "ao lado de algumas instituições formais básicas da democracia representativa, possui nova forma de conceber a relação entre o Estado e a sociedade, com a participação ativa dos cidadãos na esfera pública" (Monteiro e Fleury, 2006, p. 220).

Com relação à descentralização do poder federal e da democratização das políticas públicas, importantes dispositivos foram definidos no sentido da criação de um novo pacto federativo, sendo o município reconhecido como ente autônomo da federação, transferindo-se para o âmbito local novas competências e recursos públicos capazes de fortalecer o controle social e a participação da sociedade civil nas decisões políticas.

Vianna (2009), ao mapear a produção acadêmica recente no Brasil sobre o tema da participação, sinaliza que a maior parte dos estudos analisados compreende a participação social como componente essencial para a preservação do direito universal às políticas de seguridade social, construção da cidadania e fortalecimento da sociedade civil, relacionando diretamente à concepção da participação como parte do processo de democratização do Estado.[5]

A participação social tem como uma de suas expressões a ideia da sociedade controlando o Estado, ou seja, a proposta é transformar o Estado superando o seu caráter autoritário e socialmente excludente, através da presença e organização de segmentos importantes na democratização desse espaço. A fiscalização — ideia tão presente na participação social e no controle democrático das políticas sociais —

---

dades que o mercado o coloca. Significa que o risco que qualquer um está sujeito, deixa de ser um problema individual e passa a ser responsabilidade social, pública (Vianna, 2001).

5. Gramsci é o precursor da concepção de Estado ampliado, com a elaboração da teoria marxista ampliada do Estado. Diversos autores, a partir de suas elaborações, têm contribuído para o debate e produção dessa perspectiva, analisando as sociedades capitalistas avançadas em que se evidenciou a maior complexidade do fenômeno estatal, podendo-se destacar: Poulantzas (1980), Ingrao (1977, 1979), Wolfe (1977) e (Bravo, 1996).

nasce mais com o intuito de impedir o Estado transgredir do que induzi-lo a agir, pois o Estado precisa ser vigiado, contido, corrigido em suas práticas habituais (Carvalho, 1995).

Ao problematizar a participação da sociedade civil nas instâncias de decisão, Moroni (2009) cita quatro mitos que dificultam a participação:

- *A participação por si só muda a realidade* — este é um mito que despolitiza a participação, pois não percebe a correlação de forças.

- *A sociedade não está preparada para participar como protagonista das políticas públicas* — "este mito baseia-se no preconceito do saber, em que a burocracia ou o político detém o saber e a delegação para decidir. Tal mito justifica a tutela do estado sobre a sociedade civil, o que leva, por exemplo, o Estado não criar espaços institucionalizados de participação ou a indicar, escolher e determinar quem são os representantes da sociedade nos espaços criados, assim como não disponibilizar as informações" (Moroni, 2009, p. 254-255).

- *A sociedade não pode compartilhar da construção das condições políticas para tomar e implementar decisões* — este mito considera que o momento de participação da sociedade e dos cidadãos é pelo voto, questionando a democracia participativa defendendo apenas a democracia representativa.

- *A sociedade é vista como elemento que dificulta a tomada de decisões* — "seja pela questão do tempo (demora em decidir, obrigatoriedade de convocar reuniões etc.), seja pela questão de posicionamento crítico diante das propostas ou da ausência delas por parte do Estado". (Idem, p. 255)

Para o autor, esses mitos são disfarces ideológicos utilizados por aqueles que detêm o poder político no Brasil. Neste sentido, tais mitos necessitam ser desconstruídos com base em uma concepção ampliada de democracia e da politização da participação.

Historicamente, a categoria controle social foi entendida apenas como controle do Estado ou do empresariado sob às massas. É nessa acepção que quase sempre o controle social é usado na Sociologia clássica, ou seja, no seu sentido coercitivo sobre a população. Entretanto, o sentido de controle social inscrito na Constituição, é o da participação da população na elaboração, implementação e fiscalização das políticas sociais.[6]

Esta última concepção de controle social tem como marco o processo de redemocratização da sociedade brasileira com o aprofundamento do debate referente à democracia.[7]

A noção de democracia é concebida por diversos autores como um processo histórico e está relacionada à soberania popular. Nesta concepção, a democracia representativa é considerada uma vitória dos movimentos organizados da sociedade civil, entretanto, é percebida como uma vitória parcial uma vez que na sociedade capitalista existe a hegemonia da classe capitalista dominante, havendo um limite interno pois as principais decisões econômicas são tomadas pelo poder privado. Para Ingrao (1980), a democracia precisa ser ampliada, havendo necessidade de democracia direta, de base, articulada à democracia representativa para se concretizar a democracia progressiva, ou seja, a democracia de massas. Netto (1990) considera que a democracia de massas — com ampla participação social deve conjugar as instituições parlamentares e os sistemas partidários com uma rede de organizações de base: sindicatos, comissões de empresas, organizações profissionais e de bairro, movimentos sociais urbanos e rurais, democráticos.

O controle social é um direito conquistado pela Constituição Federal de 1988, mais precisamente do princípio "participação popular"

---

6. Carvalho (1995) trabalha a evolução do conceito controle social, identificando quatro momentos diferenciados: o Estado controlando a sociedade; a sociedade apenas completando o Estado; a sociedade combatendo o Estado; e a sociedade participando das decisões do Estado.

7. Destaca-se a diferença entre o conceito de controle social inscrito na Constituição com o proposto pela contrarreforma do Estado, do governo Fernando Henrique Cardoso (FHC). Nesta concepção não há poder decisório da sociedade civil nos conselhos que passam a ser consultivos e não paritários (Bresser Pereira e Grau, 1999).

e são garantidas duas instâncias formais, que são também espaços de luta: os *conselhos* e as *conferências*.

Destaca-se, entretanto, que esses não são os únicos espaços de ação para o exercício do controle social apesar de, sem dúvida, serem mecanismos fundamentais, já que estão previstos em lei federal (Barros, 1994, p. 35).[8]

Estas instâncias podem e devem ser parceiras na luta pelo controle social. Ou seja, são instituições/espaços que podem auxiliar os defensores da política pública, na defesa dos seus direitos. Concebe-se o controle social, não somente como uma luta legal por um direito adquirido, mas como a potencialidade e criatividade dos usuários na elaboração da política, já que são estes os que realmente sabem, por perceberem no cotidiano, como deve ser uma política pública e quais as falhas atuais dos serviços.

Nos anos 1990, assistiu-se o redirecionamento do papel do Estado, já no contexto do avanço das teses neoliberais. A afirmação da hegemonia neoliberal no Brasil, com a redução dos direitos sociais e trabalhistas, desemprego estrutural, precarização do trabalho, desmonte da previdência pública, sucateamento da saúde e da educação, tende a debilitar os espaços de representação coletiva e controle democrático sobre o Estado, conquistas da Constituição de 1988.

Na atual conjuntura brasileira, considera-se fundamental envolver os diversos sujeitos sociais preocupados com as políticas públicas defendendo a ampliação dos direitos sociais e as conquistas obtidas na Constituição de 1988. Ressalta-se, como fundamental nesse processo, a efetiva participação social da sociedade civil e mecanismos importantes dessa resistência são os Conselhos e Conferências concebidos como espaços de tensão entre interesses contraditórios na luta por melhores condições de vida.

---

8. Existem outros mecanismos que também, se acionados, podem e devem ser entendidos enquanto espaços de exercício do controle social, a saber: o Ministério Público, os órgãos de defesa do consumidor, como o Procon (Programa de Orientação e Proteção ao Consumidor); os meios de comunicação e os conselhos de profissionais.

SAÚDE, SERVIÇO SOCIAL, MOVIMENTOS SOCIAIS E CONSELHOS

2. Conselhos de Saúde: algumas questões

Os atuais Conselhos de Saúde foram regulamentados em 1990, com a promulgação da Lei n. 8.142, que, junto com a Lei n. 8.080, conformam Lei Orgânica da Saúde. Os conselhos são espaços decisórios (deliberativos), de caráter permanente e paritário. São compostos por representantes dos trabalhadores de saúde, de gestores, dos prestadores públicos e privados e dos usuários[9]. E tem como objetivo discutir, elaborar e fiscalizar a política de saúde em cada esfera de governo (Bravo, 2001). Cabe destacar que os Conselhos de Saúde "não governam, mas estabelecem os parâmetros do interesse público para o governo. Definem o que deve ser feito e verificam/avaliam o que foi feito" (Carvalho, 1997, p. 105).

Na atualidade, segundo Bravo e Souza (2002), identifica-se quatro concepções teóricas com relação aos conselhos. A concepção que visualiza os conselhos enquanto arena de conflitos em que diferentes projetos estão em disputa, pautada em Gramsci e nos neogramscianos.[10] É com base na concepção pautada em Gramsci que este trabalho propõe analisar o Conselho Nacional de Saúde.

Entretanto, a concepção pautada em Gramsci não é hegemônica nas pesquisas existentes na área da saúde, na atualidade. Os conselhos têm sido percebidos, em um número significativo de estudos, como *espaço consensual*, onde os diferentes interesses sociais convergem para o interesse de todos. Essa concepção pautada em Habermas e nos neo-habermesianos, não leva em consideração a correlação de forças

---

9. A Resolução n. 333 do Conselho Nacional de Saúde, de 2003, define que a composição do mesmo deve ser de 50% de usuários, 25% gestores e prestadores de serviço públicos ou privados e 25% pelos trabalhadores de saúde.

10. Gramsci percebe que a partir de 1870 há uma crescente "socialização da política", ou seja, o ingresso na esfera pública de um número cada vez maior de novos sujeitos políticos individuais e coletivos. Os conselhos podem ser considerados como um dos novos institutos democráticos, resultado da auto-organização e que compõe a sociedade civil além dos partidos de massa, sindicatos, associações profissionais, comitês de empresa e de bairro. São espaços em que as massas podem se organizar de baixo para cima, a partir das classes, constituindo os sujeitos políticos coletivos (Coutinho, 2000).

e tem adeptos inseridos nas diversas instâncias do poder político para viabilizar os conselhos a partir de seus interesses.

Existe também a concepção dos conselhos apenas como *espaços de cooptação da sociedade civil* por parte do poder público. Essa perspectiva não percebe as contradições que podem emergir nesse espaço a partir dos interesses divergentes. É influenciada pela visão estruturalista do marxismo, cujo principal referencial é Althusser.

Há uma quarta posição que não aceita esse espaço, ou seja, questiona a democracia participativa, e defende apenas a democracia representativa. Essa concepção política neoconservadora é assumida por alguns representantes governamentais, mas também tem respaldo na produção intelectual de cientistas políticos dedicados à análise da democracia e dos sistemas de representação nas sociedades capitalistas.

Parte-se do pressuposto de que muitos dos obstáculos enfrentados pelos conselhos decorrem da cultura política presente ao longo da história brasileira que não permitiu a criação de espaços de participação no processo de gestão das políticas sociais públicas, havendo o predomínio da burocracia, com ênfase nos aspectos administrativos, como também nas práticas políticas do favor, patrimonialistas (uso privado da coisa pública), de cooptação da população, populistas e clientelistas. Estas características são decorrentes do autoritarismo do Estado brasileiro, da distância da sociedade civil organizada dos partidos e da desarticulação da sociedade civil na atual conjuntura provocada pelas alterações na forma de produção e gestão do trabalho frente às novas exigências do mercado oligopolizado (Bravo, 2006).

Apesar de todas as reflexões que explicitam os limites desses espaços para uma participação efetiva, considera-se que esses mecanismos são importantes para a democratização do espaço público e para a mudança da cultura política brasileira.

Nesta perspectiva, os conselhos não podem ser nem supervalorizados, nem subvalorizados. Os conselhos são fundamentais para a socialização da informação e formulação de políticas sociais, entretanto, têm que ser visualizados como uma das múltiplas arenas em que

SAÚDE, SERVIÇO SOCIAL, MOVIMENTOS SOCIAIS E CONSELHOS

se trava a disputa hegemônica no país. Conforme afirma Dagnino (2002), é um equívoco atribuir aos espaços de participação da sociedade o papel de agentes fundamentais na transformação do Estado e da sociedade.

3. Breve Histórico do Conselho Nacional de Saúde

No período anterior a 1990, o Conselho Nacional de Saúde era um órgão consultivo do Ministério da Saúde, cujos membros eram indicados pelo Ministro de Estado. O CNS foi instituído pela Lei n. 378, de 13 de janeiro de 1937, que tinha como objetivo — junto com o Conselho Nacional de Educação — auxiliar o Ministério da Educação e Saúde. O Conselho Nacional de Saúde somente seria regulamentado, quanto a sua composição, funcionamento e competência, dezessete anos mais tarde, por meio do Decreto n. 34.347, de 8/4/1954. Desde então, vários decretos foram promulgados com a finalidade de reestruturar o Conselho. As principais alterações, no entanto, ocorreram em sua composição (Schevisbiski, 2007; Silva e Abreu, 2002).[11]

Durante trinta anos, o Conselho teve um funcionamento irregular e inexpressivo. Em 1970, o Conselho Nacional de Saúde, através do Decreto n. 67.300/70, passa a ter atribuições mais detalhadas: "examinar e emitir parecer sobre questões ou problemas relativos à promoção, proteção e recuperação da saúde, que sejam submetidos à sua apreciação pelo ministro de Estado, bem como opinar sobre matéria que, por força de lei, tenha que se submetida à sua apreciação" (Carvalho, 1995, p. 32).

No período de 1970 a 1990, o Conselho Nacional de Saúde teve pouco impacto no setor na formulação e acompanhamento da política de saúde. Nesse momento, outras instâncias de articulação ministerial

---

11. O artigo de Silva e Abreu (2002) aponta as diversas alterações na composição do Conselho Nacional de Saúde ao longo do tempo.

foram criadas, como a Comissão Interministerial de Planejamento (Ciplan).

Na década de 1990, com a nova Constituição Federal Brasileira e a criação do Sistema Único de Saúde (SUS), o Decreto n. 99.438/90 configurou o novo Conselho Nacional de Saúde com ampla representação social e com caráter permanente e deliberativo,[12] integrante da estrutura regimental do Ministério da Saúde, cujas decisões, quando consubstanciadas em resoluções, são homologadas pelo Ministro de Estado da Saúde. Este decreto regulamentou as novas atribuições e competências do CNS e definiu as entidades e órgãos que comporiam o novo plenário, com 30 membros. Dessa forma, a legislação fixou quatro segmentos na composição do Conselho Nacional de Saúde: usuários, trabalhadores da saúde, gestores (governo) e prestadores de serviço de saúde (público e privado). Esta composição foi fruto de longa negociação do movimento social com o Ministério da Saúde. É importante destacar que o CNS tinha o ministro da Saúde como presidente nato do Conselho.

No ano de 2002, o Conselho tinha o ministro da Saúde como presidente nato e era composto por 32 conselheiros titulares.

Em 2006, com o Decreto n. 5.839, ocorreu uma nova reforma na composição do Conselho, que passou a contar com 48 conselheiros titulares: *24 entidades e movimentos sociais de usuários do SUS; 12 entidades de profissionais de saúde, incluída a comunidade científica; 2 entidades prestadoras de serviço; 2 entidades empresariais; 6 gestores federais; 1 estadual e 1 municipal.* E neste mesmo ano, pela primeira vez, foi eleito o presidente do Conselho, que representava o segmento dos trabalhadores da saúde (Escorel e Moreira, p. 998-1000, 2008, <www.conselho. saude.gov.br>).

---

12. De acordo com o Regimento Interno do CNS, as deliberações, observado o quórum estabelecido, são consubstanciadas em: resolução; recomendação e moção. A *Resolução* é ato geral, de caráter normativo. A *Recomendação* é uma sugestão, advertência ou aviso a respeito do conteúdo ou forma de execução de políticas e estratégias setoriais ou sobre a conveniência ou oportunidade de se adotar determinada providência. A *Moção* é uma forma de manifestar aprovação, reconhecimento ou repúdio a respeito de determinado assunto ou fato.

SAÚDE, SERVIÇO SOCIAL, MOVIMENTOS SOCIAIS E CONSELHOS

4. O Conselho Nacional de Saúde no governo Lula

Na atual conjuntura, constata-se uma fragilização das lutas sociais e as entidades e movimentos sociais não têm conseguido uma defesa da Seguridade Social e da saúde em particular. Desde os anos 1990, opera-se uma profunda despolitização da "questão social", ao desqualificá-la como questão pública, política e nacional. A desregulamentação das políticas públicas e dos direitos sociais desloca a atenção à pobreza para a iniciativa privada e individual, impulsionada por motivações solidárias e benemerentes (Yazbek, 2001).

A postura defensiva assumida pelos movimentos sociais tem como determinantes as mudanças no mundo do trabalho, por meio da reestruturação produtiva e de concepções teóricas que enfatizam apenas o local, desvalorizando categorias mais gerais, como a totalidade social e a articulação do local com o regional e o nacional. As agendas dos movimentos são elaboradas a partir da agenda governamental, diferenciando da ação dos mesmos na década de 1980, que formulavam proposições para intervenção nas políticas públicas (Bravo, 2006).

Neste contexto de refluxo dos movimentos sociais, os conselhos de saúde[13] têm tido um protagonismo, contando como principal articulador o Conselho Nacional de Saúde (CNS).

Ao realizar um balanço da atuação do CNS no governo Lula, ressalta-se o importante papel desempenhado na defesa da Política de Saúde. Como marcos desse contexto destaca-se: a aprovação da Resolução n. 333, de 2003, que define a paridade e a dinâmica de funcionamento dos conselhos de saúde; a realização da 12ª e 13ª Conferências Nacionais de Saúde; a realização de conferências temáticas e algumas

---

13. Cabe destacar, entretanto, a partir de diversos estudos realizados por Bravo (2006), que a maioria dos conselhos não tem tido um potencial político significativo, em decorrência de diversas questões: fragilidade da representação da sociedade civil, falta de relação entre representante — representado, legitimidade das representações e os obstáculos enfrentados pelos conselhos. Não se pode esquecer, contudo, que muitos desses entraves decorrem da cultura política presente ao longo da história brasileira, que não permitiu a criação de espaços de participação no processo de gestão das políticas públicas.

pela primeira vez (1ª Conferência Nacional de Medicamentos e Assistência Farmacêutica e 1ª Conferência Nacional de Saúde Ambiental); a aprovação do Pacto pela Saúde; o processo eleitoral e a eleição do presidente do CNS, em 2006; a luta pela regulamentação da Emenda Constitucional (EC) n. 29.[14]

Com relação à composição do Conselho Nacional de Saúde, observa-se algumas mudanças. No período de 2003 a 2006 eram 40 conselheiros, ampliando a partir de 2006 para 48 conselheiros. Dessa forma, cresce o número de conselheiros oriundos de organizações da sociedade civil, principalmente das organizações de profissionais e trabalhadores de saúde; de entidades de portadores de patologia ou deficiência; de entidades étnicas e de gênero; entidades religiosas; entidade estudantil; e de associações comunitárias e movimentos sociais. E, por outro lado, diminuiu a participação dos representantes de mercado e de entidades médicas. A Confederação Nacional da Indústria e a Confederação Nacional do Comércio de Bens, Serviços e Turismo que antes ocupavam o segmento dos usuários passam, a partir de 2006, a compor o segmento dos gestores e prestadores de serviços. E, com relação as entidades médicas, identifica-se a não presença dessas entidades na composição dos conselheiros eleitos para o triênio 2009/2012.

Alguns foram os temas que geraram tensões nesse período. A relação público-privado, principalmente com a indústria farmacêutica, propiciou um debate na questão dos medicamentos antirretrovirais.

---

14. A Emenda Constitucional n. 29/2000 fixa os percentuais mínimos a serem investidos anualmente em saúde pela União, por estados e municípios. A emenda obrigou a União a investir em saúde, em 2000, 5% a mais do que havia investido no ano anterior e determinou que nos anos seguintes esse valor fosse corrigido pela variação nominal do PIB. Os estados ficaram obrigados a aplicar 12% da arrecadação de impostos, e os municípios, 15%. Trata-se de uma regra transitória, que deveria ter vigorado até 2004. O Artigo 198 da Constituição Federal prevê que, no final desse período, a referida Emenda seja regulamentada por Lei Complementar, que deverá ser reavaliada a cada cinco anos. A EC n. 29 significou um importante avanço para diminuir a instabilidade no financiamento que o setor saúde enfrentou a partir da Constituição Federal de 1988 (com o não cumprimento dos 30% do orçamento da seguridade social), bem como uma vitória da sociedade na questão da vinculação orçamentária como forma de diminuir essa instabilidade. Fonte: http://conselho.saude.gov.br.

SAÚDE, SERVIÇO SOCIAL, MOVIMENTOS SOCIAIS E CONSELHOS

A discussão sobre os modelos de gestão (a proposta de Fundação Estatal de Direito Privado; Organizações Sociais; Organização da Sociedade Civil de Interesse Público; Fundações de Apoio; Consórcios) foi responsável pela realização de dois seminários sobre o tema em 2007 e 2008.

O papel do conselho e a sua função deliberativa, em alguns momentos, foi questionado quando suas posições entravam em choque com o gestor. Para reforçar a natureza deliberativa e as decisões do Conselho Nacional de Saúde, este elaborou a nota técnica 001/2009, em setembro de 2009. Esta nota aponta que o Conselho pode fazer valer suas resoluções, a despeito de negativa de homologação do Ministro de Estado da Saúde, com base nos princípios constitucionais da participação popular e da legalidade, perfazendo o controle social e a participação direta da sociedade na gestão de ações relacionadas à saúde. É o exercício da cidadania com efetiva participação democrática.

Quanto ao financiamento, existiram pontos de coalizão e tensão. Os pontos de coalizão foram: a regulamentação da Emenda Constitucional n. 29 e a Contribuição Social para a Saúde (CSS).[15] E os pontos de tensão com o governo foram: a reforma tributária, a manutenção da Desvinculação de Receitas da União (DRU) e a não vinculação da despesa mínima federal de 10% da receita corrente bruta, como constava no projeto da EC n. 29.[16] A análise realizada evidenciou que a

---

15. A Contribuição Social para a Saúde (CSS) é um tributo que está sendo discutido no Brasil em 2008, cujo projeto prevê que sua arrecadação será destinada a ajudar a financiar a saúde. É similar à CPMF (Contribuição Provisória sobre a Movimentação ou Transmissão de Valores e de Créditos e Direitos de Natureza Financeira), extinta em dezembro de 2007, mas possui três diferenças principais: sua duração de tempo, destinação dos recursos e alíquota. A CSS será permanente, e não provisória como a CPMF. Conforme consta do projeto de lei complementar, os recursos da CSS só serão destinados à saúde e não também à previdência social e à assistência social como ocorria com a CPMF. Outra diferença é que, na CPMF, a alíquota era de 0,38%, mas a CSS poderá ter alíquota de 0,1% sobre as movimentações financeiras, ficando isento o assalariado com renda mensal até R$ 3.080,00.

16. A regulamentação da Emenda Constitucional 29 (EC 29) foi aprovada no Senado, em 7 de dezembro de 2011 e sancionada pela presidente da República, Dilma Rousseff, no dia 16 de janeiro de 2012. O projeto que se encontrava no Senado — PLS (Projeto de Lei do Senado) n. 121/2007 e não foi aprovado na versão original — tinha o compromisso de inserir mais recursos para a saúde, baseando a aplicação da União em 10%, no mínimo, da Receita Corrente Bruta

direção do CNS, nesses últimos anos e no período pesquisado, tem sido de fortalecimento do setor público e do SUS.

Algumas reflexões

A investigação mostrou que Conselho Nacional de Saúde (CNS) vem reforçando a necessidade da luta em defesa do setor público, universal, de qualidade, da garantia dos direitos trabalhistas e contra a terceirização e privatização.

O Conselho Nacional de Saúde, diante do processo de desmonte do SUS, iniciado nos anos 1990, tem assumido uma postura de resistência e de garantia do direito à saúde. Entretanto, não tem conseguido articular lutas mais gerais em defesa da Seguridade Social e do Projeto de Reforma Sanitária. Um dos seus limites é não conseguir ultrapassar a discussão setorial da política de saúde. Nessa direção, a Agenda Política construída tem ficado restrita a saúde. O desafio que está posto é avançar para além da discussão setorial.

O CNS possui um número significativo de comissões, mas não tem nenhuma Comissão de Seguridade Social. Até mesmo a Comissão de Orçamento e Financiamento, não debate o orçamento da Seguridade Social, restringindo a discussão ao orçamento da saúde.

Alguns espaços importantes como a 12ª e 13ª Conferências Nacionais de Saúde vêm problematizando a Seguridade Social. Contudo, o aprofundamento da temática no âmbito do Conselho não se efetiva. O CNS se posiciona a favor da Seguridade Social, questiona a proposta de Reforma Tributária, os rumos da política de crescimento e desenvolvimento econômico e a criminalização dos movimentos sociais, mas

---

(RCB) — sem inclusão das receitas de capital e das decorrentes de operação de crédito. Tal projeto, se aprovado, acrescentariam para o orçamento federal de 2011 do Ministério da Saúde o correspondente a R$ 32,5 bilhões. Foi mantida a atual fórmula, segundo a qual a União deve investir o montante do ano anterior mais a variação nominal do Produto Interno Bruto (PIB). Os estados precisam aplicar 12% do que arrecadam anualmente em impostos. Os municípios precisam investir 15% de sua receita.

a discussão desses temas gerais não faz parte do cotidiano do conselho. A estratégia para garantir o debate seria por meio das comissões.

O estudo realizado permite que se aponte algumas propostas como a criação da Comissão de Seguridade Social no CNS e a necessidade de articulação desse Conselho com os outros Conselhos Nacionais de Política e de Direitos, de lutar pela constituição do Conselho Nacional de Seguridade Social e pela convocação da conferência sobre a temática.

Nessa perspectiva, um avanço importante foi a convocação e realização da I Conferência Mundial pelo Desenvolvimento dos Sistemas Universais de Saúde e de Seguridade Social, no período de 1º a 5 de dezembro de 2010, em Brasília. Tem-se como desafio ampliar a mobilização através de um amplo movimento de massas, que defenda as propostas do III Fórum Social Mundial de Saúde, realizado na cidade de Belém do Pará, em janeiro de 2009.

As propostas desse III Fórum Social Mundial da Saúde apontam como desafio a construção de um amplo movimento contra-hegemônico, na defesa de um novo processo civilizatório, que retome o ideário de construção do socialismo como processo de radicalização da democracia e de emancipação humana e política. A garantia da Seguridade Social universal, integral, com justiça social e equidade, é um valor estratégico desse processo. O universalismo deve implicar a garantia do acesso a todas as pessoas, a partir do financiamento efetivo do Estado, e não pode ser flexibilizado.

Considera-se fundamental esta agenda de mobilização e construção da consciência sanitária, pois só o aprofundamento da democracia nas esferas da economia, da política e da cultura e a organização dos movimentos sociais poderão fazer face à crise estrutural do capitalismo. Destaca-se a necessidade de novas ações de articulação e mobilização do CNS com os demais sujeitos sociais e movimentos sociais, reafirmando a luta pelas transformações políticas, sociais e econômicas.

Este trabalho teve por objetivo identificar o protagonismo do Conselho Nacional de Saúde na atual conjuntura. Pelo que foi exposto, percebe-se que o mesmo tem se constituído em um espaço de luta política em defesa do SUS, de seus princípios e de resistência às contrarreformas neoliberais, sendo um sujeito coletivo importante no questionamento à privatização e mercantilização da saúde.

O Conselho Nacional de Saúde tem sido dentre os conselhos de política e de direitos o que mais tem apresentado proposições e lutas em defesa dos direitos sociais. Os limites identificados para a ampliação da participação democrática referem-se às estratégias de articulação com os conselhos estaduais e municipais — que não têm tido um potencial político significativo —, como também com relação ao debate das questões mais gerais da Reforma Sanitária e da Seguridade Social.

Nesta direção, reafirma-se que os conselhos junto com os movimentos sociais e partidos políticos podem contribuir na formação de uma vontade coletiva hegemônica que relaciona-se diretamente à reforma intelectual e moral para a construção de um novo projeto societário, sem dominação econômica, social e política.

Referências bibliográficas

BARROS, E. O controle social e o processo de descentralização dos serviços de saúde. In: BRASIL. *Incentivo à participação popular e o controle social no SUS*. Brasília: Ministério da Saúde, 1994.

BRAVO, M. I. S. *Serviço social e reforma sanitária*: lutas sociais e práticas profissionais. São Paulo: Cortez/UFRJ, 1996.

_____; SOUZA, R. O. Conselhos de saúde e Serviço Social: luta política e trabalho profissional. In: *Ser Social*, revista do Programa de Pós-Graduação em Política Social. Brasília: UnB, n. 10, 2002.

_____. Desafios atuais do controle social no Sistema Único de Saúde (SUS). In: *Serviço Social & Sociedade*, São Paulo: Cortez, n. 88, 2006.

BRAVO, M. I. S. Gestão democrática na saúde: o potencial dos conselhos. In: _____; PEREIRA, P. A. (Orgs.). *Política social e democracia*. São Paulo/Rio de Janeiro: Cortez/UERJ, 2001.

SAÚDE, SERVIÇO SOCIAL, MOVIMENTOS SOCIAIS E CONSELHOS 295

BRESSER PEREIRA, L. C.; GRAU, N. C (Orgs.). *O público não estatal na reforma do Estado*. Rio de Janeiro: Ed. Fundação Getúlio Vargas, 1999.

CARVALHO, A. I. *Conselhos de saúde no Brasil*: participação cidadã e controle social. Rio de Janeiro: Ibam/Fase, 1995.

_____. Conselhos de saúde, responsabilidade pública e cidadania: a reforma sanitária como reforma do Estado. In: FLEURY, Sônia (Org.). *Saúde e democracia*: a luta do Cebes. São Paulo: Lemos Editorial, 1997.

CORREIA, M. V. C. *Desafios para o controle social*: subsídios para capacitação de conselheiros de saúde. Rio de Janeiro: Editora Fiocruz, 2005.

CÔRTES, S. M. V. Pautas de reuniões e participação de usuários em conselho municipal de saúde. In: CONGRESSO BRASILEIRO DE CIÊNCIAS SOCIAIS EM SAÚDE, *Anais*... São Paulo: Abrasco, 1999.

COUTINHO, C. N. *Contra a corrente*: ensaios sobre democracia e socialismo. São Paulo: Cortez, 2000.

DAGNINO, E. (Org.). *Sociedade civil e espaços públicos no Brasil*. São Paulo: Paz e Terra, 2002.

ESCOREL, S.; MOREIRA, M. R. Participação social. In: _____; GIONANELLA, L.; LOBATO, L. V. C. et al. (Orgs.). *Políticas e Sistemas de Saúde no Brasil*. Rio de Janeiro: Editora Fiocruz, 2008.

IAMAMOTO, M. V. A questão social no capitalismo. *Temporalis*, revista da ABEPSS. Brasília: ABEPSS, 2001.

INGRAO, P. *As massas e o poder*. Rio de Janeiro: Civilização Brasileira, 1980.

MENEZES, J. S. B. *Saúde, participação e controle social*: uma reflexão em torno de limites e desafios do Conselho Nacional de Saúde na atualidade. Dissertação (Mestrado em Saúde Pública) — ENSP/Fiocruz, Rio de Janeiro, 2010.

MONTEIRO, M. G.; FLEURY, S. Democracia deliberativa nas gestões municipais de saúde: um olhar sobre a importância dos conselhos municipais de saúde nas gestões. *Saúde em Debate*, Rio de Janeiro, v. 30, n. 73-74, maio/dez. 2006.

MORONI, J. A. O direito à participação no Governo Lula. In: FLEURY, S.; LOBATO, L. V. C. (Orgs.). *Participação, democracia e saúde*. Rio de Janeiro: Cebes, 2009.

NETTO, J. P. *Democracia e transição socialista*: escritos de teoria e política. Belo Horizonte: Oficina de Livros, 1990.

SCHEVISBISKI, R. S. *Regras Institucionais e Processo Decisório de Políticas Públicas*: uma análise sobre o Conselho Nacional de Saúde (1990-2006). Dissertação (Mestrado em Ciência Política) — Universidade de São Paulo, São Paulo, 2007.

SILVA, F. A. B.; ABREU, L. E. L. Saúde: capacidade de luta — a experiência do Conselho Nacional de Saúde. *Texto para Discussão*, Brasília: Ipea, n. 933, 2002.

TATAGIBA, L. Os conselhos gestores e a democratização das políticas públicas no Brasil. In: DAGNINO, Evelina (Org.). *Sociedade civil e espaços públicos no Brasil*. São Paulo: Paz e Terra, 2002.

VIANNA, M. L. T. W. O silencioso desmonte da seguridade social no Brasil. In: BRAVO, M. I. S.; PEREIRA, P. A. P. (Orgs.). *Política social e democracia*. São Paulo/Rio de Janeiro: Cortez/UERJ, 2001.

_____. Participação em saúde: do que estamos falando? *Sociologias*, Porto Alegre, ano 11, n. 21, jan./jun. 2009.

YAZBEK, M. C. Pobreza e exclusão social: expressões da questão social. *Temporalis*, n. 3, ano 3, jan./jun. 2001.

Sites consultados:

Conselho Nacional de Saúde: http://conselho.saude.gov.br

Centro Brasileiro de Estudos de Saúde: http://www.cebes.org.br

11

Participação social e controle social na saúde:
a criação dos Conselhos de Gestão Participativa no Rio de Janeiro*

Maria Inês Souza Bravo
Juliana Souza Bravo de Menezes

Apresentação

Este texto analisa a contribuição dos Conselhos de Gestão Participativa para o fortalecimento do controle social e da participação. Com a crise na saúde, em 2005, são criados esses conselhos nos hospitais e institutos federais. A análise apresenta como reflexão que, na atual conjuntura, esses espaços estão sendo despolitizados, com a perspectiva de apassivamento dos movimentos sociais. Ressalta-se a necessidade de construção de uma cultura política contra-hegemônica.

---

* Este artigo está pautado em diversos textos das autoras, cabendo destacar: Bravo (2001); Bravo e Souza (2002); Bravo (2006); Menezes (2010). Na investigação realizada, contou-se com a colaboração de: Janaína Bilate (assistente social e doutora em Serviço Social); Naitê Gomes (assistente social); Érica Cristina dos Santos (estudante de Serviço Social); Bruna Santana da Silva (assistente social); Melissa Yaakoub (assistente social) e Paula Canellas (assistente social).

O artigo está estruturado em quatro itens. O primeiro e o segundo analisam os desafios atuais do controle social no Sistema Único de Saúde (SUS) e abordam as condições históricas em que os mecanismos de controle social foram implementados, de regressão dos direitos sociais, de desresponsabilização da função pública do Estado e de refluxo dos movimentos sociais organizados. No terceiro item, ressaltam-se os conselhos de saúde e apresenta algumas análises com relação à participação social nos conselhos. O quarto destaca os Conselhos de Gestão Participativa regulamentados pelo Ministério da Saúde, em 2005. E, por fim, são apresentadas algumas reflexões.

1. Condições históricas que demarcam o debate atual da Política de Saúde no Brasil e o da Participação Social

A análise da política pública de saúde e do potencial, limites e desafios colocados ao controle social por meio da participação social na elaboração e fiscalização dessas políticas exige, inicialmente, a explicitação das condições históricas que demarcam este debate na atualidade.

Os conselhos foram propostos numa conjuntura de mobilização da sociedade civil e foram implementados, a partir dos anos 1990, num cenário de regressão dos direitos sociais e de destruição das conquistas históricas dos trabalhadores em nome da defesa do mercado e do capital.

Esse processo inicia-se nos anos 1970, nos países centrais, e tem seu impacto no Brasil, primordialmente na década de 1990.

Na contratendência da crise dos anos 1970, alterações têm sido introduzidas nas formas de produção e gestão do trabalho frente às novas exigências do mercado oligopolizado, em um contexto de globalização e mundialização do capital que tem na financeirização da economia um novo estágio de acumulação capitalista.

Mudanças radicais nas relações Estado/sociedade civil têm se processado, orientadas pelo neoliberalismo, traduzidas nas políticas de ajuste recomendadas pelos organismos multilaterais nos marcos do "Consenso de Washington". Neste sentido, propõe-se reduzir a ação do Estado no enfrentamento da questão social através da redução dos gastos sociais em decorrência da crise fiscal.

O Estado é responsabilizado pelos infortúnios que afetam a sociedade, e o mercado e a iniciativa privada são santificados como esferas da eficiência e austeridade (Borón, 1995). Esta concepção tem como resultado um amplo processo de privatização da coisa pública, com o Estado cada vez mais submetido aos interesses econômicos e políticos dominantes no cenário internacional e nacional, em nome das exigências do grande capital financeiro e dos compromissos com as dívidas interna e externa.

Tais processos atingem a economia, a política e a forma de sociabilidade, invadindo diferentes esferas da vida social que passam a ser analisadas segundo uma lógica pragmática e produtivista. A mistificação inerente ao capital — enquanto relação alienada — monopoliza os frutos do trabalho coletivo.

Há uma investida contra a organização coletiva dos trabalhadores. Crescem as desigualdades sociais e a destituição de direitos civis, políticos e sociais.

Yazbek (2001) afirma que o pensamento liberal estimula um vasto empreendimento de "refilantropização do social", já que não admite os direitos sociais, uma vez que os metamorfoseia em dever moral. Opera uma profunda despolitização da "questão social" ao desqualificá-la como questão pública, política e nacional. A desregulamentação das políticas públicas e dos direitos sociais desloca a atenção à pobreza para a iniciativa privada e individual, impulsionada por motivações solidárias e benemerentes.

Na mesma linha de argumentação, Soares (2003) ressalta que a filantropia substitui o direito social, os pobres substituem os cidadãos. As micropolíticas substituem as políticas públicas, o local substitui o regional e o nacional.

Nogueira (2001), ao analisar a cena contemporânea, considera que há urgências de "política dos cidadãos", que é a política com "muita política", em contraposição à "pequena política", "política dos técnicos" ou a contrapolítica.

Este é o terreno em que se inscreve a luta por direitos e, em particular, pelo direito à saúde, em um cenário que descaracteriza a cidadania ao associá-la ao consumo e à posse de mercadorias.

Neste contexto adverso, o compromisso tem que ser com o debate público, a participação democrática que possibilita aos cidadãos organizados interferir e deliberar nas questões de interesse coletivo, em busca de proposições para resolver os conflitos.

2. O impacto das condições históricas no sistema único de saúde e nos movimentos sociais

O Sistema Único de Saúde (SUS) tem 22 anos de existência e, não obstante ter conseguido alguns avanços, o SUS real está longe do SUS constitucional. Há uma enorme distância entre a proposta do movimento sanitário e a prática do sistema público de saúde vigente. O SUS foi se consolidando como espaço destinado aos que não têm acesso aos subsistemas privados, como parte de um sistema segmentado. A proposição inscrita na Constituição de 1988, de um sistema público universal, não se efetivou, apesar de alguns avanços, como o acesso de camadas da população que antes não tinham direito.

A expectativa que se colocava para o governo Lula da Silva era a de fortalecer o SUS constitucional. A questão central continua sendo o desfinanciamento das políticas sociais e sua submissão às políticas econômicas.

O Projeto de Reforma Sanitária, construído a partir de meados dos anos 1970, está perdendo a disputa para o Projeto privatista, hegemônico a partir da década de 1990.

A Reforma Sanitária tem como uma de suas estratégias o Sistema Único de Saúde (SUS) e foi fruto de lutas e mobilização dos profissionais de saúde, articulados aos movimentos sociais. O controle social através de um de seus mecanismos, os conselhos e conferências, foi uma das inovações deste projeto (Bravo, 1999).

O projeto saúde articulado ao mercado ou projeto privatista está pautado na Política de Ajuste que tem como principais tendências a contenção dos gastos com racionalização da oferta; descentralização com isenção de responsabilidade do poder central. A tarefa do Estado, nesse projeto, consiste em garantir um mínimo aos que não podem pagar, ficando para o setor privado o atendimento dos que têm acesso ao mercado.

Desde os anos 1980, diversas entidades progressistas têm substituído suas lutas coletivas por lutas corporativas, restritas a grupos de interesses. Essa concepção está de acordo com o ideário das classes dominantes que tem como perspectiva a americanização da sociedade brasileira, neutralizando os processos de resistência com a utilização de estratégias persuasivas, obrigando os trabalhadores a uma prática política defensiva (Vianna, 1999). O projeto coletivo tem sido questionado e substituído pelo projeto corporativo que procura naturalizar a objetividade da ordem burguesa.

Nesta conjuntura, de fragilização das lutas sociais, as entidades da sociedade civil[1] não têm conseguido uma defesa da Seguridade Social e da saúde em particular, com destaque para o Movimento Sindical, os Partidos Políticos, o Movimento Popular e Movimento Sanitário.

---

1. A concepção adotada é a de sociedade civil na perspectiva gramsciana, sendo considerada como o espaço onde se organizam os interesses em confronto, sendo o lugar onde se tornam conscientes os conflitos e contradições. É na sociedade civil que se encontram os "aparelhos privados de hegemonia" que são os partidos de massa, os sindicatos, as diferentes associações, os movimentos sociais, ou seja, tudo que resulta de uma crescente socialização da política. A sociedade civil gramsciana nada tem a ver com o que hoje se chama de "terceiro setor", pretensamente situado para além do Estado e do mercado. Esta nova concepção de sociedade civil que tem sido muito difundida é restrita, despolitizada e tem equívocos teóricos.

O desafio posto na atual conjuntura que tem por objetivo superar as profundas desigualdades sociais existentes em nosso país e que foram aprofundadas no governo Lula da Silva é um amplo movimento de massas que retome as propostas de superação da crise herdada e avance em propostas concretas.

Na saúde, a grande bandeira é a luta pela implementação do Projeto de Reforma Sanitária. Uma estratégia importante nesta direção é o fortalecimento da esfera pública e um dos mecanismos para atingir esse objetivo, são os conselhos, tendo como uma das finalidades o questionamento da cultura política da crise gestada pelo grande capital (Mota, 1995). Carvalho (1995) afirma que os conselhos são criaturas da Reforma Sanitária e seus potenciais reformadores. Cabe ressaltar, entretanto, que os conselhos não são os únicos sujeitos da luta contra-hegemônica.

No próximo item serão destacadas as concepções, as principais questões e alguns desafios e propostas a serem assumidos pelos conselhos na atualidade.

3. O controle social na saúde: algumas questões a serem enfrentadas

O controle social na saúde é um direito conquistado, que advém do capítulo da saúde da Constituição Federal de 1988, mais precisamente do princípio "participação popular". Um dos mecanismos importantes de controle social são os *conselhos de saúde* compostos por usuários, gestores, prestadores públicos e privados e trabalhadores de saúde,[2] de caráter permanente, deliberativo e paritário. O objetivo principal do conselho é discutir, elaborar e fiscalizar a política de saúde em cada esfera de governo.

---

2. A Resolução n. 333 do Conselho Nacional de Saúde, de 2003, define que a composição do mesmo deve ser de 50% de usuários, 25% gestores e prestadores de serviço públicos ou privados e 25% pelos trabalhadores de saúde. Esta resolução é desrespeitada por alguns gestores que consideram como recomendação.

Os conselhos foram concebidos como um dos mecanismos de democratização do poder na perspectiva de estabelecer novas bases de relação Estado–sociedade por meio da introdução de novos sujeitos políticos. Nesse contexto, podem ser visualizados como inovações na gestão das políticas sociais, procurando assegurar que o Estado atue em função da sociedade, no fortalecimento da esfera pública (Bravo, 2001).

A experiência dos conselhos na sociedade brasileira não é nova, conforme ressaltam diversos autores (Raichelis, 1998; Gohn, 1990). Destaca-se as práticas operárias do início do século XX e as comissões de fábrica, estimuladas pelas oposições sindicais nos anos 1970 e 1980, como também a ampliação dos movimentos sociais nesse período e sua luta contra o autoritarismo, implantado no país após 1964.

Os conselhos têm sido tematizados por diversos autores, com concepções diferenciadas. Gohn (2003) afirma que o debate sobre os conselhos como instrumento de exercício da democracia esteve presente entre setores liberais e da esquerda em seus diferentes matizes. A diferença é que eles são pensados como mecanismos de colaboração, pelos liberais e como vias ou possibilidades de mudanças sociais no sentido de democratização das relações de poder, pela esquerda.

A pesquisa coordenada por Bravo (2006) nos Conselhos de Saúde do Estado do Rio de Janeiro procurou analisar os *conselhos* (formação, composição, dinâmica de funcionamento) e o *perfil dos conselheiros de saúde* (idade, principais entidades e inserção dos mesmos em movimentos sociais).

Com relação à *análise dos conselhos*, foram estudados noventa e um (91) conselhos dos noventa e dois (92) existentes no Estado. Como principais resultados desta investigação destaca-se: os conselhos foram criados prioritariamente, nos anos de 1991 (40%) e 1993 (16%); a maioria dos conselhos (55,5%) não são paritários e o segmento mais frágil com relação a paridade é o do trabalhador de saúde.

A investigação realizada quanto ao *perfil dos conselheiros* utilizou uma amostra de 26,31% dos 2261 conselheiros de saúde titulares existentes no Estado. O município do Rio de Janeiro é o que tem o maior quantitativo de conselheiros em decorrência dos dez (10) conselhos distritais, totalizando setecentos e quarenta e quatro (744) conselheiros.[3]

Algumas reflexões merecem ser realizadas, principalmente com relação à faixa etária, à composição e à participação dos conselheiros em movimentos sociais para que se possa avançar na caracterização dos conselhos enquanto espaço de democratização da política de saúde. Com relação a idade, a maioria dos conselheiros está na faixa de 41 a 60 anos (57,65%). Este dado aponta para a necessidade de renovação dos quadros políticos que atuam no controle social na área da saúde, por meio do envolvimento de novos sujeitos na discussão acerca da participação popular nos rumos da política pública.

No que tange às entidades representantes dos três segmentos nos conselhos, identifica-se algumas distorções na representação de usuários e trabalhadores de saúde, cabendo destacar: entidades prestadoras de serviço representando os usuários, trabalhadores de saúde indicados pelos gestores e com cargo comissionado.

Essas questões configuram-se em entraves para a efetivação do controle social. A concepção dos conselhos enquanto espaços contraditórios, de disputa de projetos, impõe a luta pela garantia da representação de usuários e trabalhadores de saúde por membros de entidades vinculadas a estes segmentos, enquanto uma estratégia fundamental para a real participação e interferência da sociedade nas decisões referentes à política pública de saúde, de forma que as suas demandas sejam de fato contempladas.

Foi identificada também a pouca participação dos conselheiros em partidos políticos e sindicatos. Este é um fator relevante e que merece a atenção dos sujeitos que atuam no controle social, pois de-

---

3. O quantitativo de conselheiros é um dado significativo, pois se todos fossem mobilizados e com articulação com a base teríamos um grande potencial para interferir na garantia do direito à saúde.

monstra que a perspectiva política dos conselheiros pode estar restrita somente a saúde, e não a um projeto societário mais amplo. A participação em movimentos sociais contribui para qualificar o debate dos conselheiros e potencializar a participação democrática.

Percebe-se, em todas as questões evidenciadas, a dificuldade do exercício da democracia participativa, da mobilização e organização dos trabalhadores de saúde e usuários para se inserirem nos conselhos de forma mais articulada de modo a interferir nas decisões referentes às políticas de saúde.

As diversas pesquisas realizadas tomando como objeto os conselhos, tanto na saúde quanto na assistência também apontaram para as questões sinalizadas.[4] Um aspecto que chama a atenção é a fragilidade da representação da sociedade civil. Como principais entidades nessa representação destaca-se, na saúde, as Associações de Moradores, os Clubes de Serviço (Lions, Rotary e Maçonaria) e as Associações de Portadores de Patologias (Bravo, 2001 e 2006). Na assistência social, as também frágeis representações vêm sofrendo constantes interferências governamentais. Raichelis (1998) constata a ausência de representação dos grupos populares, ressaltando que as classes médias estão substituindo os segmentos que são os reais usuários da política de assistência. A autora incorpora as análises de Oliveira (1998) nessa questão e denomina esse fenômeno de substituísmo das classes médias.

A inserção dos sindicatos, tanto nos conselhos de saúde quanto nos de assistência social, também não é significativa. A Central Única dos Trabalhadores (CUT) está inserida nos Conselhos Nacionais (de Saúde e de Assistência Social) e em alguns Conselhos Estaduais.[5] Os sindicatos também estão pouco representados nos Conselhos Muni-

---

4. Destaca-se entre eles: Raichelis (1998) na Assistência Social e Carvalho (1995), Correia (2000 e 2005), Bravo (2001 e 2006) na Saúde.

5. No Conselho Nacional de Saúde participam também a Força Sindical (FS), Central Geral dos Trabalhadores do Brasil (CGTB) e Nova Central Sindical dos Trabalhadores (NCST). As centrais mais combativas não estão presentes.

cipais. Outro aspecto a ser salientado é a pouca articulação entre os trabalhadores da saúde e da assistência com a representação dos usuários.

Todas as questões ressaltadas reforçam a necessidade de um exame mais circunstanciado das experiências em andamento como também, das dificuldades que as entidades da sociedade civil têm tido de mobilização e organização na atual conjuntura.

Parte-se do pressuposto que, muitos dos obstáculos enfrentadas pelos conselhos, decorre da cultura política presente ao longo da história brasileira que não permitiu a criação de espaços de participação no processo de gestão das políticas sociais públicas, havendo o predomínio da burocracia, com ênfase nos aspectos administrativos, como também nas práticas políticas do favor, patrimonialistas (uso privado da coisa pública), de cooptação da população, populistas e clientelistas. Estas características são decorrentes do autoritarismo do Estado brasileiro, da distância da sociedade civil organizada dos partidos e da desarticulação da sociedade civil na atual conjuntura provocada pelas alterações na forma de produção e gestão do trabalho frente as novas exigências do mercado oligopolizado.

As classes subalternas, embora participantes ativas na produção de riquezas do país, não influíram na sua direção política e cultural nem partilharam com equidade dos bens produzidos, não sendo cidadão de direitos sociais, econômicos e políticos.

Apesar de todas as reflexões que explicitam os limites desses espaços para uma participação efetiva, considera-se que esses mecanismos são importantes para a democratização do espaço público e para a mudança da cultura política brasileira. Tem-se clareza, entretanto, que esse processo é lento e precisa de investimento por parte das entidades, movimentos sociais e universidades.

Nesta perspectiva, os conselhos não podem ser nem super valorizados, nem sub-valorizados. Os conselhos são fundamentais para a socialização da informação e formulação de políticas sociais, entretanto, têm que ser visualizados como uma das múltiplas arenas em que

SAÚDE, SERVIÇO SOCIAL, MOVIMENTOS SOCIAIS E CONSELHOS

se trava a disputa hegemônica no país. Conforme afirma Dagnino (2002), é um equívoco atribuir aos espaços de participação da sociedade o papel de agentes fundamentais na transformação do Estado e da sociedade.

4. Os Conselhos de Gestão Participativa do Rio de Janeiro

O município do Rio de Janeiro tem os seguintes conselhos de saúde: municipal, distritais e em 2006 foram criados os conselhos de gestão participativa. O conselho municipal foi implementado, em 1991, e teve composição paritária desde sua primeira gestão. Em 1993, foram criados os conselhos distritais nas dez áreas programáticas, com a finalidade de participar na elaboração dos planos distritais de saúde e viabilizar as decisões do conselho municipal.

A ampliação do controle social foi objeto de diversas lutas, com a intencionalidade de criar os conselhos gestores nas unidades de saúde, seguindo o mesmo formato dos conselhos de política previstos na Constituição Federal, mas não foram efetivados.

Com a crise na saúde no município do Rio de Janeiro, em março de 2005, o Ministério da Saúde regulamenta a criação de conselhos de gestão participativa (CGP) nos seis hospitais sob sua gestão (Andaraí, Bonsucesso, Ipanema, Jacarepaguá, Lagoa e Servidores), bem como nos institutos (Nacional do Câncer, Traumato-ortopedia e Cardiologia de Laranjeiras) através da Portaria n. 1.270/GM de 2005.

Os conselhos de gestão participativa, segundo a Portaria n. 1.270, têm como objetivos: *Implementar a gestão participativa* no âmbito da gestão hospitalar; *Participar do acompanhamento da gestão* garantindo que ele seja compatível ao papel e às responsabilidades da unidade hospitalar no contexto do sistema local, regional, estadual ou nacional de saúde; *Monitorar a implementação das políticas* e diretrizes estabelecidas e o desenvolvimento das atividades da unidade; *Acompanhar a execução* das prioridades e das metas estabelecidas no planejamento por meio de relatórios de atividades, de produção e de desempenho da unidade hospitalar.

Na investigação realizada com os conselhos de gestão participativa do Rio de Janeiro utilizou-se como procedimentos metodológicos: análise bibliográfica; análise documental (Regimento Interno dos Conselhos, Estatutos, Atas de algumas reuniões); observação participante e entrevista semiestruturada com membros dos conselhos, preferencialmente com representantes dos segmentos dos usuários ou trabalhadores de saúde. Os eixos de análise são: ano de criação; composição; dinâmica de funcionamento; principais temáticas abordadas; potencial político dos usuários e trabalhadores de saúde.

Como principais características desses conselhos destaca-se que são órgãos colegiados permanentes de gestão participativa e têm como finalidade assegurar a participação da população no acompanhamento da execução das políticas e ações de saúde. São espaços consultivos, isto é, não deliberativo, não decidindo sobre as políticas e ações de saúde no âmbito de atuação da unidade. Os conselheiros são eleitos para mandatos de dois anos. A composição é tripartite e não paritária (1/3 representantes da direção da unidade; 1/3 representantes de trabalhadores da instituição — área administrativa com representação de 20% e área assistencial com representação de 80%, devendo ser constituída de forma multiprofissional —; 1/3 representantes de usuários indicados pelo Conselho Distrital de Saúde). O diretor geral da unidade é membro nato do conselho, sendo quinze (15) o número máximo de conselheiros. Alguns conselhos na sua composição têm convidados que tem direito a voz, mas não tem direito a voto.

De acordo com o quadro a seguir, quase a totalidade dos conselhos foram criados em 2006; a maior parte é composto por quinze (15) conselheiros; as reuniões são mensais ou bimensais e a maioria dos conselhos não se articula com outros conselhos (conselho distrital ou conselho municipal).

SAÚDE, SERVIÇO SOCIAL, MOVIMENTOS SOCIAIS E CONSELHOS

QUADRO 1

Conselho de Gestão Participativa do Rio de Janeiro: Ano de criação; Quantitativo de Conselheiros; Periodicidade das reuniões; Articulação com outros conselhos

Hospital/Instituto	Ano de Criação	Quantitativo Conselheiros	Periodicidade das reuniões	Articulação com outros conselhos
Hospital Federal de Bonsucesso	2006	15	Mensal	Não
Hospital Federal do Andaraí	2006	15	Mensal (entrevistado) Bimensal (Regimento Interno)	Sim
Hospital Federal Cardoso Fontes	2006	15	Mensal	Sim
Hospital Federal dos Servidores do Estado	2006	15	Mensal (No momento não estão ocorrendo reuniões)	Sim
Instituto Nacional de Cardiologia	2006	06	Bimensal	Não
Instituto de Traumato-ortopedia	2006	09	Bimensal (No momento não estão ocorrendo reuniões)	Não
Instituto Nacional do Câncer	2005	—	Mensal	Não
Hospital Federal da Lagoa	2006	09	—	—
Hospital Federal de Ipanema	2006	15	—	—

Fonte: Pesquisa "Conselhos de Gestão Participativa do Rio de Janeiro" (2009). Dados secundários (regimento interno e publicações) e entrevistas.

No que se refere à participação dos usuários e trabalhadores de saúde nos conselhos de gestão participativa, os Gráficos 1 e 2 sinalizam como os entrevistados identificam essa participação.

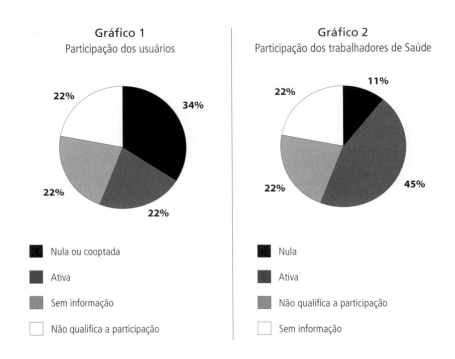

Fonte: Pesquisa "Conselhos de Gestão Participativa do Rio de Janeiro" — 2009. Dados Entrevistas.

Quanto à participação dos usuários, 34% caracterizam como nula ou cooptada. Algumas falas ilustram essa questão: "Não há renovação dos quadros. Falta divulgação das reuniões, os conselheiros são passivos, não questionam". Por outro lado, 22% destacam que a participação é ativa: "Cobram, questionam, participam". Outros 22% citam a participação, mas não há qualificação da mesma.

Com relação à participação dos trabalhadores de saúde, 45% consideram a participação ativa, ou seja, os trabalhadores se posicionam, pressionam e participam das decisões. Para 11% dos entrevistados, essa participação é nula. Nessa direção, apontam que a participação é comprometida pela falta de mobilização, interesse dos trabalhadores de saúde em cobrar a representatividade dos membros eleitos. Outro aspecto registrado que prejudica a participação é o fato das reuniões serem realizadas no hospital e serem coordenadas pela direção da unidade. Já 22% citam a participação, mas não há qualificação da mesma. Os dados demonstram uma maior participação dos trabalhadores.

Outras questões abordadas no estudo foram as temáticas discutidas nesses conselhos, sua consonância com os princípios do SUS e a posição dos mesmos com relação a proposta de Fundação Estatal de Direito Privado, conforme aponta o Quadro 2, na página seguinte.

De acordo com os dados apresentados, as temáticas discutidas se restringem ao funcionamento do Hospital/Instituto e do Conselho, não fazendo articulação com a política de saúde e os demais conselhos (distritais e municipal). De uma forma geral, os entrevistados apontam que os conselhos estão em consonância com os princípios do SUS e quando sinalizam o desrespeito a esses princípios é com relação ao controle social e a composição desses conselhos. Quanto à posição dos conselhos com relação a proposta de Fundação Estatal de Direito Privado, a maioria informa que não há posição ou não soube informar.

QUADRO 2

Conselho de Gestão Participativa do Rio de Janeiro: temas discutidos; consonância com os princípios do SUS e posição com relação às fundações

Hospital/ Instituto	Temas discutidos	Consonância com os princípios do SUS	Posição com relação às fundações
Hospital Federal de Bonsucesso	Temas referentes ao CGP e CODS da AP 3.1; Funcionamento do Hospital; Prestação de Contas; Funcionamento não adequado da atenção básica e dos demais hospitais (municipais e estaduais)	Não respeito aos princípios do Controle Social.	Não há posição.
Hospital Federal do Andaraí	Funcionamento do Hospital e do Conselho; Demandas Emergenciais, Problemas da Comunidade; Outros temas (epidemia dengue, saúde do trabalhador, servidores e contratados, ouvidoria...)	Não segue a mesma composição prevista pela Lei n. 8.142/90.	Não há posição.
Hospital Federal Cardoso Fontes	Funcionamento do Hospital e do Conselho; temas que extrapolam o âmbito intra-hospitalar (participação no CODS da AP 4, não funcionamento adequado atenção básica/SAMU, não existência da central de regulação...); implantação de políticas ministeriais; situação dos contratados; epidemia de dengue.	Sim	Contra
Hospital Federal dos Servidores do Estado	Funcionamento do Hospital (obras/reformas) e do Conselho (regimento interno e participação dos conselheiros nas reuniões)	Sim	Não há posição.
Instituto Nacional de Cardiologia	Funcionamento da Instituição (doação de sangue, marcação de consultas, programas, ouvidoria...) e do Conselho (regimento interno, estatuto, reuniões, representatividade usuários); Organização do SUS.	Sim	Não soube informar.
Instituto de Traumato-ortopedia	Funcionamento da Instituição e do Conselho. Outros temas: saúde do trabalhador, condições de trabalho, porta de entrada, produtividade (significado da produtividade em saúde).	Sim	Não soube informar.
Instituto Nacional do Câncer	Funcionamento da Instituição/Assistência.	Sim	A favor
Hospital Federal de Ipanema	Funcionamento do Hospital (obras realizadas, escassez de recursos...) e do Conselho; não funcionamento adequado da rede básica de saúde.	—	—
Hospital Federal da Lagoa	Funcionamento do Conselho e do Hospital (necessidade de implantação de central de regulação, melhoria de acesso ao atendimento ambulatorial, ampliação do horário de visita...)	—	—

Fonte: Pesquisa "Conselhos de Gestão Participativa do Rio de Janeiro" — 2009.
Dados secundários (regimento interno e publicações) e entrevistas.

Algumas reflexões

A partir dos resultados apresentados, aponta-se a necessidade de politização desses espaços, ou seja, de resgatar o papel político dos conselhos e da participação.

Na atualidade, identifica-se como substituição dos conselhos de saúde inscritos na Constituição de 1988, os Conselhos de Gestão Participativa dos Hospitais Federais e Institutos; a criação de Ouvidorias como forma de substituir os conselhos e as propostas de Conselhos das Fundações Estatais de Direito Privado. Considera-se que esses mecanismos têm como características: possibilitar uma ilusão da participação, pois são espaços não deliberativos; apontar para a fragilização dos conselhos de política e de direitos; flexibilizar o controle democrático existente; individualizar as questões e ter relação com o fortalecimento do gerencialismo como fio condutor das agendas da contrarreforma no país

A despolitização da política cria obstáculos concretos aos projetos societais contestadores das relações capitalistas de produção e limita as possibilidades de mudanças aos marcos de um reformismo político. A repolitização da sociedade civil tem se dado por meio de ações que contribuem para o apassivamento dos movimentos sociais populares (Fontes, 2006) e da valorização da participação popular colaboracionista (Neves, 2008).

Diante da contemporânea hegemonia neoliberal, coloca-se como questão central a defesa da manutenção e ampliação dos direitos e a necessidade de refundar a política e a democracia como seu espaço de criação, universalização e de formação de um novo projeto societário que se contraponha ao capital (Duriguetto, 2007).

Os conselhos não são os espaços únicos ou exclusivos, mas importantes para serem ocupados pela sociedade civil organizada e comprometida com as transformações políticas, econômicas e sociais. Esses mecanismos de participação democrática são limitados para operar essas transformações, mas são estratégicos e podem provocar mudanças na relação Estado–sociedade. Os conselhos podem contribuir com a construção de uma cultura política contra-hegemônica ao impor a socialização da política e a democratização social com agendas permanentes e prioritárias de luta.

Ressalta-se, entretanto, que o controle democrático pelas classes trabalhadoras está para além da atuação dos segmentos sociais no espaço institucional dos conselhos. Requer a articulação das forças políticas que representam os interesses dessas classes em torno de um projeto para a sociedade que tenha como horizonte o rompimento com a sociabilidade do capital.

Um dos exemplos na atualidade tem sido a criação de novos mecanismos como os Fóruns de Saúde (estaduais, regionais e municipais) e a Frente Nacional contra a Privatização da Saúde que congrega além dos fóruns, movimentos sociais, sindicatos e partidos políticos.

A nova hegemonia, a das classes trabalhadoras, precisa ser construída nas lutas cotidianas com o "pessimismo da razão" postos pelos limites das condições objetivas mas com toda a força mobilizadora do "otimismo da vontade" diante de situações imediatas que geram indignação (Bravo e Correia, 2012).

Referências bibliográficas

BORÓN, A. A sociedade civil depois do dilúvio neoliberal. In: SADER, Emir; GENTILI, Pablo (Orgs.). *Pós-neoliberalismo*: as políticas sociais e o Estado democrático. Rio de Janeiro: Paz e Terra, 1995.

BRAVO, M. I. S. *A política de saúde na década de 90*: projetos em disputa. Superando desafios — cadernos do serviço social do hospital universitário Pedro Ernesto. v. 4. Rio de Janeiro: UERJ/Hupe, 1999.

_____. Gestão democrática na saúde: o potencial dos conselhos. In: BRAVO, M. I. S.; PEREIRA, P. A. P. (Orgs.). *Política social e democracia*. São Paulo/Rio de Janeiro: Cortez/UERJ, 2001.

_____; SOUZA, R. O. Conselhos de saúde e serviço social: luta política e trabalho profissional. In: *Ser social*, revista do Programa de Pós-Graduação em Política Social. Brasília: UnB, n. 10, 2002.

SAÚDE, SERVIÇO SOCIAL, MOVIMENTOS SOCIAIS E CONSELHOS

BRAVO, M. I. S. Desafios atuais do controle social no sistema único de saúde (SUS). In: *Serviço Social & Sociedade*. São Paulo: Cortez, n. 88, 2006.

_____; CORREIA, M. V. C. Desafios do controle social na atualidade. In: *Serviço Social & Sociedade*. São Paulo: Cortez, n. 109, 2012.

CARVALHO, A. I. *Conselhos de saúde no Brasil*: participação cidadã e controle social. Rio de Janeiro: Fase/Ibam, 1995.

CORREIA, M. V. C. *Que controle social*: os conselhos de saúde como instrumento. Rio de Janeiro: Editora Fiocruz, 2000.

_____. *Desafios para o controle social*: subsídios para capacitação de conselheiros de saúde. Rio de Janeiro: Editora Fiocruz, 2005.

COUTINHO, C. N. *Contra a corrente*: ensaios sobre democracia e socialismo. São Paulo: Cortez, 2000.

DAGNINO, E. (Org.). *Sociedade civil e espaços públicos no Brasil*. São Paulo: Paz e Terra, 2002.

DURIGUETTO, M. L. *Sociedade civil e democracia*: um debate necessário. São Paulo: Cortez, 2007.

FONTES, V. Sociedade civil no Brasil contemporâneo. In: LIMA, J.; NEVES, L. M. W. (Orgs.). *Fundamentos da educação escolar do Brasil contemporâneo*. Rio de Janeiro: Editora Fiocruz, 2006.

GOHN, M. G. Conselhos populares e participação popular. *Serviço Social & Sociedade*. São Paulo: Cortez, n. 34, 1990.

_____. *Conselhos gestores e participação sociopolítica*. 2. ed. São Paulo: Cortez, 2003.

MENEZES, J. S. B. *Saúde, participação e controle social*: uma reflexão em torno de limites e desafios do Conselhos Nacional de Saúde na atualidade. Dissertação (Mestrado em Saúde Pública) — ENSP/Fiocruz, Rio de Janeiro, 2010.

MOTA, A. E. *Cultura da crise e seguridade social*: um estudo sobre as tendências da previdência e da assistência social brasileira nos anos 80 e 90. São Paulo: Cortez, 1995.

NEVES, L. M. W. A Política Educacional Brasileira na "Sociedade do Conhecimento". In: MATTA, G. C.; LIMA, J. C. F. (Orgs.). *Estado, Sociedade e Formação Profissional em Saúde*: contradições e desafios em 20 anos de SUS. Rio de Janeiro: Editora Fiocruz/EPSJV, 2008.

NOGUEIRA, M. A. Gramsci desembalsamado: em torno dos abusos do conceito de sociedade civil. *Em Foco,* Juiz de Fora: Editora da UFJF, n. 5, 2000/2001.

OLIVEIRA, F. *Os direitos do Antivalor*: a economia política da hegemonia imperialista. Petrópolis: Vozes, 1998.

RAICHELIS, R. *Esfera pública e os conselhos de assistência social*: caminhos da construção democrática. São Paulo: Cortez, 1998.

SOARES, L. T. *O desastre social*. Rio de Janeiro: Record, 2003.

VIANNA, M. L. W. As armas secretas que abateram a seguridade social. In: LESBAUPIN, Ivo (Org.) *O desmonte da nação*: balanço do governo FHC. Petrópolis: Vozes, 1999.

YAZBEK, M. C. Pobreza e exclusão social: expressões da questão social. *Temporalis*, ano 3, n. 3, jan./jun. 2001.

12

Sociedade civil e controle social:
desafios para o Serviço Social

Maria Valéria Costa Correia

Introdução

Este artigo trata o tema do controle social dentro da relação entre Estado e sociedade civil, a partir do referencial teórico do pensador italiano Antonio Gramsci, e aborda os desafios postos ao Serviço Social no campo do controle social, na perspectiva das classes subalternas.

Inicialmente, desenvolve uma argumentação em torno das perspectivas da abordagem liberal e gramsciana do conceito de sociedade civil. Situa os conselhos gestores das políticas públicas, como mecanismos de controle social, apontando-os como espaços contraditórios. Apresenta os limites postos para o exercício do controle social neste espaço, bem como as perspectivas de atuação do profissional de Serviço Social no eixo do controle social. Por fim, aponta alguns desafios para o controle social no âmbito dos conselhos.

A participação social nas políticas sociais foi concebida na perspectiva do controle social no sentido de os setores organizados na sociedade civil participarem desde as suas formulações, acompanhamento de suas execuções, até a definição da alocação de recursos. Os mecanismos de controle social institucionalizados, no âmbito das políticas sociais, ao longo da década de 1990, foram as Conferências e os Conselhos.[1] Constituem-se em instâncias colegiadas que objetivam o controle social com uma lógica inversa à do período ditatorial, em que a classe dominante através do Estado mantinha o controle exclusivo sobre o conjunto da sociedade, com seus organismos de repressão e censura. Este controle social pressupõe o controle da sociedade civil sobre as ações do Estado no âmbito das políticas sociais. A utilização desta expressão nesta significação surge, na década de 1980, período de redemocratização do Estado brasileiro, frente a um Estado autoritário e centralizador. A área da saúde foi precursora deste debate, tendo como protagonista o Movimento da Reforma Sanitária que articulava as lutas na saúde às lutas contra a ditadura e pela democracia.

Entende-se que no contexto de contrarreformas[2] no campo das políticas sociais os referidos mecanismos de controle social deveriam se converter em espaços de resistência ao processo de privatização, sucateamento e precarização do setor público e de defesa da efetivação dos direitos sociais. Contudo, ressalta-se que se faz necessário, no debate do controle social, elucidar de que sociedade civil está se falando e que relação esta tem com o Estado. Isto porque a concepção de sociedade civil que tem prevalecido no debate contemporâneo é

---

1. Bravo (2000) considera os conselhos de saúde "como inovações ao nível da gestão das políticas sociais que procuram estabelecer novas bases de relação Estado–sociedade com a introdução de novos sujeitos políticos na construção da esfera pública democrática" (Bravo, 2000, p. 41-3). Inscreve o controle social dentro do processo de democratização do Estado via participação na gestão das políticas públicas, e considera os Conselhos como espaços de tensão entre interesses contraditórios.

2. Denomina-se contrarreformas pelo seu caráter regressivo do ponto de vista da classe trabalhadora. Na realidade, são as reformas do Estado exigidas pelos programas de ajustes macroeconômicos propugnados pelos agentes financeiros internacionais. Behring (2003) utiliza este termo para tratar do processo de "desestruturação do Estado e perda de direitos" no Brasil a partir da década de 90.

SAÚDE, SERVIÇO SOCIAL, MOVIMENTOS SOCIAIS E CONSELHOS

de inspiração liberal, mascarando as contradições que a atravessam e resultando em mecanismos de controle social como espaço de formação de consensos em torno da agenda da gestão. Este debate é crucial para a atuação do Serviço Social no campo das políticas sociais.

1. Abordagem liberal e gramsciana de sociedade civil

Na concepção liberal de sociedade civil, esta é considerada homogênea e portadora de interesses universais implicando em práticas sociais que visam superar os antagonismos de classes, estabelecendo-se negociações e parcerias entre Estado e sociedade para resolver problemas que se apresentam como universais, formando-se novas relações colaboracionistas baseadas em consensos interclasses (Correia, 2005a).

O que caracteriza a concepção liberal é uma dicotomia entre Estado e sociedade civil[3] que tem como eixo a mistificação da relação entre estrutura econômica e a superestrutura política, cortando os nexos estruturais que as interligam e atribuindo um véu ilusório de isenção classista ao Estado, colocando-o como árbitro imparcial da sociedade. A sociedade civil é tratada por um viés predominantemente político sem articulação alguma com a base econômica, constituindo-se em um espaço homogêneo sem contradição de classe. Os interesses que nela circulam apresentam-se como universais, abstraindo-lhes o caráter de classe (Correia, 2006).

As leituras dos escritos de Bobbio e a adoção de suas interpretações sobre o pensamento de Gramsci têm uma grande influência na con-

---

3. As interpretações equivocadas do conceito de sociedade civil em Gramsci têm sido atribuídas por alguns autores às leituras da produção de Bobbio que identifica uma dicotomia entre sociedade civil e Estado no pensamento gramsciano, "negando assim justamente aquilo que em Gramsci é mais importante: a *não separação*, a unidade dialética entre política e sociedade, entre economia e Estado" (Liguori, 2000, p. 11).

cepção de sociedade civil que tem prevalecido no debate atual, no Brasil. Segundo Coutinho (1989), Bobbio

> chega a uma falsa conclusão: como em Marx a sociedade civil (a base econômica) era o fator ontologicamente primário na explicação da história, Bobbio parece supor que a alteração efetuada por Gramsci o leva a retirar da infraestrutura essa centralidade ontológico-genética, explicativa, para atribuí-la a um elemento da superestrutura, precisamente à sociedade civil. (Coutinho, 1989, p. 73)

Na realidade, "o conceito de 'sociedade civil' é o meio privilegiado através do qual Gramsci enriquece, com novas determinações, a teoria marxista *do Estado*" (Coutinho, 1989, p. 74).

Liguori (2007) afirma que "Gramsci tem uma concepção dialética da realidade histórico-social, em cujo contexto Estado e sociedade civil são entendidos num nexo de unidade-distinção" (Liguori, 2007, p. 13). Segundo este autor, a expressão que melhor indica esta relação de unidade-distinção entre Estado e sociedade civil é "Estado ampliado". Expressão "introduzida a partir de 1975 por Christine Buci-Glucksmann, que apontava a 'ampliação do conceito de Estado' como a maior contribuição teórico-política de Gramsci" (Liguori, 2007, p. 13). O próprio Gramsci denomina de "Estado integral".

Para Gramsci (2000), "na noção geral de Estado entram elementos que devem ser remetidos à noção de sociedade civil (no sentido, seria possível dizer, de que o Estado = sociedade política + sociedade civil. Isto é, a hegemonia couraçada de coerção)" (Gramsci, 2000, p. 244). Assim, o Estado abrange a sociedade política e a sociedade civil, para manter a hegemonia de uma determinada classe sobre a outra.

Liguori (2000) observa a natureza metódica e não orgânica desta distinção sobre a qual Gramsci "chamara a atenção inclusive ao propor o conceito de 'bloco histórico'". Neste sentido, assegura que "estrutura e superestrutura, economia, política e cultura são para Gramsci esferas unidas e ao mesmo tempo autônomas da realidade. Um dos pontos centrais do marxismo de Gramsci é não poder nem querer separar de modo hipostasiado nenhum aspecto do real (economia, sociedade, Estado, cultura)" (Liguori, 2000, p. 10).

Na perspectiva gramsciana, a sociedade civil é o lugar onde se processa a articulação institucional das ideologias e dos projetos classistas. Por isso, concebê-la sem o corte classista, como não contraditória, homogênea e articuladora de instituições indiferenciadas, "tende a minimizar a percepção dos conflitos sociais e do seu papel na transformação social" (Dias, 1996, p. 114).

Segundo Dias (1996), essa visão só é correta do ponto de vista liberal, pensá-la na perspectiva dos trabalhadores, requer sua articulação com os movimentos sociais organizados apreendendo toda a sua contradição. E, ao colocá-los no centro da luta social, percebe-se o alcance real da sociedade civil. Dias (1996) afirma que a sociedade civil desmistificada,

> se revela espaço de luta e não mais cenário de pactos sociais. Ela se apresenta agora no pleno das suas contradições. Não cabe mais a ilusão de que ela é necessariamente progressista [...] Também não se está autorizado a falar em debilidade da sociedade civil. Débeis, erráticos e fragmentários são os instrumentos de intervenção classista das classes subalternas nela. (Dias, 1996, p. 115)

A sociedade civil não é homogênea, mas espaço de lutas de interesses contraditórios. As lutas não são da sociedade civil contra o Estado, mas de setores que representam os interesses do capital e do trabalho (ou de desdobramentos desta contradição como a exclusão de gênero, etnia, religião, a defesa de direitos, da preservação do meio ambiente, entre outras lutas específicas) na sociedade civil e no Estado em busca da hegemonia. A sociedade civil, enquanto integrante da totalidade social, tem um potencial transformador, pois nela também se processa a organização dos movimentos sociais que representam os interesses das classes subalternas na busca da "direção político-ideológica" (Correia, 2006).

Ao se utilizar o aparato teórico de Gramsci para analisar a relação entre Estado e sociedade civil e qualificar a expressão controle social, tem que se considerar que: não existe uma oposição entre Estado e sociedade civil, mas uma unidade orgânica já que a separação é apenas metodológica, pois a sociedade civil é um momento do Estado; a sociedade civil não é homogênea, nela circulam interesses das classes antagônicas que compõem a estrutura social; a concepção de Estado que, na sua função de mantenedor do domínio da classe dominante, incorpora interesses das classes subalternas. É nesta luta para a incorporação desses interesses que se abre a possibilidade de as organizações das classes subalternas[4], presentes na sociedade civil, controlarem de alguma forma as ações do Estado e, consequentemente, influenciarem na alocação dos recursos públicos.

2. Conselho gestor de políticas sociais: espaço contraditório de controle social

A partir da análise da relação Estado e sociedade civil em Gramsci, pode-se afirmar que o controle social não é do Estado ou da sociedade civil, mas das classes sociais. Por isso, é contraditório, pode ser de uma classe ou de outra, pois a sociedade civil é um espaço de luta de classes pela disputa de poder, cuja hegemonia tem sido da classe dominante. É a partir da concepção de Estado ampliado — com a

---

4. Gramsci amplia o conceito de classe. Reelabora de forma não economicista a categoria classe, levando em conta o aspecto cultural. Considera a diversidade dos tipos de subalternidades existentes, resultantes dos vários tipos de opressão, não apenas a da burguesia sobre o proletariado. Isto não significa que a classe não mantenha a centralidade (afirmações baseadas na exposição de Isabel Monal, na mesa redonda "Grupos sociais subalternos", durante o IV Seminário Científico Internacional Teoria política do Socialismo — *Antonio Gramsci*: a periferia e os subalternos, realizado em Marília/SP, de 15 a 18 de agosto de 2011). Gramsci escreve o *Caderno 25*, em 1935, que traz como título "Às margens da história — história dos grupos sociais subalternos". Neste *Caderno*, Gramsci usa com o mesmo significado as expressões "classes subalternas", "grupos sociais subalternos" e "grupos subalternos". Neste artigo, adotaremos estas expressões como sinônimos.

função de manter o consenso além da sua função coercitiva — quando incorpora as demandas das classes subalternas, que se abre a possibilidade de o Estado ser controlado por essas classes, a depender da correlação de forças existente entre os segmentos sociais organizados na sociedade civil (Correia, 2006).

Nesta perspectiva, conclui-se que o controle social poderá acontecer via políticas públicas. Desta forma, o controle social na perspectiva das classes subalternas envolve a capacidade destas, em luta na sociedade civil, de interferir na gestão pública, orientando as ações do Estado e os gastos estatais na direção dos seus interesses. Pode-se afirmar que o controle social, na perspectiva das classes subalternas, visa à atuação de setores organizados na sociedade civil que as representam na gestão das políticas públicas no sentido de controlá-las para que atendam, cada vez mais, às demandas e aos interesses dessas classes (Correia, 2006).

Vale salientar que os Conselhos e as Conferências não são espaços neutros, nem homogêneos, pois neles existe o embate de propostas portadoras de interesses divergentes para dar o rumo das políticas sociais na direção dos interesses dos segmentos das classes dominantes ou das classes subalternas lá representados, mesmo que estes interesses não sejam explicitados como tais. Estão presentes interesses da rede privada, coorporativos, clientelistas, de entidades sociais, dos setores populares organizados e dos sindicatos. Isso quer dizer que o controle social é uma possibilidade neste espaço, a depender da correlação de forças dentro dos mesmos que, por sua vez, é resultante da correlação de forças existente no conjunto da sociedade civil.

Pode-se citar como exemplo da diversidade de representação no espaço dos conselhos, a composição do Conselho Nacional de Saúde, que mesmo entre os segmentos que representam a sociedade civil organizada, existe uma representação de interesses potencialmente opostos, pois, tanto estão presentes, desde a Central Única dos Trabalhadores (CUT) e o Conselho Nacional das Associações de Moradores (Conam), como a Confederação Nacional do Comércio de Bens,

Serviços e Turismo e a Confederação Nacional da Indústria (CNI). Estão presentes, também, as representações do setor privado: Sindicato Nacional das Empresas de Medicina de Grupo (Sinamge), Federação Nacional de Saúde Suplementar, Confederação Nacional da Saúde (CNS).

Existem limites para o exercício do controle social na referida perspectiva no espaço dos conselhos, como: a fragilidade no nível de organização dos movimentos populares e sindicais; a pouca consciência de classe (momento meramente "econômico-corporativo" ou "egoístico-passional")[5] dos mesmos; a prevalência do "senso comum" entre muitos conselheiros, devido à concepção de mundo burguesa introjetada através dos aparelhos privados de hegemonia (meios de comunicação, igrejas, escolas etc.); a baixa representatividade e consequente falta de legitimidade dos conselheiros, pela pouca organicidade com sua base; além da falta de acesso às informações fidedignas sobre a gestão e sobre as fontes e a alocação dos recursos financeiros, entre outros. Os gestores também limitam o exercício do controle social no espaço dos conselhos, através de algumas estratégias como: falta de transparência da gestão; manipulação dos dados epidemiológicos; uso de artifícios contábeis no manuseio dos recursos do Fundo de Saúde; ingerência política na escolha dos conselheiros; manipulação dos conselheiros na aprovação de propostas (Correia, 2005).

Ressalta-se que a superação dos limites para a efetivação do controle social das classes subalternas está para além da atuação dos segmentos sociais no espaço institucional dos Conselhos, requer a articulação das forças políticas que representam os interesses das classes subalternas em torno de um projeto para a sociedade.

---

5. Simionatto (1998, p. 44), observa que a catarse é a síntese do projeto gramsciano, significa "o momento em que a esfera egoístico-passional, a esfera dos interesses corporativos e particulares, eleva-se ao ético-político, ao nível da consciência universal. Constitui o momento da passagem de 'classe em si' para classe para si', em que as classes conseguem elaborar um projeto para toda a sociedade por meio de uma ação coletiva, cujo objetivo é criar um novo 'bloco histórico'".

3. Serviço Social e controle social: compromisso com as classes subalternas[6]

Existe uma relação do Serviço Social com o controle social em dois sentidos: primeiro, como profissão auxiliar ao controle social, enquanto conjunto de meios utilizados pelo Estado para manutenção do consenso e da ordem necessários à reprodução social capitalista; segundo, como profissão que pode contribuir com o controle social, enquanto mecanismo de controle dos "grupos sociais subalternos" organizados na sociedade civil sobre as ações do Estado para que este atenda aos seus interesses, viabilizando políticas sociais universais e de qualidade.

O profissional de Serviço Social tem sido demandado a trabalhar diretamente com os mecanismos de controle social, principalmente, junto aos conselhos que são requisitos para a descentralização das referidas políticas. Este profissional tem atuado diretamente nos Conselhos de Saúde, de Assistência Social, de Alimentação Escolar, nos Conselhos de Direitos da Criança e do Adolescente, e nos Conselhos locais de habitação, de transporte, da mulher, de unidades de saúde, da comunidade penitenciária e de colegiados de orçamento participativo, entre outros. Esta atuação tem se dado na assessoria, na criação, na organização, no acompanhamento destes conselhos e na capacitação de conselheiros, ou ainda, como pesquisador, como conselheiro representando a sua categoria ou o segmento de usuário, ou mesmo como gestor.

Através destes canais institucionais de participação abre-se a possibilidade dos "grupos subalternos" organizados na sociedade civil obterem algum tipo de controle sobre as políticas sociais, a depender do poder de organização, mobilização, informação e articulação

---

6. Este item foi desenvolvido a partir da revisão e ampliação de parte do texto: Controle social das políticas públicas: limites e desafios para o Serviço Social. In: CORREIA, Maria Valéria Costa. *Desafios para do controle social*: subsídios para a capacitação de conselheiros de saúde. Rio de Janeiro: Editora Fiocruz, 2005.

destes grupos representados nestes conselhos. A transparência na gestão poderá ser exigida, e as deliberações poderão ser cobradas (Correia, 2003). Ressalta-se que o assistente social pode ter um papel auxiliar na perspectiva de fortalecer a atuação dos grupos subalternos representados nos conselhos seja qual for seu tipo de inserção.

Com a possibilidade de se exercer o controle social na perspectiva dos interesses das classes subalternas, o assistente social pode passar de mero executor das políticas previamente estabelecidas a colaborador da efetivação do controle social. "O seu campo de atuação neste sentido é a legalidade burguesa, os direitos sociais que ainda soam como retórica, é a elaboração de planos, programas e projetos, é a interferência em programações orçamentárias e/ou proposição e acompanhamento de gastos a serem efetuados, e a assessoria aos Conselhos Gestores e aos Orçamentos Participativos" (Correia, 2005).

Feitas estas considerações, relacionaremos alguns requisitos importantes, que se constituem em desafios para esta nova demanda profissional na perspectiva de uma prática comprometida com as classes subalternas. A prática profissional do Assistente Social como auxiliar ao controle social, nesta perspectiva, requer um profissional que, dependendo das exigências de sua realidade, deve ter:

- Aporte teórico crítico que seja referencial para sua prática;
- Compreensão histórica da política social específica em que atua, observando suas determinações econômicas, sociais, políticas e culturais na sociedade de classes;
- Entendimento de sua área de atuação local articulada às determinações macro-estruturais;
- Atenção permanente à concepção de mundo da classe dominante absorvida pelos grupos subalternos, imposta através dos "aparelhos privados de hegemonia", a qual promove o consenso em torno do projeto dominante, buscando desmistificá-la;
- Conhecimento dos aspectos legais e jurídicos que regem a política social específica como leis, normas, regimentos, estatutos, medidas provisórias, resoluções etc.;

- Clareza da heterogeneidade de interesses de classes ou frações de classes presente na sociedade civil;
- Capacidade de realizar análises conjunturais constantes da política social específica nas instâncias nacional, estadual e municipal, percebendo a correlação de forças entre os sujeitos políticos presentes e os projetos de sociedade que defendem;
- Compreensão de que os espaços de participação nas políticas setoriais são contraditórios, pois podem servir tanto para a legitimação do gestor e cooptação dos movimentos sociais, como para a democratização da gestão;
- Capacidade de elaborar planos, programas e projetos de forma participativa;
- Capacidade de elaborar e/ou intervir em orçamentos tornando-os acessíveis à população envolvida;
- Articulação com as demais políticas sociais afins, unificando ações sempre que necessário, na perspectiva da intersetorialidade;
- Informação sobre as práticas de outros profissionais que atuam na área, seja em órgãos governamentais ou não;
- Habilidade para articular a composição dos conselhos sem a ingerência do gestor, sugerindo a promoção de eventos participativos e amplamente divulgados como conferências, seminários, fóruns, assembleias etc.;
- Atenção para a questão da representatividade dos membros dos conselhos, estimulando a organicidade desses representantes para que não se descolem de suas bases e representem os reais interesses da população;
- Competência para capacitar conselheiros e/ou população usuária para o exercício do controle social sobre as políticas sociais;
- Consciência dos limites e possibilidades da participação social em espaços institucionais na perspectiva do controle social sobre as ações do Estado e sobre o fundo público.

Considerações finais

Ao final, apontamos alguns desafios para o controle social no âmbito dos conselhos, tais como:

- Manter a autonomia e independência dos movimentos sociais perante a gestão;

- Fortalecimento dos movimentos sociais, pois a capacidade de mobilização e participação social é reflexo da sua força;

- Construir a autonomia dos conselhos e conferências em relação ao poder executivo, na perspectiva de se constituírem em instâncias de emancipação política e social;

- Criar uma articulação permanente entre os conselhos gestores das diversas áreas, conselhos municipais e conselho estadual com uma agenda única para o enfrentamento dos determinantes da questão social, através de fóruns e/ou plenária de conselheiros/conselhos, entre outros;

- Articular as deliberações dos Conselhos, suas denúncias e lutas em torno dos direitos sociais com o Ministério Público (estadual e federal), Controladoria-Geral da União (CGU), Comissões de Saúde das Assembleias Legislativas e das Câmaras de Vereadores, entre outros, na perspectiva de efetivar o controle social;

- Proporcionar a articulação do conselho com a sociedade para fortalecer a representatividade de seus representantes e evitar a cooptação destes pela burocracia estatal;

- Criar/fortalecer espaços alternativos de controle social tais como fóruns, comitês, plenárias etc., envolvendo os setores organizados na sociedade civil que representam os interesses dos grupos sociais subalternos.

- Inserir uma agenda de lutas e proposições em torno de políticas públicas estatais, universais e de qualidade, articulada a transformações na sociedade.

Os conselhos são espaços contraditórios, podem se constituir em espaços de participação e controle social na perspectiva de ampliação da democracia, como também em mecanismos de legitimação do poder dominante e cooptação dos movimentos sociais. Vão legitimar ou reverter o que está posto.

Ressalta-se que para se obter algum controle social na perspectiva das classes subalternas, no espaço dos conselhos, é necessária uma articulação dos segmentos que a compõem em torno de um projeto comum para a sociedade, posicionando-se em bloco dentro dos mesmos, e ampliando seu poder de resistência aos retrocessos às conquistas sociais em curso, e seu poder de interferir nos rumos das políticas sociais.

Para além dos espaços institucionais de participação social — Conselhos e Conferências —, é imprescindível criar espaços alternativos de controle social, autônomos e independentes do poder executivo, a exemplo do que vem ocorrendo na área da saúde com a criação de Fóruns contra a privatização em vários estados brasileiros. Além da criação da Frente Nacional contra a Privatização da Saúde, que congrega os Fóruns estaduais e vários movimentos sociais e partidos políticos. Alguns destes Fóruns têm experiências de exigir posicionamentos dos conselhos estaduais e/ou municipais de saúde em torno de questões cruciais como é o caso dos novos modelos de gestão que privatizam e desmontam o Sistema Único de Saúde (SUS).

Enfim, é necessário construir o controle social das classes subalternas com vistas às transformações societárias radicais, enfrentando os determinantes econômicos, políticos e sociais da questão social, ou seja, o controle social das classes subalternas tendo como horizonte uma nova hegemonia.

Referências bibliográficas

BEHRING, Elaine Rosset. *Brasil em contrarreforma*: desestruturação do Estado e perda de direitos. São Paulo: Cortez, 2003.

BRAVO, Maria Inês Souza. Gestão democrática na saúde: o potencial dos conselhos. In: BRAVO, Maria Inês Souza; POTYARA, Amazoneida Pereira (Orgs.). *Política social e democracia*. São Paulo/Rio de Janeiro: Cortez/UERJ, 2002.

CORREIA, Maria Valéria Costa. *Que controle social?* Os conselhos de saúde como instrumento. 1. reimpr. Rio de Janeiro: Editora Fiocruz, 2003.

_____. *Desafios para do controle social*: subsídios para a capacitação de conselheiros de saúde. Rio de Janeiro: Editora Fiocruz, 2005.

_____. *O Conselho Nacional de Saúde e os rumos da política de saúde brasileira*: mecanismo de controle social frente às condicionalidades dos organismos financeiros internacionais. Tese (Doutorado em Serviço Social) — Pós-Graduação em Serviço Social da Universidade Federal de Pernambuco, Recife: 2005a, 342f.

_____. Controle social na saúde. In: MOTA, Ana Elizabete et al. (Orgs.). *Serviço social e saúde*: formação e trabalho profissional. São Paulo: OPAS, OMS, Ministério da Saúde/Cortez, 2006.

COUTINHO, Carlos Nelson. *Gramsci*: um estudo sobre seu pensamento político. Rio de Janeiro: Campus, 1989.

_____. *Gramsci e a sociedade civil*, 2002. Disponível em: <http//www.Gramsci.org/>. Acesso em: 20 nov. 2003.

DIAS, Edmundo Fernandes. Hegemonia: racionalidade que se faz história. In: DIAS, Edmundo Fernandes et al. *O outro Gramsci*. São Paulo: Xamã, 1996.

GRAMSCI, Antonio. *Cadernos do cárcere*. Maquiavel. Notas sobre o Estado e a política. Edição e trad. de Carlos Nelson Coutinho; coedição, Luiz Sérgio Henriques e Marco Aurélio Nogueira. Rio de Janeiro: Civilização Brasileira, 2000. v. 3.

_____. *Cadernos do cárcere. O risorgimento*. Notas sobre a história da Itália. Edição e trad. de Luiz Sérgio Henriques; co-edição, Carlos Nelson Coutinho e Marco Aurélio Nogueira. Rio de Janeiro: Civilização Brasileira, 2002. v. 5.

LIGUORI, Guido. O pensamento de Gramsci na época da mundialização. *Novos Rumos*, Instituto Astrogildo Pereira, ano 15, n. 32, 2000.

_____. *Roteiros para Gramsci*. Rio de Janeiro: Editora da UFRJ, 2007.

SIMIONATTO, Ivete. O social e o político no pensamento de Gramsci. In: AGGIO, Alberto. *Gramsci*: a vitalidade de um pensamento. São Paulo: Editora Unesp, 1998.

13

Conselhos de direitos e intervenção profissional do Serviço Social

Maria Lúcia Duriguetto

Introdução

Este artigo contém os resultados analíticos de uma pesquisa realizada acerca dos referenciais teóricos e da intervenção profissional do Serviço Social nos Conselhos de Direitos no município de Juiz de Fora/MG[1]. O objetivo da reflexão, aqui exposta, é o de contribuir para o debate acerca das experiências profissionais nos espaços conselhistas tendo como referência o projeto ético-político profissional.

A pesquisa realizada tratou da investigação da intervenção profissional dos assistentes sociais nos espaços dos conselhos das políticas sociais setoriais em Juiz de Fora. A importância de investigar esse campo da intervenção profissional é justificada por duas considerações: uma primeira consideração é a do *campo da legalidade:* os espaços con-

---

1. Este artigo contou com a colaboração das bolsistas de Iniciação Científica Raquel Severino e Renata Bonissate.

selhistas são possibilitadores do debate e da interferência dos segmentos organizados da sociedade civil (e dos diferentes interesses de classe que são portadores) nos mecanismos da gestão, formulação e fiscalização das políticas e dos serviços. Essa relevância (*legalmente*) atribuída, *se objetivada politicamente pelas organizações e movimentos sociais que defendem os interesses das classes subalternas no campo da sociedade civil* podem fomentar e induzir debates e ações denunciadoras da histórica não constituição, na realidade nacional, de políticas sociais universalistas, de qualidade e que incorporem dimensões participativas e democráticas na sua gestão e execução. A segunda consideração é a do exercício profissional: os conselhos vêm se constituindo num campo sócio-ocupacional forte para o assistente social. As demandas institucionais para o trabalho profissional nesses espaços hoje constituem uma realidade em grande parte dos municípios brasileiros[2]. Nossa intenção é a de contribuir para o debate desta intervenção na direção de resgatar desafios para uma ação profissional que contribua para que os espaços conselhistas constituam um instrumento de defesa de uma ação pública estatal de qualidade no campo da criação, consolidação e ampliação dos direitos.

Em tempos neoliberais, em que essa *desresponsabilização histórica* do Estado brasileiro adquire conotações mais perversas, hoje consubstanciada nas *contrarreformas* (Behring, 2003) e nas suas diretivas econômicas financistas que corroem a função pública na oferta das políticas, que por isso passam a ser modeladas na órbita dos mercados e do apelo moral ao chamado terceiro setor (cf. Montaño), o que sobra de responsabilidade pública é a focalização e os programas de transferência de renda e a consequente *assistencialização* (Mota, 2008), não só das políticas, mas também dos usuários delas. Nesses tempos do

---

2. Estima-se em mais de 20 mil o número de conselhos existentes hoje no Brasil nas mais diversas áreas. "Na saúde e na assistência social, por exemplo, quase todos os municípios possuem conselhos em funcionamento (cf. Behring e Boschetti, 2006, p. 79). A esse espraiamento dos conselhos — muito frequentemente apenas para cumprir a obrigação formal para o recebimento de recursos — liga-se novas requisições, funções e competências para o Serviço Social, como atuação nos processos de sua implementação e orientação e capacitação de conselheiros.

"mínimo" para os trabalhadores, nada mais importante e urgente do que dotar os diferentes e diversos espaços institucionais conquistados (lembremo-nos que os conselhos foram uma bandeira de luta dos movimentos sociais) e os *não institucionais* de intervenções e manifestações críticas e denunciativas desta realidade perversa e destituidora de direitos.

É nessa dimensão política maior que se põe o parâmetro do nosso debate acerca da intervenção profissional exercida nos espaços conselhistas. Parâmetro que se baseia nos princípios e valores éticos e políticos presentes no atual Código de Ética da profissão (1993), na Lei n. 8.662 (1993) que regulamenta o exercício da profissão, nas diretrizes definidas pela ABEPSS para o processo formativo profissional e nas lutas e posicionamentos políticos desenvolvidos e assumidos pelas instâncias organizativas da profissão em articulação com as organizações e movimentos sociais progressistas. É nesses veios que se encontra materializado nosso projeto ético-político. Nesses construtos, a defesa dos direitos sociais, da democracia, da justiça social e da construção de um novo projeto societário constituem o universo teórico e prático-político construído pelo projeto profissional[3] no Brasil nos últimos trinta anos.

1. Os conselhos de direitos e suas relações com a noção de cidadania e de democracia

No decorrer da década de 1980, o Brasil foi palco de um intenso processo de revitalização das organizações e manifestações das classes subalternas no campo da sociedade civil. Especialmente, a partir da

---

3. Segundo Netto (1999b, p. 95), os projetos profissionais, construídos pelas categorias profissionais "apresentam a autoimagem da profissão, elegem valores que a legitimam socialmente, delimitam e priorizam seus objetivos e funções, formulam requisitos (técnicos, institucionais e práticos) para o seu exercício, prescrevem normas para o comportamento dos profissionais e estabelecem balizas da sua relação com os usuários dos seus serviços, com outras profissões e com as organizações e instituições, públicas e privadas [...]".

segunda metade dos anos 1980, demandas por direitos de cidadania e de participação nos canais institucionais, que abrigam direta ou indiretamente as políticas públicas, passaram a ser comumente evidenciadas como o eixo da luta das organizações e movimentos sociais pela conquista e ampliação da democracia.

A Constituição Federal de 1988 e suas regulamentações posteriores responderam a esses anseios democráticos da sociedade, ao materializar legalmente a responsabilidade estatal no desenvolvimento e consolidação dos direitos sociais através da criação de um sistema integrado de proteção social. Relevante, também, foi a criação de mecanismos institucionais de proposição e fiscalização social no campo das políticas sociais públicas. Destacam-se, aqui, os conselhos de direitos — órgãos paritários de representação governamental e não governamental, em geral, deliberativos, cuja função é a de influir no processo de formulação e controle da execução das políticas públicas setoriais, redefinindo prioridades, recursos orçamentários etc.

Os princípios da Carta de 1988 e as regulamentações posteriores deram forma legal a uma configuração estatal nacional muito próxima a já edificada desde os anos 1940 nos países capitalistas desenvolvidos da Europa ocidental. Como afirma Netto (1999a, p. 77), "[...] o essencial da Constituição de 1988 apontava para a construção — pela primeira vez assim posta na história brasileira — de uma espécie de Estado de Bem-Estar Social [...]". Com isto, colocava-se o arcabouço jurídico-político para implantar, na sociedade brasileira, uma política social compatível com as exigências de justiça social, equidade e universalidade.

No entanto, os princípios constitucionais nacionais relativos à criação de um sistema de proteção social público e universalista e da criação de mecanismos político-democráticos de controle social deram-se em concomitância ao contexto de crise e de rearranjo mundial do capitalismo a partir dos finais da década de 1970: a passagem para um novo padrão de acumulação (a chamada acumulação flexível) e para um novo regime de regulação social (as políticas estatais deveriam seguir as políticas de ajuste neoliberais impostas pelos organismos internacionais). A nova agenda política nacional inaugurada em 1988 não poderia ser implementada — dada a nossa condição de país de capitalismo periférico e dependente — face a um *pensamento único* mundial que enunciava uma política de ajuste dominada por temas como refluxo do Estado e primazia do mercado, desregulamentação e privatização, redução dos fundos públicos para o financiamento das políticas sociais — e a consequente substituição da universalidade pelo binômio focalização/assistencialização — enfim, uma agenda que só podia ser conduzida contra as conquistas de 1988 (Duriguetto, 2007).

É no contexto destas macrodeterminações que são enunciados e criados os espaços conselhistas no campo das políticas sociais na realidade brasileira. A funcionalidade destes espaços, sua natureza, atribuições e ação política se desenvolveram e se desenvolvem nos marcos das imposições econômicas e políticas dessa agenda.

Se este é o *movimento da realidade* em que se desenvolveram e se desenvolvem as ações e as agendas dos conselhos e de seus sujeitos, também a partir deste *movimento* se edificaram construtos teórico-políticos acerca da relevância desses espaços para o enfrentamento desta realidade destituidora de direitos. Ainda que tais construtos tenham se caracterizado, *na sua grande maioria,* pelo acentuado destaque à *contribuição dos conselhos* para a inserção de elementos *democratizantes nas relações entre Estado e sociedade mediadas pelas políticas e direitos sociais.*

Os conselhos foram saudados como espaços que poderiam contribuir para o questionamento e superação do "padrão centralizador, autoritário e excludente que vem marcando a relação entre as agências estatais e os beneficiários das políticas públicas (enfatizando a necessidade de democratização do processo) [...]. (Tatagiba, 2002, p. 47). A avaliação deste instrumento de "democratização" passou também a estar centrada na possibilidade de superar a tradição patrimonialista da gestão do Estado e do acesso clientelístico aos recursos públicos, ao propiciar o papel de fiscalização e controle dos cidadãos organizados no campo das políticas sociais, "o que poderia imprimir uma lógica mais democrática na definição da prioridade na alocação dos recursos públicos".

Ou seja, verifica-se um consenso, tanto no campo das prospecções analíticas quanto da intervenção sociopolítica, que os conselhos seriam espaços institucionais de tipo "novo", podendo viabilizar a participação popular na esfera da institucionalidade estatal para inscrever conquistas e direitos e contribuir para a continuidade do processo de criação de uma cultura democrática, baseada na participação e no controle da *coisa pública*. Esse espaço participativo constituiria um dos novos canais institucionais de interlocução e publicização de interesses e demandas entre sociedade e Estado, contribuindo para a criação de uma *esfera pública não estatal*[4] (cf. Telles, 1994; Benevides, 1994; Dagnino, 2000).

Nesta esfera, as ações conselhistas contribuiriam na criação de ações de interlocução pública pautada na *visibilidade* — a publicização das informações que orientam as decisões políticas; o *controle social* — participação da sociedade civil na formulação e revisão das decisões pactuadas; *a representação de interesses coletivos* — constituição de sujeitos sociais ativos que representariam demandas coletivas; a *democratização* — formação de acordos a partir do confronto de interesses; a *cultura pública* — enfrentamento do autoritarismo social e da apropriação do público pelo privado (Raichelis, 1998, p. 40-41).

Não obstante as várias constatações analíticas de que as experiências conselhistas não possam ser nem super valorizadas nem subvalorizadas[5] (cf. Bravo, 2001 e 2006), as dimensões sociopolíticas atribuídas aos conselhos, tais como ampliação da *democracia* — seu fortalecimento pela ampliação da participação popular —, *da cidadania* — proliferação de uma cultura pública de direitos —, *da esfera pública* — ampliação de espaços de negociação entre Estado e sociedade —

---

4. As noções de cidadania, democracia, democratização e esfera pública são aqui apresentadas com o conteúdo em que aparecem comumente no debate dos conselhos. *Não é nosso objetivo aqui desvelar o tratamento destas temáticas nas suas relações com projetos societários.* Um balanço crítico destas concepções pode ser encontrado em Duriguetto (2007).

5. Uma boa sistematização dos desafios presentes para o funcionamento dos conselhos assentada em algumas questões como a da pluralidade e da paridade; o papel deliberativo dos conselhos; a relação conselheiro–entidade; a capacitação dos conselheiros; a relação entre ação mobilizatória e ação institucional é encontrada em Tatagiba (2002, p. 47-103).

assumem acentuado destaque. Há um consenso analítico e prático-político de que os conselhos constituem espaços que podem potencializar práticas democráticas de ampliação, controle e fiscalização popular das políticas sociais, bem como a ampliação de direitos.

Dessa forma, a temática e o espaço conselhista vêm sendo tratados como uma nova e importante expressão organizativa e participativa das organizações populares no campo da sociedade civil, associando-os às ideias de expansão da democracia e da cidadania e como meios de enfrentamento da desigualdade social.

2. Apresentando a pesquisa

A realização da pesquisa empírica[6] teve início com uma triagem dos assistentes sociais que estavam envolvidos como conselheiros ou exercendo funções de assessoria e/ou capacitação dos conselheiros, em todos os conselhos de direitos existentes no município. Esta triagem resultou no total de trinta e nove assistentes sociais, localizados nos seguintes conselhos: Criança e Adolescente, Habitação, Assistência Social, Saúde (conselhos locais e municipal), Idoso e Mulher.

Como fonte da coleta de dados, foi utilizada a entrevista orientada por um questionário, com perguntas abertas e fechadas aos assistentes sociais, que envolveram questões relativas ao potencial de democratização dos conselhos e ao exercício profissional nos mesmos.

Dentre os assuntos relacionados ao potencial de democratização dos conselhos destacam-se: conceituação de democracia, cidadania, esfera pública, sociedade civil e conselhos de direitos; processo de origem, desenvolvimento e consolidação dos conselhos de direitos; relação dos conselhos com a ampliação da cidadania e da democracia; relações entre conselhos de direitos, organizações da sociedade civil e

---

6. Os resultados desta pesquisa foram parcialmente apresentados no II Congreso Nacional de Trabajo Social y Encuentro Latinoamericano de Docentes, Profesionales y Estudiantes de Trabajo Social — Tandil, Argentina, 2007.

movimentos sociais; relação entre o poder público municipal e os conselhos; composição dos conselhos e perfil político-ideológico de seus componentes; capacitação dos conselheiros para a compreensão, proposição e deliberação dos temas discutidos nos conselhos; relações entre a representação governamental e não governamental; autonomia do conselho enquanto instituto consultivo e/ou deliberativo em sua área de atuação; interferência dos conselhos no orçamento e definição e acompanhamento de políticas; publicidade e acesso a informações referentes a aspectos técnicos, propostas políticas e objetivos que orientam as decisões; grau de independência em relação ao poder público e legitimidade do conselho enquanto instituto político de debates, conflitos e tomada de decisões; avaliação dos impactos sociais das políticas deliberadas pelo conselho para ampliação da cidadania e da democracia; espaço conselhista como uma das esferas de viabilização ou não da participação popular no processo de formulação e controle das políticas sociais; relação entre conselheiros e os segmentos sociais que o conselho representa.

Em relação ao exercício profissional nos espaços conselhistas, buscou-se apreender as seguintes questões: capacitação teórica, técnica e política, instrumentos de trabalho e recursos utilizados para a intervenção profissional.

Como exposto, o universo da pesquisa envolveu profissionais que atuam diretamente — com funções representativas — e indiretamente — assessoria e/ou capacitação de conselheiros — totalizando trinta e nove assistentes sociais. No entanto, apenas vinte e sete destes profissionais responderam o questionário, reduzindo, assim, o universo da pesquisa para este número.

Dos assistentes sociais entrevistados, 67% atuavam nos canais conselhistas como conselheiros governamentais e 33% estavam vinculados aos conselhos através do trabalho de assessoria e capacitação. Apesar de envolver assistentes sociais inseridos, direta ou indiretamente, em diferentes conselhos de políticas sociais setoriais e dos mesmos variarem na sua composição, no seu perfil ideopolítico e na sua finalidade (área ou política a que estão afetos), a pesquisa realizada não abordou as particularidades de cada conselho, nem a natureza e as particularidades dos processos de intervenção que se inscreve o profissional nas políticas setoriais e seus espaços conselhistas, mas envolveu a análise da intervenção dos profissionais nos conselhos pesquisados de uma forma geral.

Como exposto, o primeiro conjunto de questões que compuseram o questionário centrou-se nos aspectos constitutivos gerais da dinâmica conselhista em que os profissionais atuam. Interessou-nos, aqui, desvelar as concepções, entendimentos e prospecções sociopolíticas que os profissionais atribuem aos conselhos, particularmente suas relações com a temática da *cidadania e da democracia*. Isso porque, no debate produzido pela criação dos conselhos, como já exposto, comumente se enfatizou a contribuição desses espaços para a luta, consolidação e ampliação de direitos — materializados nas políticas sociais — e para a participação — móvel destacado para a qualificação da democracia. É importante destacar que os temas indagados aos profissionais envolveram uma significativa variedade de respostas, o que nos fez selecionar as que tiveram maior incidência, bem como a evidenciar quando não foram respondidos.

3. Conselhos, sociedade civil, cidadania e democracia: a apreensão dos profissionais

O tratamento teórico e prático-operativo da categoria *sociedade civil* foi incorporado pelo Serviço Social ao longo de sua trajetória de maturação acadêmica e de intervenção social, particularmente a partir da década de 1980. Nela, a incorporação das discussões acerca da sociedade civil foi feita a partir do debate dos movimentos sociais, da democracia e da cidadania e segue, nos anos 1990 aos dias atuais, pela incorporação do debate acerca da construção e ampliação da esfera pública, em que a estratégia conselhista é visualizada como meio para ampliarmos a democracia e a cidadania.

Para 44% dos assistentes sociais, *democracia* está relacionada a um sistema de governo com participação popular, em que as decisões são tomadas coletivamente, prevalecendo a vontade da maioria, o consenso; 33% dos profissionais identificam-na com garantia de direitos e responsabilidades e com a oportunidade de reivindicá-los. Quanto ao conceito de *cidadania*, 85% entendem que é a consciência, o exercício e o acesso a direitos civis, políticos e sociais.

Dessa forma, a maioria dos profissionais entende *democracia* e *cidadania* como a conquista e efetivação de direitos com participação popular, o que se assemelha às definições presentes no debate do papel dos conselhos exposto anteriormente. É importante lembrar que esse entendimento acerca das categorias *cidadania e democracia* não expressa a totalidade do significado que as mesmas adquirem no Código de Ética da profissão. Nele, a apreensão e defesa da cidadania "considerada tarefa primordial de toda a sociedade, com vistas à garantia dos direitos civis, políticos e sociais das classes trabalhadoras", implica em qualificá-la para além dos pressupostos e limites que a consubstanciam no pensamento liberal e que a materializam no capitalismo. Consiste em apreendê-la e defendê-la em articulação com o princípio, também presente no Código, da "defesa e do aprofundamento da democracia, enquanto socialização da participação política e da riqueza socialmente produzida". Essas categorias são, assim, perspectivadas para além de suas realizações no marco do capitalismo e, como tal, implicam para sua real efetividade, a construção de um novo projeto societário (Bonetti, 1996, p. 186-188; cf. também Coutinho, 2000).

Sociedade civil e e*sfera pública* foram outro par categorial importante para apreendermos as visões presentes nos assistentes sociais entrevistados, uma vez que também eles são amplamente utilizados para refletir sobre as experiências conselhistas. Para 70% dos profissionais, sociedade civil é a parcela da sociedade que se une para reivindicar interesses (entidades, sindicatos, movimentos sociais, conselhos etc.). Procuramos identificar o que se conceituou como sociedade civil através da indagação sobre a relação ou interlocução entre os conselhos e as organizações da sociedade civil. Evidenciamos que, para 37% dos

SAÚDE, SERVIÇO SOCIAL, MOVIMENTOS SOCIAIS E CONSELHOS

profissionais, esta relação existe, uma vez que as organizações da sociedade civil se fazem representar nos conselhos, neles havendo representantes de SPMs (Sociedades Pró-Melhoramentos de Bairros), pastorais, grupos religiosos, sindicatos etc. A mesma porcentagem de profissionais afirma o contrário. Para estes, existe pouca integração entre os conselhos e as organizações da sociedade civil, uma vez que as ações do primeiro acontecem de forma isolada em relação às organizações que compõem a segunda. Do total dos profissionais entrevistados, 15% não responderam a este questionamento. Esse dado nos revela que, para um número significativo de profissionais, a relação dos conselhos com as organizações da sociedade civil existe na medida em que tais organizações tomam assento nos conselhos.

Essa percepção da relação entre conselho e sociedade civil é também reforçada quando indagados acerca da articulação que visualizam entre as temáticas da *democracia, cidadania, organizações da sociedade civil e movimentos sociais*. Para 64% dos entrevistados, essa articulação se processa nos *conselhos* por estes possibilitarem a participação popular e a reivindicação de direitos sociais e também por serem espaços de interlocução e representação dos movimentos sociais pela via da obrigatoriedade da composição paritária. Dos entrevistados, 5% não identificam essa articulação ou não responderam. Esse dado revela que os assistentes sociais pensam os conselhos como um espaço que possibilita uma contribuição para a ampliação da democracia e da cidadania, e que visualizam as relações entre os conselhos e as organizações da sociedade civil pela via representativa existente em seu interior. Isto possibilita o entendimento que, para a maioria dos profissionais, as organizações representadas nos conselhos são suficientes para desenvolverem ações na direção da ampliação da democracia e da cidadania.

Essa evidência parece indicar, que para grande parte dos profissionais entrevistados, a ampliação da democracia e da cidadania se efetiva nas ações desenvolvidas pelas organizações da sociedade civil atuantes nos espaços conselhistas presentes no campo de políticas sociais específicas. Esse entendimento parece indicar um "esquecimento" dos movimentos sociais, das organizações das classes subalternas que não estejam representadas nos conselhos. O que temos aqui, então, é uma secundarização ou desconsideração das organizações, movimentos e ações de mobilização das classes subalternas existentes nos espaços extra-institucionais.

Em relação ao conceito de *esfera pública*, 33% dos profissionais a concebem como espaço de discussão e negociação entre a população e o poder público e visualizam, nos canais conselhistas, sua materialização. Para 44%, *esfera pública* refere-se aos espaços gerenciados apenas pelo poder público e não evidenciam sua relação com a criação dos canais conselhistas ou com o espaço sociopolítico ocupado por eles. Esse dado nos permite dois entendimentos: para uma parte dos profissionais, *esfera pública* é o lugar da formulação do consenso entre poder público e população, o que indica uma visão de colaboração e de parceria. Uma outra parte entende este conceito como sinônimo de poder público, o que indica uma visão restrita do termo. Importante destacar, que este entendimento do conceito de *esfera pública*, ora revestido pelo colaboracionismo, ora pela autonomização da ação do poder público, implica uma visão que tanto despolitiza a questão social[7] — uma vez que entende seu enfrentamento sob a ótica colaboracionista entre poder público e população —, quanto limita, nos primeiro, a definição dos critérios de validade e legitimidade dos interesses, as definições e parâmetros dos direitos.

Explicitado o entendimento das categorias mais amplas, como democracia, cidadania, esfera pública e sociedade civil, nas quais os conselhos são considerados como espaços pensados para materializá-las, nos detivemos, posteriormente, nas definições que os assistentes sociais têm dos *conselhos de direitos* (*sua trajetória histórica de criação e consolidação*). Em relação ao processo histórico de origem, desenvolvimento e consolidação dos conselhos, a maioria dos entrevistados

---

7. Questão social é aqui apreendida enquanto "o *conjunto* das expressões das desigualdades da sociedade capitalista que tem uma raiz comum: a produção social é cada vez mais social, enquanto a apropriação dos seus frutos mantém-se privada, monopolizada por uma parte da sociedade" (Iamamoto, 2006, p. 176; grifo da autora).

SAÚDE, SERVIÇO SOCIAL, MOVIMENTOS SOCIAIS E CONSELHOS 343

relacionou a origem dos conselhos com a Constituição de 1988 e com a organização dos movimentos sociais que representavam os interesses populares na sociedade civil brasileira na década de 1980. Em consonância com as análises explicitadas por Telles (1994), Benevides (1994), Raichelis (1998) e Dagnino (2000), os conselhos de direitos são definidos como espaços públicos para a formulação, deliberação e controle de políticas sociais.

Entretanto, se no campo das concepções gerais expostas pelos profissionais existe sintonia com os conceitos teóricos que circunscrevem o campo temático conselhista, o mesmo não foi constatado no campo da sua operatividade. Quando indagados acerca dos impactos sociais das políticas deliberadas pelo conselho em que atuam para ampliação da cidadania e da democracia, 51% dos profissionais disseram que não existem ou são pouco visíveis e significativos. Já para 28% dos assistentes sociais, os impactos são positivos devido ao fato dos conselhos possibilitarem a ampliação da participação popular nos projetos das políticas públicas municipais e por estarem sendo atuantes na melhoria da qualidade de vida da população alvo. Do universo pesquisado, 21% não souberam avaliar os impactos sociais das políticas deliberadas pelo conselho.

As diferentes opiniões presentes acerca dos impactos sociopolíticos dos conselhos refletem a existência das ambiguidades, contradições e polêmicas sobre seu significado sociopolítico e sobre sua efetivação concreta. Essas ambiguidades são ratificadas nas definições do que venha a se constituir os canais conselhistas.

O conselho é um espaço de participação, controle e fiscalização das ações públicas segundo 26% dos profissionais. Já para 48%, o conselho pode vir a se constituir neste espaço, mas evidenciam limites e obstáculos a serem avaliados e discutidos: falta de mobilização popular para que os conselhos possam realmente controlar e decidir as políticas públicas; dificuldade de se conseguir representantes da sociedade civil; maior participação das instituições do que da população; pouca capacitação dos conselheiros; práticas manipulatórias; prevalência de interesses particulares e institucionais. Considerando os profissionais conselheiros e não conselheiros, 11% não responderam a este questionamento.

Pelo exposto, percebemos contradições entre o que se conceitua teoricamente acerca dos construtos conselhistas e sua efetividade prático-política.

O segundo passo da nossa pesquisa objetivou avaliar o grau de apreensão dos assistentes sociais acerca da capacitação teórica e política dos componentes dos conselhos em que atuam, bem como a qualidade interventiva de suas intervenções nos conselhos.

Em relação ao *perfil político-ideológico dos conselheiros*, 22% dos profissionais responderam que identificam estes como sujeitos politizados, esclarecidos quanto ao seu papel, cientes de seus direitos e deveres e envolvidos nas atividades do conselho. Características opostas são evidenciadas por 26% dos profissionais. Para estes, os conselheiros não possuem capacitação teórica e apontam a prevalência da defesa de interesses individuais ou político-partidários. Dado relevante é o fato de que 37% dos entrevistados não souberam responder a esta questão, o que demonstra que um número significativo de profissionais não conseguem definir o perfil político-ideológico dos conselheiros junto aos quais atuam.

Essas respostas revelam informações contraditórias e desconhecimento de um importante aspecto dos espaços conselhistas para o exercício profissional: o conhecimento de como as representações conselhistas são experimentadas e vivenciadas pelos sujeitos nelas envolvidos — capacitação política e técnica, valores, interesses, demandas, objetivos etc. O conhecimento, análise e avaliação desses aspectos podem permitir a formulação de programáticas de trabalho e o conhecimento dos efeitos e consequências da intervenção profissional nas ações de capacitação propositiva e reivindicatória dos conselheiros. Também possibilita a identificação da correlação de forças das diferentes instâncias representativas existentes, identificação fundamental para a formulação de alianças e ações conjuntas.

A relação entre os conselheiros não governamentais e os segmentos da população que representam também foi avaliada. No universo pesquisado, 41% dos profissionais revelam que essa relação inexiste ou é su-

SAÚDE, SERVIÇO SOCIAL, MOVIMENTOS SOCIAIS E CONSELHOS

perficial, identificando as causas no desconhecimento dos conselheiros pela população; no fato de não se sentirem representadas por eles; na não existência de comunicação entre os conselhos e população representada. Apenas 7% dos profissionais afirmaram que a população reconhece os conselheiros como seus representantes e apresenta a eles suas demandas. Considerando todos os profissionais entrevistados, 37% não responderam a esta questão.

As informações expostas nos permitem concluir que quase a totalidade dos profissionais desconhecem o grau de relação entre os conselheiros e a população que representam ou percebem a inexistência dessa relação. Esse dado evidencia um importante limite da intervenção profissional junto aos conselheiros não governamentais no sentido de criar estratégias que permitam vincular e articular suas representações às demandas e interesses dos movimentos, instituições e segmentos populacionais que representam. Essa articulação tende a contribuir para a alteração da correlação de forças institucionais favorável aos usuários e à própria intervenção do assistente social.

Em contextos de retração das responsabilidades e ações públicas no campo social, que se manifesta nas reduções das receitas orçamentárias e na precarização da oferta das políticas sociais públicas, o domínio das informações do financiamento — no que diz respeito ao orçamento e ao fundo municipal — das políticas sociais é um importante recurso técnico e político para os conselheiros negociarem recursos para viabilização de ações. Com esse destaque, indagamos se nos conselhos em que os assistentes sociais atuam ocorrem discussões, informações e interferências no orçamento para a execução das políticas. Dos entrevistados, 18% disseram que há interferência no financiamento, definição e acompanhamento de políticas; 33% responderam que o conselho não tem interferência no financiamento, mas define políticas, diretrizes e alocação de recursos e repassa, monitora e fiscaliza seu uso; para 18%, o conselho somente aprova o orçamento e a política de financiamento. Já 3% dos profissionais explicitaram que o conselho possui pouca interferência nas discussões orçamentárias por falta de conhecimento dos conselheiros para intervir e argumentar; 26% não responderam a este questionamento.

A partir dessas respostas, indagamos acerca do acesso à informações gerais referentes a aspectos técnicos, propostas e objetivos que orientam as decisões tomadas nos canais conselhistas. Dos profissionais pesquisados, 44% afirmaram que os conselheiros são informados; 37% disseram que o acesso às informações é restrito, sendo estas repassadas aos conselheiros com uma linguagem técnica, de difícil entendimento. Considerando os profissionais conselheiros e não conselheiros, 18% não responderam a esta questão.

Pelo exposto, podemos verificar que a maioria dos profissionais avalia que os conselhos em que atuam desenvolvem algum tipo de controle sobre o financiamento das políticas. No entanto, não portam condições de avaliar se o conjunto de informações, que embasam a tomada de decisões, são repassadas e/ou assimiladas pelos conselheiros. Esse dado revela um limite para a capacidade dos conselheiros em formular, avaliar e recriar propostas ao nível das políticas em que atuam, bem como possibilita que se escamoteie que se oculte a falta ou corte de recursos em programas e projetos sociais bem como o repasse de informações acerca dos recursos disponíveis e de sua utilização.

4. Conselhos e intervenção profissional

O objeto de investigação, na segunda etapa da pesquisa, é o exercício profissional do assistente social nos conselhos municipais. Interessou-nos, aqui, apreender a forma e a natureza da intervenção profissional, identificar e o que se propõe alcançar ou atingir com sua intervenção.

O Serviço Social é uma profissão que se constitui na dinâmica sócio-histórica das relações entre Estado e as classes sociais no enfrentamento da questão social. Sua necessidade histórica e seu significado social estão, assim, diretamente ligados às formas de enfrentamento da questão social, sendo o exercício profissional desenvolvido no campo contraditório de interesses e necessidades de classes sociais distintas e antagônicas (Iamamoto, 1982, 1998).

Regulamentado como uma "profissão liberal", o assistente social dispõe de autonomia teórico-metodológica, técnica e ético-política na condução do seu exercício profissional. Entretanto, como nos esclarece Iamamoto: "o exercício da profissão é *tensionado pela compra e venda da força de trabalho especializada do assistente social* [...]". A condição assalariada determina "[...] o processamento do trabalho concreto cotidiano e o significado social de seus resultados [...]". Ou seja, as "exigências impostas pelos distintos empregadores [...] *materializam requisições, estabelecem funções e atribuições, impõem regulamentações específicas ao trabalho a ser empreendido* [...], *além de normas contratuais* [...], *que condicionam o conteúdo do trabalho realizado e estabelecem limites e possibilidades à realização dos propósitos profissionais*" (2009, p. 38-39; grifos da autora). Estas determinações implicam em situar e apreender o trabalho do assistente social para além da vontade e do desempenho individual do profissional, para inseri-lo na totalidade das condições e relações sociais nas quais se realiza.

Como exposto anteriormente, a Constituição de 1988 estabeleceu a criação dos conselhos de direitos para intervirem nos processos de formulação, operacionalização e controle das políticas públicas setoriais. A criação dos conselhos concorreu para a diversificação e o alargamento de demandas para a intervenção do assistente social, que passam geralmente a estar inscritas nas ações de implantação dos conselhos; capacitação de conselheiros, mobilização e organização popular para a formulação, gestão e avaliação de programas e serviços sociais; pesquisa e planejamento sociais, dentre outras.

Essas demandas e atividades podem ser desenvolvidas pelo profissional na condição de assessor ou na condição de conselheiro governamental — representante da gestão pública, na qual está vinculado como trabalhador — ou não governamental — representante da sociedade civil (seja como representante dos segmentos dos trabalhadores, de entidades prestadoras de serviço, de movimentos de defesa de direitos ou, ainda que raramente, como representante dos usuários).

Como enfatiza Iamamoto (1998), ao exercer a função de conselheiro, o assistente social faz uso de seu saber específico, já que lida com objetos que têm afinidade com os da profissão, como a questão social, as políticas sociais, os direitos sociais, os programas e correlações de força institucionais.Também possibilita-o exercer a dimensão política da profissão, que pode ser expressa na socialização de valores, concepções, ideologias que contribuam para o processo de organização e de intervenção críticos e consequentes da população nas políticas em que atua como profissional.

Ao desempenhar também a função de assessoria aos conselhos ou a alguns de seus segmentos (usuários, trabalhadores e poder público), o assistente social pode contribuir com a utilização de seus conhecimentos teórico-operativos nas ações de treinamento e capacitação de conselheiros para o exercício de suas funções, contribuindo para o reforço da dimensão política dos conselhos. Assim, seja qual for a sua forma de atuação nos espaços conselhistas, o assistente social pode neles exercer e realizar a agenda e os princípios postos no *projeto ético-político* da profissão: pelo desenvolvimento de ações que contribuam para torná-los espaços propositivos e reivindicatórios; pela socialização de informações que subsidiem a formulação/gestão de políticas e o acesso aos direitos; pelo reforço de formas democráticas na gestão das políticas e programas através da ampliação dos canais de participação popular; pela capacitação política e técnica dos conselheiros, instrumentalizando-os com dados, condições de vida da população usuária da política alvo de intervenção, com análises e avaliações acerca da política em que atuam e dos programas e projetos desenvolvidos; conhecimento, socialização e operacionalização da legislação e da dinâmica orçamentária e dos trâmites burocráticos da administração pública etc.

Esse trabalho interno desdobra-se na vinculação externa com as organizações populares: com as associações comunitárias, com os sindicatos, com as lutas desenvolvidas pelos trabalhadores nos movimentos sociais (lutas pela reforma agrária, pela habitação, pelo reconhecimento dos direitos das mulheres, idosos, crianças e adolescentes etc.); com as expressões culturais da juventude e suas formas de contestação; com os demais conselhos, fóruns etc. Essa aliança e articulação com as diversas instâncias da sociedade civil que representam os interesses populares pode representar uma potencialização de caminhos que fortaleçam o protagonismo político das demandas e interesses das classes subalternas nos espaços institucionais, como nos conselhos.

Essa sintonia, essa preocupação do profissional com os processos e ações potencialmente indutores de formação de mobilizações, de lutas coletivas adquire especial importância para a representação do *segmento dos usuários* nos conselhos (que são os menos representados pelas suas próprias organizações devido a falta de mobilização e informação)[8]. O conhecimento e a relação do assistente social com as organizações e movimentos sociais abre um importante caminho para fomentar esta representação no interior dos conselhos.

O desenvolvimento de ações na direção dessa dimensão interventiva externa possibilita a construção de uma legitimidade sociopolítica à intervenção profissional nas instâncias conselhistas, uma vez que implica a construção coletiva de estratégias de ampliação dos direitos ou de resistência à sua redução. Por fim, reforça a dimensão pública das ações profissionais através da ampliação dos canais de interferência das organizações populares em questões que lhes são concernentes, da criação e/ou ampliação de fóruns de debate e de discussão, do acesso a regras que conduzem à negociação dos interesses, atribuindo transparência, visibilidade pública às situações de desrespeito, inexistência ou de violação aos direitos.

É este entendimento das possibilidades interventivas dos assistentes sociais nos conselhos que constituíram nosso parâmetro para analisar a inserção profissional nos espaços conselhistas do município. As particularidades dessa intervenção serão analisadas, também, a partir das problematizações das questões desenvolvidas no primeiro momento da pesquisa.

Com relação às *atividades desenvolvidas nos conselhos*, 68% destacam a orientação, capacitação, assessoria, participação em comissões temá-

---

8. Cf. Pesquisa "LOAS +10". MAS/CNAS, GESST/SER/UnB. Brasília, dez./2003.

ticas e nas reuniões conselhistas. Para o desenvolvimento da atividade de capacitação, 53% dos assistentes sociais utilizam-se da mobilização comunitária através da elaboração de cartazes, cartilhas, palestras, dinâmicas de grupo, reuniões etc.

Dos recursos normativos utilizados pelos assistentes sociais no trabalho junto aos conselhos, 80% citaram as leis sociais (LOAS, ECA, SUS, Estatuto do Idoso etc.); a Constituição Federal, o Código de Ética, a lei de regulamentação da profissão. As leis municipais foram citadas por 16% dos profissionais. Ainda foram destacados, por 8% dos profissionais, outros recursos: regimentos internos dos conselhos e resoluções, leis complementares e Código Civil.

No entanto, a utilização desses recursos normativos e o desenvolvimento das ações profissionais nos conselhos antes explicitados não são realizados a partir de atividades planejadas e avaliadas sistematicamente, uma vez que 59% dos profissionais dizem não possuírem projetos de intervenção sistematizados. Uma explicação para essa ausência de programática de trabalho pode ser o caráter fortemente político-conjuntural da intervenção no espaço conselhista, principalmente se o assistente social for conselheiro. Esse fato imputa uma imprevisibilidade nas ações a serem desenvolvidas, nas tomadas de posição prático-políticas e na formação de correlações de forças.

Não desconsiderando essa intervenção marcada pelo viés conjuntural, a ausência da programática de trabalho nos permite também inferir que a não sistematização das ações dificulta a projeção, priorização e avaliação das respostas profissionais. A afirmação da não existência, na fala de um número significativo dos entrevistados, de programáticas de trabalho nos conselhos, contribui para o entendimento da ausência de priorização de ações que potencializem ações de necessária atuação profissional nos conselhos, *como ao que tange ao trabalho externo de mobilização e organização popular e às ações internas de capacitação dos conselheiros.*

Em relação ao primeiro aspecto, a intervenção do assistente social junto aos setores populares acerca do espaço conselhista é somente explicitada nas ações desenvolvidas para a escolha dos conselheiros não governamentais. Isso nos revela o pouco vínculo estabelecido entre os profissionais e os setores populares (e suas instâncias organizativas), implicando em reduzido desenvolvimento de estratégias coletivas por reivindicações de políticas e serviços ou de publicização de suas precariedades e reduções. Essa constatação ratifica o desconhecimento expresso pelos profissionais, como explicitado no primeiro momento da pesquisa, do perfil político-ideológico dos conselheiros e das relações entre eles e aos segmentos da população que representam, o que limita a construção de uma dimensão coletiva e política à intervenção profissional nos conselhos de direitos. Dimensão que pode ser criada e desenvolvida também pelo conhecimento e desvelamento do universo da vida social, cultural e organizativa da população a quem se dirigem os serviços profissionais — suas condições de vida, de trabalho, suas expressões culturais, suas demandas e aspirações, formas de ações e organizações políticas contestatórias utilizadas e/ou que se encontram envolvidos — partidos, sindicatos, SPMs, movimentos sociais, pastorais etc., para apreender suas formas de luta, demandas e condutas.

Quanto às ações de capacitação, entendida pelos profissionais como ações que tratam de assuntos referentes ao processo histórico e à constituição de leis e normas sociais relativas aos conselhos e às políticas sociais setoriais correspondentes, as respostas circunscrevem às periodicidades: pode ocorrer no início do mandato; pode ocorrer de forma continuada nas reuniões; pode ocorrer de dois em dois meses ou uma vez ao ano. Essa informação revela que as ações capacitativas técnicas e políticas dos conselheiros não governamentais, ações que podem contribuir para tornar os construtos conselhistas instâncias de qualidade propositiva e reivindicativa, ocorrem de forma assistemática e descontínua.

Essa constatação reflete nas respostas à indagação acerca das *temáticas e assuntos mais discutidos pelos assistentes sociais* nas reuniões conselhistas em que participam. A maioria dos profissionais responderam que são sempre relacionados à área de atuação específica do conselho, como, por exemplo, os conselhos de saúde discutem sobre marcação de consultas, medicamentos etc.; o da assistência, assuntos relacionados com as instituições que prestam serviços assistenciais etc. Assim, a intervenção dos assistentes sociais nos conselhos se reduz à prestação de serviços pelos quais respondem, ou seja, está vinculado às atribuições e demandas colocadas pelas instituições a que estão vinculados, o que evidencia uma *tendência ao atrelamento dos objetivos profissionais a serem desenvolvidos nos conselhos aos objetivos institucionais*. Essa constatação também tende a reforçar uma tendência, tão cara às postulações pós-modernas, em fragmentar os sujeitos alvo das políticas a que o conselho de destina em crivos geracionais, de gênero e étnicos-culturais bem como nas demarcações setoriais das problemáticas classificadas pelas políticas sociais (saúde, assistência, habitação etc.). Essas duas tendências acabam por fortalecer uma perspectiva transclassista dos sujeitos em detrimento do pertencimento comum de classe (cf. Netto, 1991, 1996).

Essa constatação vai ao encontro das respostas explicitadas acerca das *demandas amplas e específicas colocadas pelas instituições as quais estão vinculadas os profissionais*. Para 38% dos entrevistados, as demandas mais amplas colocadas à profissão são o desenvolvimento de políticas sociais e a coordenação de programas sociais; para 16% essas demandas circunscrevem ao enfrentamento de questões como desemprego, desestruturação familiar, dependência química, alimentação, bem como questões afetas à juventude e à luta por justiça social. *Apesar de todos os entrevistados atuarem direta ou indiretamente nos conselhos, apenas 13% identificam esse trabalho como uma demanda para a profissão*. Em relação às demandas mais específicas, 67% dos entrevistados afirmaram ser o atendimento aos usuários, através do acesso destes aos programas e serviços sociais desenvolvidos no interior das políticas sociais setoriais. O trabalho com e nos conselhos foi explicitado por apenas 16% dos assistentes sociais. A identificação do que os profissionais entendem como sendo demanda ampla e específica para a profissão fortalece a afirmação anterior acerca do atrelamento do trabalho profissional à política a que respondem. A diluição do conteúdo do trabalho nos objetivos da política a que respondem pode gerar uma secundarização ou desprivilegiamento das demandas que não estejam vinculadas à tarefa para qual o profissional é requisitado a desempenhar. Assim, o vínculo com os conselhos, com ações de reivindicação e de organização popular, para garantir direitos, tende a se efetivar pela via das políticas sociais, *mas se estas demandas forem colocadas ao profissional.*

Uma outra evidencia que as respostas dos profissionais nos permite é a pouca visibilidade e legitimidade do trabalho no e com os conselhos pelos assistentes sociais, o que demonstra um relativo distanciamento no que definem como sendo os conselhos — sua importância como instrumento de proposição e fiscalização das políticas — como exposto no primeiro momento da pesquisa —, e sua identificação como espaço que atenda aos objetivos profissionais pautados na conscientização e organização da população-alvo da política a que se encontram vinculados.

No que tange à *vinculação do trabalho profissional nos conselhos e as políticas sociais desenvolvidas no município*, 44% consideram que há vinculação com entidades prestadoras de serviços, uma vez que realizam monitoramento e avaliação de suas políticas, bem como com programas de outras políticas sociais setoriais; 55% dos profissionais não responderam ou não souberam responder a esta questão. Evidencia-se que um grande percentual dos profissionais têm dificuldade em avaliar o significado social de sua intervenção em uma área particular em suas implicações, relações, rebatimentos e interfaces com as outras políticas afins.

Quando indagados acerca das dificuldades que encontram na atuação junto aos conselhos, o despertar a motivação e a participação dos conselheiros é apontado por 22% dos profissionais, 18% atribuem à indisponibilidade de tempo para uma participação mais efetiva nas instâncias conselhistas e 26% destacam a falta de recursos financeiros, materiais e humanos como sendo a maior dificuldade encontrada. Ou seja, os profissionais apontam como dificuldades para o exercício profissional nos espaços conselhistas as particularidades das condições e relações de trabalho em que se inscrevem (limites institucionais, desmotivação para a participação nos conselhos por parte dos conselheiros, a necessidade de atender a outras requisições institucionais). Isso nos revela, como já apontamos anteriormente, a imperiosa necessidade de se pensar, indicar e analisar os projetos de intervenção profissional nas "condições sociais concretas de sua realização, mediadas pelo estatuto assalariado e pela organização política das classes em suas expressões coletivas" (Iamamoto, 2009, p. 37). É essa orientação teórico-metodológica que nos possibilita fugir de juízos de valor que imputam a não realização de um determinada ação profissional à incompetência ou à falta de "visão política" dos assistentes sociais.

Considerações finais

A pesquisa realizada objetivou contribuir no debate acerca da intervenção profissional do Serviço Social nos espaços conselhistas no sentido de oferecer indicações de concepções e intervenções para fazer, dos conselhos, um "bom uso daquilo que foi conquistado". Para além dessa contribuição, duas proposições mais imediatas resultam dessa investigação para a realidade profissional no espaço interventivo dos conselhos: criação de canais que possibilitem a articulação dos assistentes sociais para discutir suas intervenções nos conselhos; as características de seus serviços; as demandas comuns e as estratégias utilizadas. Essa iniciativa também pode incorporar as demais representações conselhistas (particularmente as dos usuários e a dos trabalhadores). Tais iniciativas podem contribuir para o "compromisso com a qualidade dos serviços prestados à população e com o aprimoramento intelectual na perspectiva da competência profissional", de acordo com um dos princípios do Código de Ética; ações profissionais que visem contribuir para a criação de fóruns de discussão e debate das políticas públicas, visando a formação de eixos reivindicativos e articulação das lutas das classes subalternas, iniciativas importantes para enfrentarmos a setorialização das políticas e a defesa corporativa de interesses específicos em detrimento dos de classe.

Mas para além destes dois indicativos prático-operativos, pretendo tecer uma consideração de ordem *analítica* e uma de ordem *político-estratégica* acerca dos conselhos de direitos. Considerações que têm claras incidências interventivas e, por isso, uma profunda relação com a intervenção profissional do Serviço Social.

No campo da análise, constata-se que o investimento das organizações e movimentos sociais das classes subalternas no campo da luta institucional, principalmente a partir da segunda metade da década de 1980, em que a criação dos conselhos de direitos foi um marco, foi também acompanhado por uma *forte tendência de substituição do enfoque analítico nessas organizações e movimentos para um enfoque no espaço institucional da discussão das políticas.* Acreditamos que a centralidade das análises, das investigações, do investimento teórico nesses espaços institucionais, nos quais se destaca os conselhos pode levar, ou já *vem levando*, à uma *secundarização do conhecimento das formas de organização, dos processos de formação de ações coletivas, de demandas e de lutas que não se desenvolvem para além de sua expressão nos espaços institucionais. Esse desconhecimento também acaba por impossibilitar o conhecimento dos impactos regressivos que os espaços institucionais podem causar para os processos de formação de movimentos e lutas extra-institucionais.*

E aqui, chamamos a atenção para o Serviço Social: é esse trabalho de mergulho no conhecimento dos sujeitos com os quais trabalhamos que pode possibilitar-nos ir além da política que operamos e das determinações institucionais a que estamos inseridos.

O reconhecimento da questão social como objeto de intervenção profissional (conforme estabelecido nas Diretrizes Curriculares da ABEPSS), demanda uma atuação profissional em uma perspectiva totalizante, baseada na identificação dos determinantes socioeconômicos e culturais das desigualdades sociais.

Como nos esclarece Iamamoto (2006, p. 176-177), interferimos nas relações sociais cotidianas no atendimento às mais variadas expressões da questão social vividas pelos indivíduos sociais no trabalho, na família, na luta pela moradia, na saúde etc. Mas a questão social é desigualdade, mas também é rebeldia, pois os indivíduos sociais a elas também resistem e expressam seu inconformismo. Para nós, decifrar então as mediações através das quais se expressa a questão social tem importância por dois motivos: para apreender as expressões que as desigualdades sociais assumem na vida dos sujeitos e apreender e fortalecer suas formas de resistência já existentes ou ainda ocultas. Ou seja, suas formas de organização e as potencialidades de mobilização e de luta.

Esse é um caminho que nos abre a possibilidade interventiva de trabalhar nos sujeitos, *para além dos espaços institucionais de participação*, a busca da construção de estratégias coletivas para o encaminhamento de suas demandas, o que significa estimulá-los à participação em movimentos sociais ou estimulá-los a criá-los quando inexistentes, bem como a estimulá-los a atuar e a ocupar os espaços conselhistas. E, também nos abre a possibilidade de uma dimensão de intervenção junto as organizações e movimentos sociais existentes, assessorando-os na perspectiva de identificação de demandas, na discussão e na formulação de estratégias para defesa e acesso aos direitos; na importância da participação em fóruns, conselhos, conferências; no estímulo para se relacionarem com outros movimentos e organizações dos trabalhadores, para a troca de experiências e formação de ações conjuntas etc.[9]

Essas indicações interventivas estão presentes no projeto ético-político do Serviço Social. Como evidencia Netto (2007), as linhas desse projeto profissional acompanharam a curva ascendente dos movimentos sociais que tencionou o cenário nacional entre a derrota da ditadura e a Carta de 88. O fortalecimento deste projeto nas condições atuais que parecem e são tão adversas dependem da vontade majoritária do corpo profissional e vitalmente do fortalecimento dos movimentos e das lutas sociais. Particularmente nos âmbitos dos diferentes espaços sócio-ocupacionais *faz-se necessário que o Serviço Social reassuma o traba-*

---

9. Essas prospectivas interventivas são postas nos documentos elaborados, sob o impulso do CFESS, para se constituírem em um dos parâmetros para a atuação do Serviço Social na política de assistência social e de saúde (cf. CFESS, 2009a e 2009b).

lho de base, de mobilização e organização popular em articulação com os movimentos e organizações já existentes (Iamamoto, 2002).

A segunda consideração refere-se ao significado *político-estratégico dos conselhos*. Como também nos esclarece Netto (2004, p. 20), os espaços conselhistas, se apartados de uma dinâmica político-organizativa que os transcenda, terão sua funcionalidade minimizada. Para dar densidade e potencialidade política aos espaços e à funcionalidade dos conselhos, o autor nos convoca à tarefa em combinar a resistência nesses espaços com um *pesado investimento na organização política das classes subalternas*.

Nessa direção, o espaço dos conselhos é apreendido como uma das instâncias sociopolíticas possibilitadoras do desenvolvimento de processos de lutas de defesa de direitos e políticas, de promoção da fiscalização das ações estatais no campo das políticas, de articulação entre forças sociais convergentes, da denúncia e publicização da redução de direitos e do financiamento público para as políticas e serviços, do desenvolvimento de ações que extrapolem o espaço restrito da institucionalidade estatal (principalmente através da articulação dos conselhos com os movimentos sociais). A importância dessas ações para o enfrentamento da mercantilização, da focalização e da moralização das refrações da questão social torna os conselhos um espaço fundamental de resistência e coloca de forma urgente o desafio de fazê-los funcionar com esse conteúdo político-estratégico. Em uma palavra, *eles têm a possibilidade de se constituírem em um dos espaços em que se disputa, nos termos gramscianos, a luta contra-hegemônica*. Essa atuação "afirma a possibilidade de avanço dos níveis de democracia política e social no Brasil, pontos de partida para se atingir o âmago da questão: a democratização econômica da riqueza socialmente produzida" (Braz, 2008, p. 8).

Pensamos que essas duas considerações explicitadas — *a do campo da análise e a de ordem político-estratégica* — também constituem um dos desafios a que o Assistente Social é chamado a contribuir em suas intervenções nos espaços sócio-institucionais e na sua intervenção no âmbito dos conselhos.

Referências bibliográficas

BEHRING, E. *Brasil em contrarreforma*. São Paulo: Cortez, 2003.

BEHRING, E.; BOSCHETTI, I. *Política social*: fundamentos e história. São Paulo: Cortez, 2006. (Col. Biblioteca Básica de Serviço Social.)

BENEVIDES, M. V. Cidadania e democracia. *Lua Nova*, n. 33, 1994.

BONETTI, A. D. et al. (Orgs.). *Serviço social e ética*: convite a uma nova práxis. São Paulo: Cortez, 1996.

BRAVO, M. I. et al. (Org.) *Capacitação para conselheiros de saúde*: textos de apoio. Rio de Janeiro: UERJ/Depext/Nape, 2001.

_____. Desafios atuais do controle social no Sistema Único de Saúde (SUS). *Serviço Social & Sociedade*. São Paulo: Cortez, n. 88, 2006.

BRAZ, M. "Prefácio". In: *Em Foco*. O serviço social e os conselhos de direitos e de políticas, CRESS/RJ, n. 4, ago. 2008.

CFESS. O Serviço Social a caminho do século XXI: o protagonismo ético-político do conjunto CFESS-CRESS. *Serviço Social & Sociedade*, São Paulo: Cortez, n. 50, abr. 1996.

_____. *Parâmetros para a atuação de assistentes sociais na política de assistência social*. Brasília: CFESS, 2009a.

_____. Parâmetros para a atuação de assistentes sociais na saúde [versão preliminar]. Brasília: CFESS, 2009b.

CÓDIGO DE ÉTICA DO ASSISTENTE SOCIAL, 1993.

COUTINHO, C. N. *Contra a corrente*. São Paulo: Cortez, 2000.

DAGNINO, E. Cultura, cidadania e democracia: a transformação dos discursos e práticas na esquerda latino-americana. In: ALVAREZ, S.; DAGNINO, E.; ESCOBAR, A. (Orgs.). *Cultura e política nos movimentos sociais latino-americanos*: novas leituras. Belo Horizonte: Editora UFMG, 2000.

DURIGUETTO, M. L. *Democracia e sociedade civil*: um debate necessário. São Paulo: Cortez, 2007.

IAMAMOTO, M. V. *O serviço social na contemporaneidade*: trabalho e formação profissional. São Paulo: Cortez, 1998.

IAMAMOTO, M. V. *Projeto profissional, espaços ocupacionais e trabalho do assistente social na atualidade*: atribuições privativas do(a) assistente social em questão. Brasília: CFESS, 2002.

_____. As dimensões ético-políticas e teórico-metodológicas no serviço social contemporâneo. In: MOTA, A. E. et al. Formação e Trabalho Profissional. *Serviço Social & Saúde*, São Paulo: Cortez, 2006.

_____. Os espaços sócio-ocupacionais do assistente social. In: _____. *Serviço social*: direitos sociais e competências profissionais. Unidade IV: O significado do trabalho do Assistente Social nos distintos espaços sócio-ocupacionais. CFESS/ABEPSS: Brasília, 2009.

_____; CARVALHO, R. *Relações sociais e serviço social no Brasil*. São Paulo: Cortez, 1982.

MONTAÑO, C. *Terceiro setor e questão social*. São Paulo: Cortez, 2002.

MOTA, A. E. A centralidade da assistência social na seguridade social brasileira nos anos 2000. In: _____. *O mito da assistência social*. São Paulo: Cortez, 2008.

NETTO, J. P. *Capitalismo monopolista e Serviço Social*. São Paulo: Cortez, 1991.

_____. Transformações societárias e serviço social: notas para uma análise prospectiva da profissão. *Serviço Social & Sociedade*, São Paulo: Cortez, n. 50, 1996.

_____. FHC e as políticas sociais: um desastre para as massas trabalhadoras. In: LESBAUPIN, Ivo (Org.). *O desmonte da nação*: balanço do governo FHC. Petrópolis: Vozes, 1999a.

_____. A construção do projeto ético-político do serviço social frente à crise contemporânea. In: _____. Capacitação em serviço social e política social. Módulo 1. Brasília: Cead/ABEPSS/CFESS, 1999b.

_____. A conjuntura brasileira: O serviço social posto à prova. *Serviço Social & Sociedade*, São Paulo: Cortez, n. 79, 2004.

_____. Das ameaças à crise. *Inscrita*, ano 7, n. 10, nov. 2007.

RAICHELIS, R. *Esfera pública e os conselhos de assistência social*: caminhos da construção democrática. São Paulo: Cortez, 1998.

TATAGIBA, L. Os conselhos gestores e a democratização das políticas públicas no Brasil. In: DAGNINO, E. (Org.). *Sociedade civil e espaços públicos no Brasil*. São Paulo: Paz e Terra, 2002.

TELLES, V. Sociedade civil e a construção de espaços públicos. In: DAGNINO, E. (Org.). *Os anos 90*: política e sociedade no Brasil. São Paulo: Brasiliense, 1994.

Sobre os Autores

ALTINEIA MARIA NEVES

Graduada em Serviço Social pela Universidade Federal Fluminense (UFF). Mestre e Doutoranda em Serviço Social pela Universidade do Estado do Rio de Janeiro (UERJ). Bolsista Faperj (Fundação de Amparo à Pesquisa do Estado do Rio de Janeiro). Participante do Grupo de Pesquisa registrado no CNPq "Gestão Democrática da Saúde e Serviço Social".

E-mail: altineves@gmail.com.

ANNA LUIZA TEIXEIRA RAMOS

Graduada em Serviço Social pela Universidade do Estado do Rio de Janeiro (UERJ), em 2012. Foi Bolsista de Iniciação Científica (Pibic/UERJ). Participante do Grupo de Pesquisa registrado no CNPq "Gestão Democrática da Saúde e Serviço Social".

E-mail: nalui7@gmail.com.

GUSTAVO FRANÇA GOMES

Advogado e historiador. Doutor em Serviço Social pela Universidade Federal do Rio de Janeiro (UFRJ). Pesquisador pós-doutorando do projeto "Saúde, Serviço Social e Movimentos Sociais", financiado pela FAPERJ, na Universidade do Estado do Rio de Janeiro (UERJ). Autor de artigos e livros nas áreas de políticas públicas com ênfase em direitos sociais, controle social, gestão democrática ambiental e sanitária.

E-mail: gustavo.administrativo@gmail.com.

JULIANA SOUZA BRAVO DE MENEZES

Assistente Social do Hospital Federal de Bonsucesso/Ministério da Saúde. Participante do Grupo de Pesquisa registrado no CNPq "Gestão Democrática da Saúde e Serviço Social". Integrante da equipe técnica do Projeto "Políticas Públicas de Saúde: o Potencial dos Movimentos Sociais e dos Conselhos do Rio de Janeiro", da Faculdade de Serviço Social da Universidade do Estado do Rio de Janeiro (UERJ). Especialista em Saúde Pública e Mestre em Saúde Pública pela Escola Nacional de Saúde Pública (ENSP/Fiocruz). Doutoranda em Serviço Social do Programa de Pós-Graduação da UFRJ.

E-mail: julianasbravo@gmail.com.

MARCELO BADARÓ MATTOS

Professor Titular de História do Brasil na Universidade Federal Fluminense (UFF). Realiza pesquisas sobre história social do trabalho, envolvendo as lutas dos trabalhadores e suas organizações. Autor de vários livros, entre os quais os mais recentes são: *Trabalhadores e sindicatos no Brasil* (São Paulo: Expressão Popular, 2009); *Reorganizando em meio ao refluxo*: ensaios de intervenção sobre a classe trabalhadora no Brasil atual (Rio de Janeiro: Vício de Leitura, 2009) e *Escravizados e livres*: experiências comuns na formação da classe trabalhadora carioca (Rio de Janeiro: Bom Texto, 2008).

E-mail: marcelobadaromattos@gmail.com.

MARCELO BRAZ

Doutor em Serviço Social pela Universidade Federal do Rio de Janeiro (UFRJ); professor adjunto III da Escola de Serviço Social da UFRJ. Autor de diversos artigos e dos livros *Partido e Revolução*: 1848-1989 (São Paulo: Expressão Popular, 2011) e, em parceria com José Paulo Netto, do livro *Economia política*: uma introdução crítica. 7. ed. (São Paulo: Cortez, 2011).

E-mail: reis.braz@ig.com.br.

MARIA CRISTINA BRAGA

Graduada em Serviço Social pela Universidade Veiga de Almeida (UVA). Participante do Grupo de Pesquisa registrado no CNPq "Gestão Democrática da

Saúde e Serviço Social". Integrante da equipe técnica do Projeto "Políticas Públicas de Saúde: o Potencial dos Movimentos Sociais e dos Conselhos do Rio de Janeiro", da Faculdade de Serviço Social da Universidade do Estado do Rio de Janeiro (UERJ). Bolsista Proatec (Programa de Apoio Técnico às Atividades de Ensino, Pesquisa e Extensão)/UERJ.

E-mail: mcbraga53@gmail.com.

MARIA DE FÁTIMA SILIANSKY DE ANDREAZZI

Doutora em Saúde Coletiva pela Universidade do Estado do Rio de Janeiro (UERJ). Foi consultora da Organização Pan Americana da Saúde (OPS) no Peru, apoiando projeto de desenvolvimento institucional do Ministério da Saúde; professora adjunta da Universidade Federal do Rio de Janeiro, atuando na graduação e pós-graduação; diretora adjunta de Gestão na Agência Nacional de Saúde Suplementar (ANS) (2009-2011). Autora de diversos artigos e organizadora do livro em parceria com Luiz Fernando Rangel Tura: *Financiamento e gestão do setor saúde*: novos modelos (Rio de Janeiro: Anna Nery, 1999). Participa como pesquisadora associada do Grupo de Pesquisa registrado no CNPq "Gestão Democrática da Saúde e Serviço Social".

E-mail: siliansky@iesc.ufrj.br.

MARIA INÊS SOUZA BRAVO

Assistente social; pós-doutora em Serviço Social pela Universidade Federal do Rio de Janeiro (UFRJ); doutora em Serviço Social pela Pontifícia Universidade Católica de São Paulo (PUC-SP); professora aposentada da UFRJ; professora associada da Faculdade de Serviço Social da Universidade do Estado do Rio de Janeiro (UERJ); coordenadora do Grupo de Pesquisa registrado no CNPq "Gestão Democrática da Saúde e Serviço Social" e dos Projetos "Políticas Públicas de Saúde: o Potencial dos Movimentos Sociais e dos Conselhos do Rio de Janeiro" e "Saúde, Serviço Social e Movimentos Sociais", financiados pelo CNPq, Faperj e UERJ. Autora de diversos livros e artigos, cabendo destacar: *Serviço social e reforma sanitária*: lutas sociais e práticas profissionais. 4. ed. (São Paulo: Cortez, 2011); *Movimentos sociais, saúde e trabalho* (Rio de Janeiro: ENSP/Fiocruz, 2010), em parceria com

Vanda D'Acri Soares e Janaína Bilate Martins e *Assessoria, consultoria & serviço social*. 2. ed. (São Paulo: Cortez, 2010), em parceria com Maurílio Castro de Matos.

E-mail: mibravo@uol.com.br.

MARIA LÚCIA DURIGUETTO

Professora adjunta da Faculdade de Serviço Social, da Universidade Federal de Juiz de Fora (UFJF) e professora dos Cursos de Especialização da parceria Faculdade de Serviço Social/UFJF e Escola Nacional Florestan Fernandes. Autora dos livros *Sociedade civil e democracia*: um debate necessário (São Paulo, 2007) e, em parceria com Carlos Montaño, do livro *Estado, classe social e movimento social* (Col. Biblioteca Básica do Serviço Social, Cortez, 2010).

E-mail: maluduriguetto@gmail.com.

MARIA VALÉRIA COSTA CORREIA

Professora adjunta da graduação e da pós-graduação da Faculdade de Serviço Social da Universidade Federal de Alagoas — (UFAL); coordenadora do Grupo de Pesquisa e Extensão Políticas Públicas, Controle Social e Movimentos Sociais/UFAL; pós-doutora em Serviço Social pela Universidade do Estado do Rio de Janeiro (UERJ), vinculada ao Grupo de Pesquisa registrado no CNPq "Gestão Democrática da Saúde e Serviço Social". Autora dos livros *Desafios para o controle social*: subsídios para capacitação de conselheiros de saúde (Rio de Janeiro: Fiocruz, 2005) e *"Que controle social? Os conselhos de saúde como instrumento* (Rio de Janeiro: Fiocruz, 2003).

E-mail: correia.mariavaleria@gmail.com.

MARIANA MACIEL DO NASCIMENTO OLIVEIRA

Assistente social do Ministério da Saúde. Mestre em Serviço Social pela Universidade do Estado do Rio de Janeiro — (UERJ). Participante do Grupo de Pesquisa registrado no CNPq "Gestão Democrática da Saúde e Serviço Social".

E-mail: asmarianamaciel@gmail.com.

MARY JANE DE OLIVEIRA TEIXEIRA

Assistente social; professora adjunta da Faculdade de Serviço Social da Universidade do Estado do Rio de Janeiro (UERJ); mestre em Saúde Pública pela Escola Nacional de Saúde Pública (ENSP/Fiocruz) e Doutora em Serviço Social pela UERJ. Foi vice-diretora da Faculdade de Serviço Social/UERJ, e coordenadora do Curso de Graduação da Faculdade de Serviço Social/UERJ. Na UERJ foi componente do Núcleo de Capacitação das equipes municipais do Programa Saúde da Família e membro do Projeto "Políticas Públicas de Saúde: o Potencial dos Movimentos Sociais e dos Conselhos do Rio de Janeiro", coordenado pela professora Maria Inês Souza Bravo.

E-mail: mary-teixeira@uol.com.br.

MORENA GOMES MARQUES

Graduada em Serviço Social pela Universidade Federal do Rio de Janeiro (UFRJ); mestre em Serviço Social pela Universidade do Estado do Rio de Janeiro (UERJ). Participante do Grupo de Pesquisa registrado no CNPq "Gestão Democrática da Saúde e Serviço Social".

E-mail: morenamarques@yahoo.com.br.

PAULA SOARES CANELLAS

Assistente social da Secretaria Estadual de Saúde do Rio de Janeiro/RJ. Participante do Grupo de Pesquisa registrado no CNPq "Gestão Democrática da Saúde e Serviço Social". Integrante do Projeto "Políticas Públicas de Saúde: o Potencial dos Movimentos Sociais e dos Conselhos do Rio de Janeiro", da Faculdade de Serviço Social da Universidade do Estado do Rio de Janeiro (UERJ). Bolsista de Apoio Técnico de Nível Superior CNPq. Especialista em Saúde Pública pela Universidade Celso Lisboa/UCL. Mestranda em Educação Profissional em Saúde pela Escola Politécnica de Saúde Joaquim Venâncio (EPSJV/Fiocruz).

E-mail: paulacanellas@hotmail.com.

RAQUEL CAVALCANTE SOARES

Assistente social; doutora em Serviço Social pela Universidade Federal de Pernambuco (UFPE); professora adjunta do Departamento de Serviço Social da UFPE. Realização no período de 2008 de Estágio de Doutorado Sanduíche na Faculdade de Serviço Social da Universidade do Estado do Rio de Janeiro (UERJ) junto aos Projetos de Pesquisa "Saúde, Democracia e Serviço Social: Lutas Sociais e Gestão Democrática" e Extensão "Políticas Públicas de Saúde: o potencial dos conselhos no Rio de Janeiro", ambos coordenados pela professora Maria Inês Souza Bravo.

E-mail: quelcsoares@gmail.com.

TAINÁ SOUZA CONCEIÇÃO

Assistente social. Mestre e Doutoranda pela Universidade do Estado do Rio de Janeiro (UERJ); professora assistente do Departamento de Política Social da UERJ; pesquisadora do Grupo de Estudos e Pesquisas do Orçamento e da Seguridade Social-GOPSS da Faculdade de Serviço Social/UERJ. Participante do Grupo de Pesquisa registrado no CNPq "Gestão Democrática da Saúde e Serviço Social".

E-mail: taina.con@gmail.com.

LEIA TAMBÉM

▶ ASSESSORIA, CONSULTORIA & SERVIÇO SOCIAL

Maria Inês Souza Bravo
Maurílio Castro de Matos
(Orgs.)

2ª edição - 2ª reimp. (2013)
312 páginas
ISBN 978-85-249-1619-6

Os textos aqui reunidos são de fundamental importância para todos os que se preocupam em desenvolver seu exercício profissional numa perspectiva crítica e compromissada com a construção de uma sociedade mais justa, mais igualitária e realmente emancipada. A inclusão de um novo texto que analisa o protagonismo do fórum em defesa da saúde pública enriquece o conjunto de aportes trazidos por este livro, no que diz respeito aos dilemas que comparecem na intervenção de assistentes.

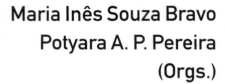

▶ POLÍTICA SOCIAL E DEMOCRACIA

Maria Inês Souza Bravo
Potyara A. P. Pereira
(Orgs.)

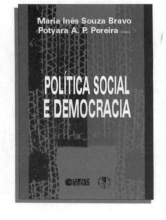

*5ª edição (2012)
288 páginas
ISBN 978-85-249-1855-1*

Esta coletânea propõe-se a alimentar o debate e discutir estratégias sobre a democracia extensiva que, extrapolando a esfera política institucionalizada, penetre por todos os campos da vida social. Em cada um de seus onze artigos, todos assinados por autores de reconhecida inserção intelectual e política nas lutas democráticas, as falsas verdades do neoliberalismo são rejeitadas, desmontadas e denunciadas.